学前教育专业新形态系列教材

学前儿童游戏

吴荣英　程淑珍　张波　主编

廖笙爱　宋倩倩　闻乐靓　副主编

清华大学出版社

北京

内 容 简 介

本书深入贯彻党的二十大精神，以《幼儿园教育指导纲要（试行）》《3~6岁儿童学习与发展指南》等文件纲领、政策法规为基点与指引，以有效培养游戏组织和设计能力为目标，形成"揭示原理——游戏设计与指导——游戏操作实训"的编写思路。全书分为十个主题，分别为走进学前儿童游戏、学前儿童游戏环境、角色游戏、表演游戏、结构游戏、智力游戏、体育游戏、音乐游戏、其他游戏和学前儿童游戏治疗，全面、系统地阐述了学前儿童游戏的基本理论、游戏指导的基本方法与基本技能。

本书可用于学前教育专业本科、专科教学，可为幼儿园教师开展各类游戏活动提供指导，还可以供家长育儿和进行亲子游戏的参考书。

图书在版编目（CIP）数据

学前儿童游戏 / 吴荣英，程淑珍，张波主编 . —北京：清华大学出版社，2024.5
学前教育专业新形态系列教材
ISBN 978-7-302-66025-5

Ⅰ.①学…　Ⅱ.①吴…②程…③张…　Ⅲ.①学前儿童 – 游戏课 – 幼儿师范学校 – 教材　Ⅳ.① G613.7

中国国家版本馆 CIP 数据核字（2024）第 070054 号

责任编辑：张　弛
封面设计：刘　键
责任校对：刘　静
责任印制：宋　林

出版发行：清华大学出版社
　　　　网　　址：https://www.tup.com.cn, https://www.wqxuetang.com
　　　　地　　址：北京清华大学学研大厦 A 座　　　　邮　　编：100084
　　　　社 总 机：010-83470000　　　　　　　　　邮　　购：010-62786544
　　　　投稿与读者服务：010-62776969, c-service@tup.tsinghua.edu.cn
　　　　质量反馈：010-62772015, zhiliang@tup.tsinghua.edu.cn
　　　　课件下载：https://www.tup.com.cn, 010-83470410
印 装 者：三河市龙大印装有限公司
经　　销：全国新华书店
开　　本：185mm×260mm　　　印　　张：15.25　　　字　　数：367 千字
版　　次：2024 年 6 月第 1 版　　　　　　　　　印　　次：2024 年 6 月第 1 次印刷
定　　价：52.00 元

产品编号：104136-01

学前儿童游戏是学前教育专业学生的专业必修课、理实一体课和岗位必修课，它可以在专业知识和专业能力上满足培养幼儿园合格教师和卓越教师的要求。因此，本书以有效培养游戏组织和设计能力为目标，形成"揭示原理——游戏设计与指导——游戏操作实训"的编写思路，以理实结合，强化实操为原则进行编写，以满足专业学生、幼儿园教师等不同群体的需求。

本书的编写特点如下。

（1）融入课程思政。为落实立德树人的根本任务，深入贯彻党的二十大提出的坚定文化自信的精神，本书注重思政内容的融入，在课程目标中增加素质目标，充分发挥专业课的育人功能。在体育游戏、智力游戏等主题中，通过对传统游戏的解读，学生可以感受传统游戏的价值和中国文化的魅力，增强文化自信。在实训项目中，增强学生的团队和劳动意识，提高学生的创新能力及专业融合能力，从而增强学生的专业认同感。

（2）配套立体化数字资源。习近平总书记在党的二十大报告中指出，要推进教育数字化，建设全民终身学习的学习型社会、学习型大国。本书注重现代化教学手段和方法的使用，形成以纸质书为基本支撑，以数字化课程资源为有效支撑的教学资源，帮助教师解决智慧课堂的问题，为学生的自主学习创造良好的条件。本书在知到 App 上配套在线开放课程，并且数字课程内容在本书中以二维码的形式呈现拓展阅读、案例等内容中，体现立体化数字资源特色。

（3）实现课证融合。本书在每个主题对应的知识点下补充了幼儿园教师资格考试（以下简称"国考"）历年真题，同时主题最后的思考练习的题型设置也与"国考"一致，使理论课程与教师资格考试融为一体。

（4）内容理实一体。本书遵循"以就业为导向，以能力为本位，以学生为中心"的原则，力求实现书与就业岗位的无缝对接，以项目分解课程内容体系，在理论知识后加入实训内容，以培养学生的实践能力。

（5）编写体例新颖。本书打破传统的编写模式，以学习目标（知识目标、能力目标、素质目标）、知识导图、问题导入、真题在线、拓展阅读、案例呈现、思考与练习、实践与运用等栏目呈现学习和练习内容，引导学生主动学习。

全书分十个主题，分别为走进学前儿童游戏、学前儿童游戏环境、角色游戏、表演游戏、结构游戏、智力游戏、体育游戏、音乐游戏、其他游戏和学前儿童游戏治疗。本书由江西师范高等专科学校吴荣英、程淑珍、张波担任主编，由廖笙爱（吉安幼儿师范高等专科学校）、宋倩倩（江西师范高等专科学校）、闻乐靓（广东职业技术学院）担任副主编。吴荣英负责设计总体框架，构思写作思路，协调写作风格，以及统稿审稿工作。

本书参考、引用、借鉴了许多国内外的最新成果，同时参考、借鉴了其他出版社的同类教材，在此一并表示衷心感谢。限于篇幅部分选用的案例、数据等未能全部在书中注明来源，特向有关出版物、幼儿园和个人致歉，敬请谅解。由于编写人员学识和能力有限，对书中疏漏和不妥之处，敬请专家、同行和读者不吝赐教、批评指正，以便我们不断修改完善。

编 者

2024 年 3 月

| 课件 | 真题参考答案 | 教材习题答案 |

目录

主题一　走进学前儿童游戏

✦ **学习目标**

知识目标
1. 理解学前儿童游戏的本质；
2. 理解相关的游戏理论及学前儿童游戏的价值；
3. 掌握学前儿童游戏的分类及影响学前儿童游戏的因素。

能力目标
1. 能够区别游戏行为与非游戏行为；
2. 能够利用所学知识科学地分析学前儿童的游戏行为。

素质目标
1. 树立正确的儿童观和教育观；
2. 形成正确的学前儿童游戏观，愿意参与学前儿童游戏。

知识导图

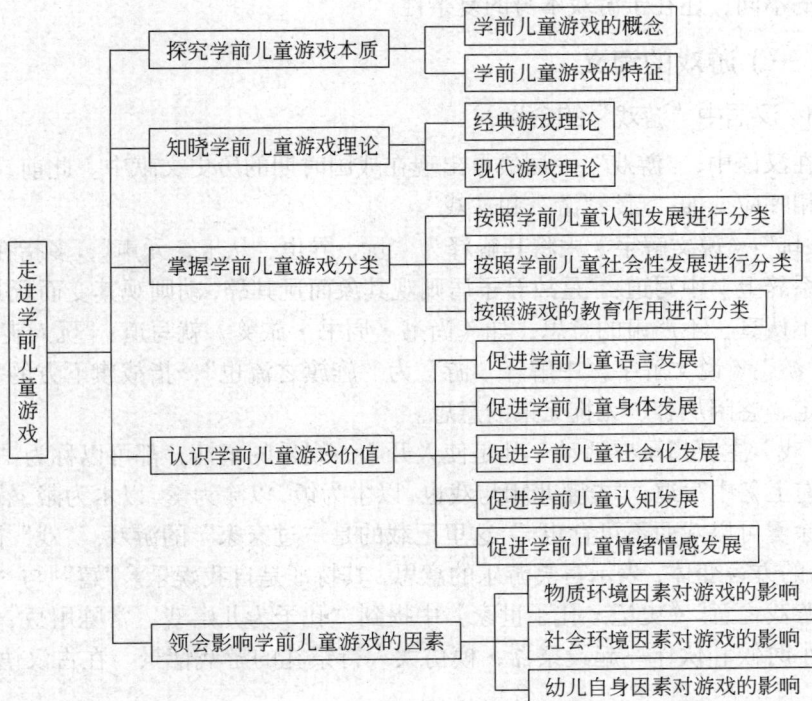

问题导入

幼儿园的活动室里，老师正在组织幼儿开展游戏。活动室被划分为不同的角色游戏区，有娃娃家、医院、饭店、糖果厂、商店、公共汽车站等。幼儿按照自愿报名的原则去了不同的游戏区。老师在做巡视指导，当她发现"医生"闲着无事可做时，就赶紧跑到"娃娃家"，提醒"妈妈"："宝宝生病了。"在老师的启发下，"爸爸""妈妈"赶紧抱上"孩子"，坐上"公共汽车"，去"医院"找"医生"看病。"糖果厂"的"小工人"用糖纸包完"糖果"以后，坐着发呆。老师不失时机地跑来，启发他们"今天是周六，该大扫除了吧？"……

问题：你认为此时的幼儿活动是游戏吗？为什么？

项目一 探究学前儿童游戏本质

游戏作为人类社会的一种古老的活动现象，伴随着人类发展的每个阶段。童年是个体发展的最初阶段，也是发展最为迅速的阶段，在这个阶段，游戏是儿童生活的主要组成部分。著名教育家陈鹤琴先生指出，游戏是儿童的生命。那游戏到底是什么？心理学、教育学、社会学、人类学等都进行了学术探讨。《幼儿园教育指导纲要（试行）》（以下简称《纲要》）指出幼儿园教育应以游戏为基本活动。游戏与幼儿的生活、学习息息相关，因此研究学前儿童游戏，积极探索学前儿童游戏的概念、特点和构成就显得尤为重要。

一、学前儿童游戏的概念

给游戏一个让所有人都认同的概念比较困难，游戏定义的困难性不仅在于学者们观察角度的不同，还在于游戏本身的复杂性。

（一）游戏的词义

1. 汉语中"游戏"的含义

在汉语中，"游戏"一词最早出现在战国时期的历史文献中。此前，"游戏"一词与很多词相呼应，如"玩""游"和"戏"。

"玩"：《说文解字》中将其解释为"玩，弄也，从玉，元声"，多指在手中摆弄、玩赏，《易·系辞上》中写道："是故君子居则观其象而玩其辞，动则观其变而玩其占。"同时，"玩"也有不认真、不严肃的意思，如《尚书·周书·旅獒》就写道："玩人丧德，玩物丧志。"

"游"：《说文解字》中解释"游"为"旌旗之流也"，指战旗下方的垂饰，后来引申为不固定，悠闲从容、无拘无束的意思。

"戏"主要指玩耍活动。凡是使人开心、娱乐的事情，都可以称为"戏"。《韩非子·外储说左上》中写道："夫婴儿相与戏也，以尘为饭，以涂为羹，以木为胾，然至日晚必归饷者，尘饭涂羹可以戏而不可食也。"这里记载的是"过家家"的游戏。"戏"同"嬉"，"嬉"是"戏"的方言变体，表示言笑游乐的意思，其特征是自我娱乐。"嬉"与"戏"二字常连用，表示游戏之意。《史记·孔子世家》中提到"孔子为儿嬉戏，常陈俎豆，设礼容"，描写了孔子小时候和伙伴一起设祭器，模仿大人行祭礼的游戏情景。在古汉语中，"嬉戏"二字更接近现代意义上的"游戏"。但在古代，"嬉"往往带有贬义，被看作妨碍学业的事情。

"游""戏"二字连用可见于《韩非子·难三》，其曰："管仲之所谓言室满室、言堂满堂者，非特谓游戏饮食之言也，必谓大物也。"这里的"游戏"，即游乐嬉戏、玩耍的意思。

从古汉语中有关游戏的解释中，不难发现，中国人对游戏的认识，主要有以下两层意思：一是游戏是人们在休息、闲暇时的一种玩耍娱乐的活动形式，有随心所欲、轻松自主的意思；二是游戏有不严肃、不认真的意思。

2. 英语"游戏"的词源学分析

英语中与游戏相关的单词有"game"和"play"。其中，"game"主要指有规则的游戏，包括流传至今、代代相传的民间游戏和竞技类的体育运动。"play"的外延大于"game"，"play"既可作动词用，也可作名词用。它作为名词时，是对一类行为的总称，从小孩子的角色游戏到舞台表演、玩笑幽默等都在其范围之内，有规则的游戏（game）也包含其中。这些行为所具有的共同特征是：一方面没有压力和负担的工作，另一方面使人愉快和满足。

由此可见，中西方对"游戏"的表达有着相似之处：第一，游戏是一种活动形式；第二，游戏的本义与主体参与的动作或运动有关；第三，游戏是轻松、休闲、自在、使人愉快和满足的娱乐活动；第四，游戏都带有无意义的、无价值的、不认真、不严肃等贬义。

（二）学前儿童游戏的研究

自德国著名的教育家福禄贝尔首次强调游戏在幼儿教育中的重要价值并尝试创建游戏实践体系以来，很多研究者对游戏进行了研究，并基于各自研究角度提出了对游戏的不同理解。

福禄贝尔指出："游戏的发生起于儿童内部发生的纯真的精神产物，儿童在游戏中常常表现出欢悦、自由、满足及和平的心情；儿童在游戏中，也常显出快活、热心、合作的态度，非做到疲劳不止；儿童在游戏中更常表现出勤勉、忍耐和牺牲的精神。"所以游戏为万善之源。

杜威提出："生活即游戏，游戏即生活。"他认为游戏是幼儿生活的一部分。

苏联教育家乌申斯基指出："游戏就是活动，这种活动的性质是自觉的、有意识的、有目的的。"

黄人颂在《学前教育学》中指出："游戏是幼儿喜爱的、主动的活动，是幼儿反映现实生活的活动。"

刘焱在《幼儿园游戏教学论》中指出："游戏的本质是幼儿的主体性活动，这种活动现实直观地表现为人的主动性、独立性和创造性的活动。"

《教育大辞典》对游戏是这样定义的："游戏是幼儿的基本活动，是适合幼儿年龄特点的一种有目的的、有意识的，通过模仿和想象，反映周围现实生活的一种独特的社会活动。"

综合以上的观点，本书认为学前儿童游戏是指学前儿童（0~6岁）在一定情景之中，主动自愿发生的、伴有愉悦情绪体验的、一系列非真实性的自主自由活动。

真题在线

幼儿园集体教学活动和游戏的含义分别是什么？试述两者的区别与联系。

二、学前儿童游戏的特征

（一）学前儿童游戏的本质特征

1. 主动自愿活动

从动机产生的来源看，可以把活动动机分为内部动机和外部动机。内部动机是指活动本身来自活动主体自身的需要，而外部动机是指活动本身是由他人的直接要求引起的。学前儿童游戏是自愿的活动，幼儿参加游戏是由内部动机诱发而非外部动机强制决定的，也不是为了顺从社会或满足其他外部条件的要求，是"我要玩"而不是"要我玩"。在游戏中，幼儿根据自己的意愿和经验，选择游戏内容、游戏材料和游戏伙伴。

📂 拓展阅读

教师：为什么你那么喜欢玩沙？

幼儿：玩沙很开心，我可以挖地洞、堆山坡，还可以做很多我喜欢做的事。

教师：那你不吃点心，一直在这里玩沙好吗？

幼儿：好呀！我不吃点心，我要玩沙。

资料来源：张惜萍，隋春玲.幼儿园游戏组织与指导 [M]. 北京：北京出版社，2014: 6.

2. 假想的活动

游戏是幼儿把现实生活与想象活动进行结合的有效手段，在某种意义上游戏表征着社会生活，但游戏本身却不是日常生活。在游戏中，幼儿根据自己的生活经验，借助场景、玩具等游戏材料，创造性地反映现实生活。例如，在游戏中，幼儿发挥自己的想象力，一块雪花片既可以是小司机的方向盘、娃娃家孩子的奶瓶、洗手的肥皂，也可以是医院的药品等，只要符合幼儿的游戏需要就可以。

3. 快乐的活动

游戏是自主、自发、自愿的活动，在游戏中幼儿根据自己的能力和兴趣控制所处的环境、游戏材料，获得成就感和满足感；在游戏假想的情境中，幼儿能够实现自己的愿望、释放自己的情绪，从而获得快乐的情绪体验。同时，幼儿在游戏中没有外在的强制性目标，从而减轻了为达到目标而产生的紧张情绪。因此，乐趣是游戏必备的品质，是游戏的元功能。在游戏中，幼儿自主选择材料、玩伴、玩法，在游戏中感受轻松、自由和快乐。

👤 案例呈现

幼儿园有一个小山坡，大班老师准备了滑板，让孩子体验一下幼儿园的"滑草"。只见小朋友们迫不及待地拿着滑板，走到小山顶上，他们先让滑板从小山坡滑下去，观察了一下滑的速度。然后他们捡起滑板，重新回到山坡上，坐到滑板上，体验"滑草"的快乐，一次又一次的，玩得不亦乐乎。后来，有的幼儿提议可以进行"滑草"比赛，看看谁滑的快，整个户外活动就在探索不同的"滑草"方法。

4. 有规则的活动

游戏规则是游戏者在游戏中的行为顺序，是被允许或被禁止的各种行为的规定。

游戏规则分为显性规则和隐性规则。显性规则是指游戏所明确规定的、游戏者需要有意识自觉遵行的规则，主要是关于游戏方法的规定。隐性规则有两种情况，一种存在于两名以上游戏者参加的多人游戏中，行为必须符合社会准则和道德规范，如不能推人、打人等；另一种出现在以角色扮演为主要内容的模拟游戏中，要求游戏者以生活为蓝本表现角色及角色之间的关系，如在角色游戏中，游戏者需要按照自己的角色进行活动。

5. "重过程"的非功利性的活动

在游戏过程中，幼儿最为关注的是游戏的活动方式和活动过程是否"好玩"。幼儿的游戏活动是为了满足自己内在的需要而不是为了外在的奖惩。游戏的目标是游戏者自我规定的，而不是他人强加的，它不受外部世界的约束。因此，游戏活动的目标可以根据游戏者的意愿而发生变化。重过程、轻结果是游戏的突出特征，游戏的这种非功利性特征，是游戏与学习、工作的重要区别。

拓展阅读

幼儿游戏与成人游戏的不同

1. 游戏在各自生活中的地位不同

在成人的生活中，工作是最主要的日常生活。成人的生活包括政治、经济和思想文化等方面的社会活动。游戏作为一种重要的娱乐方式，可以为成人有效地排解来自生活中各种紧张与不安的情绪。虽然游戏在成人生活中不可或缺，但它仍然只是成人生活中一个相对次要的部分。而在幼儿的生活中，游戏是主要的或基本的活动形式。对于幼儿来说，游戏即生活。幼儿的一日生活大多是在游戏中进行的。

2. 游戏的心理状态不同

游戏中的成人有着丰富的经验和明确的游戏目的。成人意识中有明确的游戏活动与非游戏活动的区分，既不会把"正经事"当成"儿戏"，又能在"正经事"和社会交往中辨识并运用"游戏手段"，以示亲和感或调节、放松自己，还能在游戏中恰当把握和运用"不严肃的严肃""不当真的当真"，如幽默、诙谐、善意的戏谑等。成人在游戏中往往会从游戏走神到游戏外，而幼儿则往往从生活中走神到游戏中，在游戏时会有在日常生活中的朦胧感，游戏与非游戏之间的界限是模糊和游移的，弄不清是"庄子梦蝴蝶还是蝴蝶梦庄子"。这说明幼儿没有泾渭分明的游戏和非游戏的"界线意识"。

3. 游戏的内容不同

成人游戏多为强规则游戏，带有一定的民族传承性和突出的竞技色彩。在游戏中，成人往往更看重游戏技巧，追求技巧的娴熟，因而成人游戏有较多紧张惊险的刺激因素。而幼儿游戏的内容一般是反复操作玩具、互相追逐，以及在假想的情境中扮演角色。游戏多为隐性规则的自然游戏和规则性不强的游戏，在游戏中获得的乐趣体验更多是本能性和原始性的，直接来自生理的舒张，属于机体生机的绽放。

4. 游戏的驱动力不同

成人游戏的驱动力来自间接的外部动机（被游戏外的"第三者"所诱惑的支配作用）

更突出。成人往往会为了达到某种游戏之外的目的，如联络人际感情来进行游戏性活动，因而成人的游戏往往带有更多的功利性。而幼儿游戏的驱动力则是直接内在的。幼儿很少会考虑游戏以外的因素，如为赢得游戏外的东西去游戏，基本上都是为了游戏而游戏。

5. 价值功能不同

尽管成人依然富有好奇心，但是，对于成人来说，游戏已不再具有探索、求知、发育身心的功能。而游戏对于幼儿身心的发展来说，游戏则具有至关紧要的作用，游戏中丰富的探究、审美趣味对幼儿具有非常重要的自我教育意义。这是成人游戏与幼儿游戏最大的区别所在。

资料来源：杨枫.学前儿童游戏 [M]. 北京：高等教育出版社，2006：9.

（二）学前儿童游戏的外部表现特征

1. 不同的表情

在游戏的情景下，幼儿有时会做出喜、怒、哀、乐的表情，但即便恐惧、忧虑、紧张、不安的表情都具有快乐的本质。

2. 不同的行为

幼儿的行为一般分为探索行为、嬉戏行为和假装行为。探索行为是指幼儿面对不熟悉的、新异的游戏材料时，运用感官去认识物体的性质、事物的变化，以及事物之间和事物与自己动作之间的关系等的动作行为。嬉戏行为是指幼儿在游戏中表现出的带有幽默、逗乐、玩笑性质的行为。假装行为是指在表象作用支配下的想象性、虚构性动作，包括以物代物的象征性活动和以人代人的角色扮演活动。

3. 多样的语言

幼儿在游戏中的语言一般分为三种类型。一是游戏情节内的社会角色间的语言交流，如在角色游戏中"医生"问："你哪里不舒服？"二是游戏情节外的社会关系间的语言交流，这种语言具有提议、解释、协商、表达、申辩、指责他人等功能，是现实生活中同伴之间的交流，如"我们一起来玩'医生病人'的游戏吧！"三是以自我为中心的独白语言，如游戏中的女孩自言自语："我拼了一个太空船，等下给老师看看。"

4. 角色扮演

幼儿在游戏中的角色一般分为机能性角色、互补性角色和想象性角色。机能性角色具有最典型的特征、行为等，如老爷爷会弯腰走路、厨师戴厨师帽炒菜等。互补性角色依存别的角色存在，如医生和病人，顾客和老板等。想象性角色就是现实生活中没有的角色，是幼儿自己想象出来的，如恐龙。

5. 多种多样的玩具材料

如仿真性玩具、自制玩具、益智类玩具，以及运动类玩具。

（三）学前儿童游戏的内部体验特征

游戏性体验是游戏不可或缺的心理成分，指的是幼儿在游戏中产生的对于游戏活动本身的主观感受，主要包括以下几种。

1. 兴趣性体验

兴趣性体验是一种为外界刺激物所引起的体验，是一种情不自禁地被卷入、被吸引的心理状态。例如，幼儿看到一款新玩具时就会产生极大的兴趣并投入其中进行游戏。

2. 自主性体验

自主性体验是指幼儿对自己在游戏中的主体地位的感知和体验，主要是由活动的独立自主性产生的。

3. 胜任感体验

胜任感体验是幼儿对自己能力的体验，这种体验可以增强自信心。幼儿在游戏中不用担心做不好会招致成人的批评，可以自己选择、决定符合自己能力的游戏任务，从中获得成功带来的胜任感和成就感。

4. 生理快感

由于骨骼肌肉系统在生长发育过程中的特点，幼儿有身体活动的需要。在游戏中，幼儿自由地活动，体验成长所带来的快乐，获得机体上的生理快感，同时作为运动控制中心的小脑与情绪控制中心之间有着双向的神经联系，所以积极身体活动可以使幼儿产生愉快的情绪体验。

5. 幽默感

幽默感是由嬉戏、玩笑等引起的快感。幼儿的幽默感有一个发生、发展的过程。最初的幽默感来自偶然，如他们一不小心晃动瓶子发出了声音，就会马上重复这一动作，笑个不停。随着年龄的增长与知识经验的丰富，幼儿会逐渐理解各种幽默，并用于游戏。

微课 1-1-3
学前儿童游戏的本质特征

拓展阅读

能够引起学前儿童产生游戏性体验的外部环境特点

1. 儿童有自由选择游戏的权利与可能

学前儿童游戏具有极强的自主性，游戏的自由选择是产生自主性体验的必要条件。因此，教师在组织学前儿童游戏时必须给予其自由选择的权利，并提供相应条件使儿童可以根据自己的兴趣和意愿来决定做什么和怎么做。相关研究表明，游戏材料可选择与否及自选程度的高低直接影响学前儿童活动积极性和主动性的高低。在游戏材料可选的情况下，儿童的无所事事率较低，儿童间交流较频繁；反之，儿童无所事事率较高。因此，教师应该致力于提供充足的游戏材料，并给儿童提供自由选择游戏的权利，即儿童有权利选择"玩不玩"和"玩什么"。

2. 游戏活动的方式方法由儿童自行决定

游戏活动的方式方法由儿童自行决定也是儿童游戏自主性的表现之一。自由选择是儿童游戏发生的一个必要条件，但不是充分条件。对学前儿童游戏活动的观察显示，即便是在游戏材料可自由选择的前提下，幼儿园内仍有许多儿童并没有从内心真正认为他们在"玩"，而是将"老师的游戏"作为一项任务进行，原因就在于他们所选用的游戏材料的使用方式方法已经被教师提前规定好。学前儿童游戏的真谛在于儿童可以自主决定游戏活动的方式方法，主动控制游戏的进程，即自己决定"怎么玩"，而不是完全遵循教师的规定，对所提供的游戏材料进行机械操作。

3. 游戏活动的难度与儿童的能力相匹配

游戏活动的难度与儿童的能力相匹配是胜任感产生的一个重要条件。自主游戏往往可以使儿童通过自主选择任务找到与其自身能力相配的游戏活动，并通过游戏活动产生一定的胜任感和成就感。适应学前儿童能力水平的游戏存在这样一种可能，即儿童通过自身努力解决问题，获得成就感和胜任感，同时带来满足和快乐的习得性体验。这要求学前儿童游戏的活动难度要尽最大可能与其能力水平相一致，即游戏活动处在儿童的"最近发展区"，既有一定难度，但是学前儿童又可以通过努力来完成任务或解决问题。

4. 儿童不寻求或担忧游戏以外的奖惩

"玩即目的"，学前儿童的游戏性体验产生于游戏活动中，而不是在游戏活动之外，游戏本身的乐趣是吸引学前儿童置身于游戏中的直接动机和唯一关键。"游戏是目的在自身的活动"，虽然游戏中的奖励有一定的积极作用，但必须明确学前儿童不是为了游戏以外的东西才进行游戏的，游戏活动本身就能使他们感到满足。相关研究表明，外部强化（奖赏）会抑制儿童对游戏本身的兴趣。经常性的外部奖励手段不但不会鼓励儿童积极游戏，反而可能造成儿童对奖励的依赖，使游戏失去其真正的意义。一旦儿童关注奖励胜过游戏本身，游戏活动的本质就发生了变化，即儿童的游戏被"异化"了。

资料来源：范明丽. 学前儿童游戏 [M]. 北京：北京大学出版社，2017：11.

项目二　知晓学前儿童游戏理论

儿童游戏作为一种社会文化现象，在人类社会开始时便已经存在，但真正尝试对游戏的原因、意义等进行系统化的理论研究，却是在 19 世纪后半叶才开始。由于研究者的研究背景、角度的不同，各种游戏观可谓仁者见仁，智者见智，形成了各种不同学派的游戏理论。对学前儿童游戏理论的学习将提高人们对学前儿童游戏的认识，树立正确的游戏观，从而更好地指导游戏。学前儿童游戏理论主要有经典游戏理论和现代游戏理论。

一、经典游戏理论

经典游戏理论又称早期游戏理论，主要指 18、19 世纪的游戏理论。这一时期，比较有代表性的游戏理论包括剩余精力说、松弛说、生活预备说、复演说、生长说和成熟说。

（一）剩余精力说

该理论的代表人物有德国的思想家、诗人席勒和英国哲学家、心理学家斯宾塞。剩余精力说的基本观点是：机体的基本生存在得到满足之后，如果仍有剩余精力，那么就需要通过一种方式把体内剩余的精力释放出来，于是便产生了游戏。换言之，游戏的动力来自剩余的精力。

（二）松弛说

松弛说又称"娱乐论"或"机能快乐说"，这一理论的代表人物是德国学者拉扎鲁斯和裴茄克。与剩余精力说不同，松弛说认为游戏不是消耗剩余精力，而是因为缺乏精力或精力不足而产生的，游戏可以缓解机体的疲劳和紧张，具有恢复精力和放松的作用。游戏不是为了精力的发泄，而是为了精力的恢复。因此，松弛说主张通过游戏来使机体的精力得以恢复，缓解劳动或工作带来的紧张。

（三）生活预备说

生活预备说又称"本能练习说"或"预习说"，代表人物是德国生物学家、心理学家格罗斯。他认为，每个动物都存在一个不成熟期，动物在不成熟期需要对与生俱来的不成熟和不完善的本能进行练习，从而适应未来的生活，而练习的最主要形式就是游戏，因此不成熟期亦即"游戏期"。儿童也需要一个生活的预备阶段，而游戏则是预备生存、练习本能最好的形式。例如，小猫玩线团是练习捕鼠技能，女孩在"娃娃家"游戏里当妈妈是为将来承担妻子和母亲的角色作准备。

（四）复演说

美国心理学家霍尔认为，游戏是人类生物遗传的结果，是对从远古时代到文明社会之行为发展的复演活动，是重现祖先生物进化的过程。换言之，儿童游戏是个体对祖先的动作和活动过程的复演。例如，孩子手舞足蹈是还原人类祖先祭祀活动；幼儿喜欢爬树是在体验人猿的乐趣。

（五）生长说

生长说由美国学者阿普利登提出。他认为游戏是儿童能力发展的一种模式，是生长的结果，是机体练习的一种手段。美国心理学家奇尔摩认为，游戏源于生长的内驱力，儿童通过游戏而生长。与生活预备说相比，生长说更强调游戏的过程性价值或者眼前效应。例如，儿童跳绳可以提高跳跃能力、平衡能力等。

（六）成熟说

成熟说的代表人物是荷兰生物学家博伊千介克（又名拜敦代克）。他反对生活预备说，认为游戏是儿童操作物品以进行活动，不是单纯的一种技能，而是幼稚动力的一般特点表现。游戏不是练习，不是本能，而是一般欲望的表现。例如，孩子总是重复某一个游戏行为，就是为了满足自己重复练习的欲望。

经典游戏理论是人类第一次从不同角度和侧面对游戏做出理论分析，无论是精力的消耗还是为将来生活做准备都肯定了游戏的价值，改变了传统游戏无用论的思想；扩大了游戏研究的视角，如席勒对游戏、美和人性内在联系进行分析；为以后游戏理论发展奠定基础，如霍尔的复演论促进了皮亚杰的游戏理论。

但由于时代的限制，这些理论具有一些局限性。例如，研究范围小，只能对一小部分游戏做出解释；把儿童游戏与小动物的游戏等同起来，认为游戏是儿童生物本能的表现，抹杀了儿童的社会性；多从人的本能、欲望和生物性方面来解释，缺乏社会性方面的分析，生物学无法解释游戏中的欢笑、专注、紧张等。

为了便于大家学习与理解，对六种经典游戏理论进行了梳理和总结，如表 1-1 所示。

表 1-1　经典游戏理论

理论名称	代表人物	主 要 观 点
剩余精力说	席勒和斯宾塞	游戏的动力来自剩余的精力，剩余精力必须释放出来
松弛说	拉扎鲁斯和裴茹克	游戏是一种休息，游戏不是为了精力的发泄，而是为了精力的恢复
生活预备说	格罗斯	游戏是一种学习，是对未来生活的预备
复演说	霍尔	游戏是个体对人类祖先动作和活动的复演
生长说	阿普利登和奇尔摩	游戏是儿童能力发展的一种模式，是生长的结果，是机体练习的一种手段
成熟说	博伊千介克	游戏是幼稚动力的一般特点表现，是一般欲望的表现

二、现代游戏理论

现代游戏理论是指 20 世纪 20 年代以后出现的游戏理论，主要有精神分析学派的游戏理论、认知发展学派的游戏理论、行为主义学派的游戏理论、社会文化历史学派的游戏理论。

（一）精神分析学派的游戏理论

精神分析学派是现代西方心理学的主要流派之一，很重视儿童游戏问题。该流派认为，一切生物都具有一些与生俱来的原始冲动和欲望，而在人类社会，人的原始欲望和冲动不能直接表现出来。如果长期压抑冲动和欲望，人就会产生精神疾病。游戏就是宣泄受压抑的原始冲动和本能欲望的很好方式。

1. 弗洛伊德的游戏思想

弗洛伊德从精神分析理论的观点出发，提出了游戏的补偿说，又称发泄论。弗洛伊德指出，游戏为儿童提供了一个安全的环境，儿童在现实生活中不能实现的愿望可以在想象中得以满足。游戏可以从两个方面帮助儿童释放受压抑的紧张感，一是游戏可以提供假想的情境，从而帮助儿童满足其愿望；二是游戏能使儿童通过"强迫重复"来控制现实中的创伤性时间。例如，在医院主题游戏中，儿童通过扮演医生给"娃娃"打针，使自己从体验的被动接受者转变为游戏的主动执行者，从而消除痛苦的记忆，从中获得愉快体验。

2. 埃里克森的掌握理论

埃里克森强调游戏对人的自我发展的意义，认为游戏是自我的一种机能，它能使身体发育和社会性发展两种过程同步进行，可以降低个体的焦虑并使愿望得到补偿性满足。埃里克森认为，游戏所采用的形式是随着儿童心理社会问题和自我情景的变化而变化的。游戏的形式随着年龄的增长和人格的发展而不同，游戏可以帮助儿童的人格从一个阶段发展到下一个阶段。在学前期，儿童通过在游戏中扮演角色来表现内心冲突和焦虑，并解决问题。

3. 佩勒的角色扮演理论

佩勒专门研究了儿童的角色扮演游戏。他认为关于在游戏中模仿什么人和什么事件，儿童具有较强的选择性，如果没有情感内驱力，就没有模仿。儿童扮演的角色和游戏情景的选择建立在由游戏主题引起的特殊的动力和动机的基础之上。他分析了儿童在游戏中经常选择的三类特殊角色和人物，并讨论了其选择背后的动机。一是选择他们所爱戴、尊敬的人，如爸爸、妈妈、老师等，使自己想当成人的愿望得到满足；二是选择使他们恐惧或害怕的人或事物，如医生、坏人等，通过模仿来征服恐惧；三是选择低于他们的身份的角色，如小婴儿、小狗等，从而在游戏的安全氛围中做他们自己平时不能做的事情，或者掩饰自己的错误和过失。

4. 门宁格的宣泄理论

门宁格强调游戏的益处在于宣泄和降低焦虑，游戏最重要的价值就是为释放被压抑的攻击性提供了机会。门宁格突出了游戏可降低被压抑的焦虑和冲动的价值，他认为人的身上天生存在着一种本能的攻击性驱力，如果这种攻击性驱力得不到发泄，就会伤害个体。为了疏导这种攻击性驱力，就必须找到合法的、为社会所允许的途径，而游戏正是宣泄这一驱力的合法途径。

（二）认知发展学派的游戏理论

皮亚杰是 20 世纪研究儿童认知能力阶段性发展的主要代表人物。他从认知的角度理解了儿童游戏的发展，认为游戏是学习新的复杂客体和事件的方法，是巩固和扩大概念和技能的方法，是使思维和行动相结合的方法，是思维活动的一种表现形式。他认为游戏的实质是同化超过了顺应。当同化超过顺应时，儿童自身的兴趣和需要超过外部影响，儿童可以不考虑事物的客观特征，而只要按照自己的兴趣和需要去改变现实，这时活动就带有游戏的特征。他认为儿童的认知发展水平决定着游戏的发展水平，他把游戏的演化过程分为三个阶段，即练习性游戏、象征性游戏和规则性游戏，分别与他的认知发展三个阶段，即感觉运动阶段、前运算思维阶段和具体运算思维阶段相对应。

（三）行为主义学派的游戏理论

以美国心理学家桑代克为代表的行为主义理论认为，儿童游戏是一种学习行为，受社会文化和教育要求的影响，也受学习练习律和效果律的影响。练习律是指学习需要重复，反应重复的次数越多，练习越牢固。效果律则是指学习需要通过效果的强化来导致满意的结果，满意的效果可加强联系，不满意的效果则削弱联系。游戏作为一种激励探索的手段，可以探寻和调节外部和内部的刺激量，以达到一个最佳的平衡，从而获得更多的心理满足。

（四）社会文化历史学派的游戏理论

社会文化历史学派是苏联的心理学派，也称维列鲁学派，其代表人物有维果茨基、列昂节夫、鲁宾斯坦、艾里康宁等。该学派成员从不同的角度证实社会文化历史在人的高级心理机能的产生和发展中起了巨大的作用。他们将此观点运用于儿童游戏的探究，确立了苏联心理学界和教育界关于游戏的基本观点和认识。社会文化历史学派的游戏理论又称"活动游戏理论"或"游戏的活动论"。他们认为儿童游戏与动物游戏有极大的区别，儿童游戏不是先天产生的，而是在后天的实践中形成的；游戏是有目的、有计划的活动；游戏是儿童的主导活动；游戏需要成人引导。

维果茨基从文化历史发展的角度来探讨儿童的游戏问题，他强调儿童心理发展的高级机能是人类物质生产过程中发生的人与人之间的关系及社会文化历史的产物。他认为当儿童在发展过程中出现了大量的、超出儿童实际能力的、不能立即实现的愿望时，儿童游戏就发生了。维果茨基认为儿童游戏反映了成人世界的实践活动，游戏在儿童发展中起着巨大的作用，游戏创造了儿童的最近发展区。

列昂节夫认为，游戏在学前期成为儿童活动的主导形式是由于这种活动的发展与儿童心理发生最重要的变化有关系，而且那些准备使儿童过渡到新的、更高发展阶段的心理过程，就是在这种活动中得到发展的。他认为游戏的特点是游戏行为的动机，不在于行为的结果而在于行为过程本身。

鲁宾斯坦则认为游戏是一种经过思考的活动，是儿童对周围现实态度的一种表现。他提出游戏是解决儿童日益增长的新需要和儿童本身有限能力之间矛盾的一种活动。

艾里康宁认为游戏起源的本质是社会性的，是与儿童生活的一定社会条件有关的，而不是某种内部天赋本质所决定的。相对于个体而言，角色游戏则是儿童与成人间的关系的改变而导致的。儿童游戏是社会性的活动，游戏的内容是社会性的，游戏的主题来自儿童的生活。角色游戏是儿童最主要的游戏，是较发达的一种游戏形式。因此，他的理论被称作儿童角色游戏理论。

除了上述理论外，还有伯莱因、埃利斯等提出的游戏觉醒理论，该理论又称内驱力理论，它以探讨游戏发生的生理机制和环境的影响为特点。游戏觉醒理论试图通过解释个体行为和环境刺激之间的关系来揭示游戏的神经心理机制，认为游戏正是儿童用以调节环境刺激量以达成最佳觉醒状态的工具。

贝特森提出游戏的元交际理论，他认为游戏是一种元交际过程，游戏以"玩""假装"为背景来表现种种现实生活中的行为，只有理解了这些行为背后的含义，参与者才能真正进入游戏情景。

布郎芬布伦纳提出了游戏的生态学理论，研究游戏环境对儿童游戏的影响。萨顿史密斯和布鲁纳强调了游戏对好奇心和灵活性产生的重要性，指出游戏对人类机体适应变通能力的作用。

现代游戏理论从不同角度进一步丰富了人们对游戏的认识，在不同程度上摆脱了以纯生物学的标准看待游戏的不足，关注到了游戏的社会本质，同时与儿童心理发展、人格发展相联系，强调了游戏在儿童身心发展中的重要作用，并进一步将理论研究与幼儿园游戏教育实际相联系，推动着学前儿童游戏理论研究和教学实践的不断进步。

微课　1-2-1
学前儿童游戏理论

为了便于大家学习与理解，对四种主要现代游戏理论进行了梳理和总结，如表 1-2 所示。

表 1-2　现代游戏理论

理 论 名 称	代表人物	主 要 观 点
精神分析学派	弗洛伊德	游戏是解决内在心理矛盾和冲突的途径；能使儿童的愿望得到满足；能消除儿童不愉快的体验
认知发展学派	皮亚杰	游戏的实质是同化超过了顺应
行为主义学派	桑代克	游戏作为一种激励探索的手段，让儿童获得更多的心理满足
社会文化历史学派	维果茨基	儿童游戏不是先天产生的，而是在后天的实践中形成的；是有目的、有计划的活动；是儿童的主导活动；游戏需要成人引导

项目三　掌握学前儿童游戏分类

根据研究者对游戏本质的不同解释，游戏被划分为不同种类。对学前儿童游戏进行分类，有助于更好地认识和理解学前儿童游戏。下面主要介绍三种游戏分类的方法：按照学前儿童认知发展进行分类、按照学前儿童社会性发展进行分类、按照游戏的教育作用进行分类。

一、按照学前儿童认知发展进行分类

认知发展是儿童发展的重要维度之一。瑞士心理学家皮亚杰认为游戏是随着认知的发展而变化的，即儿童在不同的认识水平上，会有不同类别的游戏，并据此将儿童的游戏分为练习性游戏、象征性游戏、结构性游戏和规则性游戏四类。

（一）练习性游戏

练习性游戏又称感知运动游戏、机能性游戏、实践性游戏，出现在儿童出生到两岁这一阶段，是儿童发展过程中最早的游戏。这时的儿童处于感觉运动阶段，主要通过感知和运动来认识世界，他们游戏的主要动因在于运动器官在游戏过程中所获得的快感，从简单的、重复的练习中，尝试发现、探索新的动作，从而使自身获得发展。该游戏的主要表现形式为徒手游戏或重复操作物体的游戏，如儿童反复摇晃摇铃。

（二）象征性游戏

象征性游戏又称符号游戏，是2~7岁学前儿童最典型的游戏形式，出现的高峰期是在儿童3~5岁这一阶段。象征即具体事物表现某种特殊意义，游戏中出现象征物或替代物，儿童把一种东西当作另一种东西来使用，即"以物代物"；把自己假装成为另外一个人，即"以人代人"。象征性游戏的主要特征是模仿和想象，角色游戏是其主要的表现形式，如儿童扮演医生给病人看病。

（三）结构性游戏

结构性游戏又称建构游戏，指儿童利用各种不同的游戏材料，按照一定的计划或目的来建构物体的游戏，如儿童拼搭积木、堆雪人等，是儿童玩得最多的游戏之一。结构游戏大概发生在儿童两岁左右，前期带有象征性的特征，如用雪花片拼了一个花篮，强调过程的体验；后期逐渐变成一种智力活动，如各种拼板游戏。

（四）规则性游戏

学前末期，象征性游戏和结构性游戏逐渐减少，规则性游戏开始增加。规则性游戏是7~12岁儿童按照一定的规则进行的、带有竞赛性质的游戏，必须由两人以上参加，包括智力竞赛、运动竞技等。例如，几个儿童按照事先共同约定的游戏规则进行跳房子的游戏。规则性游戏多在儿童4~5岁的时候发展起来，由于规则本身具有不同的复杂程度，因此这种游戏可以从儿童一直延续到成人。

真题在线

儿童最早玩的游戏类型是（　　）。

A. 练习性游戏　　　B. 规则性游戏　　　C. 象征性游戏　　　D. 结构性游戏

二、按照学前儿童社会性发展进行分类

社会性发展是儿童心理发展的重要方面，儿童游戏发展过程往往能够表现出儿童社会化发展的规律。美国心理学家帕顿根据儿童在游戏中社会性参与程度，将游戏分为以下六种。

（一）无所事事或偶然行为

幼儿不是在玩，而是关注周围突然发生的使他感兴趣的事情。幼儿表现出无所事事、独自发呆，或玩弄自己的衣服、东游西荡，偶尔会注意看看他人，或碰到什么就随手玩弄两下。这时候的行为具有随机性，不属于真正意义上的游戏。

（二）旁观行为

幼儿大部分时间观看同伴的活动，偶尔会与游戏者交谈，有时会提出问题或提供建议，但在行动上不介入游戏。旁观游戏可能是游戏也可能不是游戏。如果在游戏中，幼儿非常投入，帮他人出主意，这时幼儿就已经进入游戏情境中。

（三）独自游戏

幼儿专心地独自玩自己的玩具，不注意也不关心别人的存在。独自游戏是幼儿游戏发展的初级阶段。例如，小班的幼儿总是争抢玩具，并独自一人玩，不愿意与他人分享与交流，比较关注自己手上的玩具。

（四）平行游戏

幼儿独自一人玩玩具，但在与同伴玩相同的玩具、相似的游戏时，会有相互模仿的现象和少量的交谈，但相互没有合作，仍是独自游戏。例如，小班幼儿4人一桌用积木搭建着自己的作品，彼此之间没有任何游戏活动的交流。

（五）联合游戏

联合游戏又称分享游戏，幼儿和同伴一起游戏，谈论共同的活动，时常会有借玩具的行为，但幼儿关注的仍是自己的兴趣，没有建立起集体的共同目标。例如，几个小伙伴一起堆沙子，其中有一个幼儿有绝对的主导权，其他小伙伴主动找他堆沙子，但是他们没有明确的分工。

（六）合作游戏

幼儿与伙伴一起进行以集体共同目标为中心的游戏，有达到目标的方法和严格的组织分工，常有较明显的组织者或领导者。例如，大班幼儿在进行建构游戏时，会有明确的搭建目标和明确的分工。

三、按照游戏的教育作用进行分类

苏联的学前教育理论一贯采用从游戏的作用和目的来对游戏进行分类的方法，我国受苏联的影响，习惯将幼儿园游戏分为创造性游戏和规则性游戏。

（一）创造性游戏

创造性游戏是幼儿主动地、创造性地反映现实生活的游戏。幼儿园中常见的创造性游戏有角色游戏、表演游戏和建构游戏。角色游戏是幼儿根据自己的兴趣和愿望，运用模仿和想象，通过扮演角色，创造性地表现其生活体验的一种游戏，如在医院主题游戏中幼儿通过扮演医生和病人等再现医院就诊情境。表演游戏是幼儿按照故事、童话的内容，分配角色，安排情节，通过动作、表情、语言、姿势等进行的游戏，如幼儿通过自身表演再现童话故事。建构游戏是幼儿利用各种不同的游戏材料，通过手的创作活动反映现实生活的游戏，如搭建积木。

（二）规则性游戏

规则性游戏是根据幼儿发展的要求而开展的游戏，在幼儿园中，规则性游戏主要有体育游戏、智力游戏和音乐游戏。体育游戏是根据一定的体育任务设计的，由身体基本动作、情节、角色和规则组成的一种活动性游戏。智力游戏是根据一定的智育任务设计的，以智力活动为基础的一种有规则的游戏，如幼儿通过用手摸物品，猜抓住的物品是什么，就是一个考验幼儿触觉的智力游戏。音乐游戏是在音乐伴奏或歌曲伴奏下，按照一定的游戏要求和规则，进行各种活动的游戏，可以提高幼儿的音乐感受和表现能力。

微课　1-3-2
学前儿童游戏分类

现将游戏分类进行梳理和总结，如表 1-3 所示。

表 1-3　游戏分类

按认知发展分类	按社会性发展分类	按教育作用分类
练习性游戏	偶然行为	创造性游戏：角色游戏、表演游戏、建构游戏
象征性游戏	旁观行为	
	独自游戏	
结构性游戏	平行游戏	规则性游戏：体育游戏、智力游戏、音乐游戏
	联合游戏	
规则性游戏	合作游戏	

真题在线

幼儿赛跑、下棋一般属于（　　　）。

A. 表演游戏　　　　B. 建构游戏　　　　C. 角色游戏　　　　D. 规则游戏

拓展阅读

其他游戏分类方法

美国心理学家比勒根据儿童在不同类型游戏中占优势的心理成分，把游戏分为机能游戏、想象游戏、欣赏游戏和创造游戏。

美国心理学家加维认为幼儿游戏所使用的材料可以作为评价幼儿游戏水平的一个指标，她将游戏分为五种类型：以身体为材料的游戏、以物体为材料的游戏、以语言为材料的游戏、以社会生活为材料的游戏、以规则为材料的游戏。

资料来源：雷湘竹.学前儿童游戏[M].上海：华东师范大学出版社，2012：61-62.

项目四　认识学前儿童游戏价值

游戏是幼儿最喜欢的活动，也是幼儿的一项权利。1989 年 11 月 20 日联合国大会通过《儿童权利公约》，儿童的游戏权作为一项独立的权利被提出。将游戏提升为儿童的一项权利，也就意味着对游戏作用的充分认可。著名教育家马卡连柯认为培养未来活动家，首先应该从游戏开始；我国著名教育家陈鹤琴也提出游戏是儿童的第二生命。因此，学前儿童游戏对于儿童发展有十分重要的意义，可谓小游戏，大价值。学前儿童游戏价值主要体现在促进学前儿童语言、身体、社会化、认知、情绪情感发展五个方面。

一、促进学前儿童语言发展

游戏轻松自由的氛围，给学前儿童提供了良好的语言表达环境。在游戏中，学前儿童彼此之间需要交流，从而引发了积极使用语言的动机，获得语言交往的机会。有些游戏本身和语言密切相关。例如，表演游戏一方面能提高学前儿童的语言表达能力，另一方面可以帮助学前儿童理解语言含义，角色游戏需要语言表现角色互动；体育游戏需要儿歌增强游戏的趣味性。

二、促进学前儿童身体发展

学前期是个体生命起步的萌芽期，是学前儿童身体快速生长和发育的时期。学前儿童身体的新陈代谢和快速成长，需要各种活动，游戏让学前儿童充满生机。游戏促进学前儿童身体发展主要表现在以下两个方面。

（一）促进身体的生长和发育

在游戏中，幼儿在自然环境中享受三浴，即阳光浴、空气浴和水浴，玩水和户外体育游戏等都能增强机体对疾病的抵抗能力，促进身体的生长和发育。

（二）促进动作技能的发展

户外游戏活动，如多功能大型滑滑梯，可以锻炼学前儿童走、跑、跳、爬、钻等大肌肉群，促进学前儿童大动作发展，提高其身体的协调性和灵活性。民间体育游戏是学前儿童喜欢并经久不衰的游戏形式，如跳绳、抽陀螺、老鹰抓小鸡等，使儿童在快乐中发展了跳的能力、手臂的力量、身体的敏捷性等。

建构区的积木、积塑，美工区的涂涂画画、切切剪剪，益智区的拼图等，锻炼了学前儿童小肌肉的协调性、灵活性和精确性，发展了其精细动作。

案例呈现

大班在进行民间体育游戏活动时，全班幼儿在班主任的带领下玩起了扔沙包的游戏。在游戏圈里的幼儿时而左右躲闪、跑跳，时而静止不动，时而抱成一团，动作很敏捷；游戏圈外的两名扔沙包的幼儿也很欢快，左右移动，寻找目标。这场游戏活动持续了 40 分钟，幼儿和教师都玩得酣畅淋漓，衣服都被汗水浸湿了，活动结束时幼儿之间还在热烈地讨论刚才的游戏。

资料来源：李珊泽，刘璐，黄雪.幼儿园游戏设计与指导 [M].重庆：西南师范大学出版社，2019.

三、促进学前儿童社会化发展

所谓社会化，是指儿童在一定的社会条件下逐渐掌握各种社会规范，正确处理人际关系，慢慢从自然人转化为社会所需要的人的过程。游戏是儿童主要的社会生活方式，因此游戏成为学前儿童实现社会化的重要途径。

（一）帮助学前儿童克服自我中心

3 岁以前的幼儿往往是以自我为中心的，只会从自己的角度出发看问题。游戏是帮助幼儿克服自我中心的重要途径，在游戏中，特别是在角色游戏中，幼儿可以逐渐学会协调自己和他人的想法，学会从他人角度思考问题。例如，在美食节的角色扮演活动中，扮演厨师的幼儿要履行"厨师"的角色，做好厨师的事情，为顾客服务，不能随意走动。

（二）提高社会交往能力

游戏是幼儿相互交往的媒介，在游戏中使用玩具，能促进幼儿更好地交往。例如，在宝宝餐厅的区角活动中，角色的分配和情节的开展需让幼儿学会协商；在"两人三足"的体育游戏中让幼儿学会合作。

（三）促进亲社会行为的发展

亲社会行为是对他人有益或者对社会有积极影响的行为，包括合作、同情、帮助、安慰等。在游戏中，幼儿有机会亲身体验并践行各种亲社会行为。例如，在户外积木活动中，要懂得分享、谦让和合作，共同完成搭建目标；在医院的游戏中，"小医生"产生对他人的同情与责任感。但要注意，亲社会行为不稳定，需要在游戏中不断体验、练习和强化。

（四）有助于掌握社会行为规范

游戏是对现实生活的反映，蕴含着很多人与人交往的基本规则。幼儿在角色游戏中，模仿社会生活中人们文明的行为准则，如在超市的区角活动中，幼儿明白买东西要付钱、收银要排队、超市的东西轻拿轻放等。在日常生活中，幼儿碰到与游戏相似的情境时，就会按照游戏里的做法来支配自己的行为，成功地将游戏经验迁移到日常生活，如图书区爱惜书本的规则也会影响幼儿生活中的阅读习惯。

四、促进学前儿童认知发展

学前儿童游戏中有动作、有情节、有玩具、有材料，从不同方面给学前儿童提供了认识外部世界的途径，符合学前儿童认知发展的特点，能唤起儿童的兴趣和注意力，激发儿童积极地感知、注意、观察、记忆、思维和想象等。

（一）促进感知能力的发展

在游戏中，学前儿童接触到不同的材料，运用多种感官，通过眼看、手触、耳听、口尝等发展感官能力。同时为了完成整个游戏，学前儿童还必须依靠以往的记忆，所以在感知能力提高的过程中，注意力、观察力、记忆力都得到了提高。例如学前儿童在进行"你来比画我来猜"的游戏时，需要集中注意力观察对方的动作并调动以往的经验才能成功。

（二）促进想象力和创造力的发展

虚构、联想是学前儿童游戏的主要特征。在游戏中，以物代物、以人代人、以物代人、以人代物、游戏情节的开展、场景的布置等都离不开儿童的想象力和创造力。在医院主题游戏中，医院里需要有哪些东西、谁当病人、病人生什么病、病人怎么看病都需要儿童发挥想象力和创造力。

（三）促进思维能力的发展

在游戏中，学前儿童不知不觉地发展思维的概括能力和判断能力。例如，在娃娃家游戏中，扮演妈妈、奶奶的主要是女孩，而扮演爸爸、爷爷等都是男孩，每个角色都做符合自己角色的事情。

（四）丰富学前儿童知识

在游戏中，学前儿童通过实际操作各种材料，运用观察、比较等，掌握各种知识，从而解决问题。例如，学前儿童可以在积木搭建中知道大小、形状的知识，了解三角积木最具稳定性，掌握平铺、垒高、对称、架空等概念。

案例呈现

怎样才能把娃娃包起来

红红想用娃娃的小被子把娃娃包起来。可是，如果横着包娃娃，则被子不够长，娃娃的脚露在外面；如果竖着包，则被子不够宽。怎么办呢？红红探索着，尝试了各种方法……十几分钟过去了，红红终于发现了包娃娃的最佳办法，即用被子的对角线作为长度把娃娃包起来，这样就可以把娃娃全身都包进去了。红红包好了娃娃，如释重负地、长长地舒了一口气。

资料来源：刘焱.幼儿园游戏与指导[M].北京：高等教育出版社，2012.

五、促进学前儿童情绪情感发展

学前期是儿童情绪情感发展的重要时期。游戏内容和形式的丰富多样、变化多样，不仅能满足儿童表达情感的需要，而且能矫正儿童的不良情绪。

（一）积极情绪的体验

积极情绪是指愉快、高兴、满足、兴奋、放松等情绪状态。在游戏中，儿童自己选择玩伴、操作玩具材料，充分放松自己，获得积极情绪。例如，在角色扮演游戏中，儿童体会到各行各业工作的不易及获得肯定的满足；在攀爬攀登架的过程中，儿童获得活动挑战成功的喜悦。

（二）消极情绪的宣泄

消极情绪是指不高兴、伤心、恐惧、沮丧、急躁等情绪状态。以弗洛伊德为代表的精神分析学派认为游戏可以补偿儿童在现实生活中不能满足的愿望、缓解心理紧张，使儿童走向自信和阳光。例如，在医院的主题游戏中，很害怕打针的儿童通过扮演医生给别人打针来发泄对医生和针头的恐惧。在儿童早期，所有的心理治疗都以游戏的方式进行。"游戏治疗"理论和实践已经证明游戏是儿童发泄不良情绪的一种重要形式。

（三）高级情感的发展

游戏作为学前儿童的基本活动，是一种积极的情绪交往方式，能促进儿童高级情感的发展。高级情感包括美感、道德感、理智感等。美感是由审美的需要得到满足而产生的情感体验。例如，在建构游戏中，儿童通过结构材料搭建出各种作品，提高了儿童表现类和创造美的能力。道德感是指儿童评价自己和别人的行为符合社会道德行为标准时产生的内心体验。例如，在角色扮演游戏中，通过角色人物的扮演、角色游戏情节的推进等，儿童形成一定的社会道德感。理智感是儿童在认识客观事物的过程中产生的情感体验，是在满足其求知欲、好奇心和解决问题的需要后产生的内心体验。例如，儿童在科学探索区进行探索，掌握了天平平衡的规律，获得了满足感，进而发展了理智感。

微课　1-4-1
学前儿童游戏价值

案例呈现

看 医 生

孩子到医院看病，医生检查孩子的咽喉，给他打针或做一个小手术。医生的这些动作使孩子感到疼痛，这是一种可怕的、不愉快的体验。根据唯乐原则，孩子应当避苦趋乐，争取立即忘掉这种痛苦的体验。可是恰恰相反，一旦医生走开，孩子就会把这种痛苦的体验变成游戏，把医生刚才对他做的一系列动作，同样施加到他的小伙伴身上，或娃娃、玩具、动物身上。

资料来源：丁海东.幼儿园游戏组织与指导[M].长沙：湖南大学出版社，2019.

真题在线

操场上新安装了一个投篮架（图1-1），幼儿们经常在这里玩投篮游戏。一天，几个幼儿带着笔刷和小水桶来到这里（图1-2），他们先是快乐地粉刷投篮架，之后开始往篮筐里灌水，有的从上面灌，有的在下面接，再灌、再接……相互配合，反反复复，忙得不亦乐乎。

问题：是否应支持幼儿的这些行为？请说明理由。

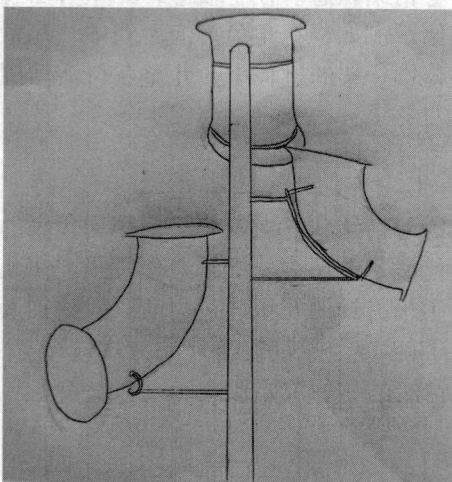

图1-1　投篮架

图1-2　幼儿赶来

项目五　领会影响学前儿童游戏的因素

学前儿童游戏是儿童与环境相互作用的产物，是在一定的社会的影响下产生和发展起来的，是一种社会文化现象，必定受到多种因素的影响，主要包括物质环境因素、社会环境因素和幼儿自身因素。

一、物质环境因素对游戏的影响

物质环境因素是学前儿童游戏活动中的要素和条件，主要包括游戏时间、游戏场地、游戏材料、游戏机会。

（一）游戏时间

充足的游戏时间是儿童游戏的保障，可以使幼儿更加喜爱游戏并进行多种游戏。游戏时间直接影响游戏的数量和质量，在充分游戏时间下，幼儿可以从事一些更为复杂、更有创造性的游戏。例如，在角色游戏中，幼儿可以从容地选择玩伴、商讨角色、进行游戏情节的拓展。反之，游戏时间短，幼儿无法去计划和商讨游戏，就只能从事简单的游戏。一般而言，幼儿每天用于自由游戏的时间不少于1小时。

因此，幼儿园要真正实现"游戏作为幼儿基本活动"的这一要求，就必须将游戏时间体现在一日生活活动作息时间安排中。在一日生活活动作息安排表中，提供一定的较为集中的游戏时间，固定下来，形成制度。除了较为集中的游戏时间，还应该尽可能地利用一日活动的其他环节及零散时间，以扩展幼儿的游戏时间。

案例呈现

　　鹏鹏等几位小朋友正在幼儿园的建构区搭积木，他们有的在搭公路，有的在盖楼房，有的在建飞机场，玩得都很专注。突然，鹏鹏起身去取旁边的积木时一下撞翻了已经盖得很高的楼房，搭楼房的豆豆着急了："你看你，我都快创纪录了，这回又白搭了！"鹏鹏挺不好意思："那我帮你重新搭吧！"豆豆有点气急败坏："哪儿还有时间呀，老师马上就该让收了，要搭也得明天了。"鹏鹏挠着头说："就是，本来我还想搭个多层立体停车场呢，看来也来不及了，要是老师让咱们一直玩就好了！"

　　资料来源：霍习霞. 学前儿童游戏与指导 [M]. 上海：华东师范大学出版社，2012.

（二）游戏场地

　　游戏场地是儿童游戏必备的空间条件。游戏场地的地点、空间密度、空间结构及结构特征对儿童游戏有一定的影响。

　　游戏场地既可以在室内，也可以在户外。有研究表明，年长的幼儿、男孩更喜欢室外游戏。

　　空间密度为每个儿童在游戏环境中所占的空间大小，也就是室内拥挤程度的指标，数值越低表示教室越拥挤。空间密度可以用以下公式来计算：空间密度 =（房间大小 – 不可用的空间大小）÷ 儿童的人数。较大空间可增加社会性游戏和打闹游戏的发生频率，较小的、封闭的空间可增加个人的、安静的游戏的发生频率。空间密度为 2.32 平方米是最有效的可利用空间。

　　游戏场地的空间结构是指空间的开放与区隔，以及区隔的方式等。开放式的游戏区域便于幼儿开展集体性规则游戏、平行游戏和大动作游戏；区隔式的游戏区域便于幼儿开展更高水平的探索性游戏和社会性游戏。

　　从结构特征上来看，游戏场地可以分为传统的游戏场地和创造性的游戏场地。在安放着一些固定的、常见的设备或器械的游戏场地里，机能性游戏的发生频率较高，不利于发展幼儿的想象力。在有各种各样的、可动的设备和器械的创造性的游戏场地里，想象性游戏的发生频率更高。

（三）游戏材料

　　游戏材料是幼儿游戏所用玩具和物品的总称。由于幼儿思维具体形象，游戏材料可以使幼儿产生联想，将已获得的生活经验迁移至游戏中。它是幼儿游戏的物质支柱，是幼儿游戏的工具，离开它幼儿游戏常常难以进行。

　　适宜的游戏材料能够有效地引发和推动幼儿游戏的开展和身心的发展。不同的游戏需要的材料是有区别的。教师在准备游戏材料时，应该注意以下几点：①为幼儿提供游戏材料要保证安全与卫生；②为幼儿提供材料要数量充足，符合幼儿的年龄特点；③提供与阶段教育目标、内容相匹配的游戏材料；④尽量提供无固定功能的游戏材料，鼓励幼儿制作玩具；⑤多提供中等熟悉和中等复杂程度的游戏材料；⑥将游戏材料放在可见位置，有研究表明，放在中央位置的游戏材料使用率较高。

（四）游戏机会

教师应保障每个幼儿都有投入游戏的机会，即教师应该给幼儿提供一个平等、适宜的机会，使每个幼儿都可以在同一时间、同一范围内选择自己喜欢的游戏。

二、社会环境因素对游戏的影响

社会环境因素是指影响幼儿游戏的"人"的因素，主要包括家庭、师幼关系、同伴、课程、媒体等。

（一）家庭

家庭对幼儿的影响是巨大的。亲子关系、家长的育儿态度、家庭结构、家庭生活的气氛、家庭的居住环境等都会对幼儿游戏产生影响。良好的亲子关系可以让幼儿在游戏中更自主地去探索，相反则会出现退缩、胆小等消极行为。家庭结构的不完整和家庭气氛的紧张会对儿童游戏产生消极影响。研究表明，婚姻破裂的家庭不利于儿童游戏活动的发生，并且男孩的受伤害程度要大于女孩。

（二）师幼关系

师幼关系是幼儿园最基本的关系。幼儿与教师是民主平等、共同成长的关系。在游戏中，教师不仅是幼儿游戏的观察者、研究者，又是游戏活动环境与材料的设计者、提供者，还是游戏的玩伴、指导者、评价者，因此教师的态度、行为对游戏的影响十分重要。

教师要树立正确的游戏观、科学的儿童观；要尊重幼儿、理解幼儿、关注幼儿、相信幼儿，把游戏交给幼儿，使幼儿成为游戏的主人。教师应为幼儿的游戏和学习提供丰富多样的、与幼儿身心发展相适应的材料，为幼儿提供使用游戏材料的时间和空间。教师还应根据游戏观察，做出合理的游戏组织与指导。

拓展阅读

教师在幼儿游戏中的作用

教师在幼儿游戏的过程中，主要有四个方面的作用。

（1）为游戏的顺利开展做好准备工作，创设包括游戏经验、游戏时间、游戏环境等条件。

（2）观察游戏，了解游戏的发展情况。

（3）视游戏需要参与游戏，促进游戏的发展，参与介入的方法有平行式介入、交叉式介入、垂直式介入。

①平行式介入法：教师在幼儿附近，和幼儿玩相同或不同材料和情节的游戏，目的在于引导儿童模仿，教师起着暗示指导的作用。当幼儿对新玩具材料不感兴趣、不会玩、不喜欢玩；或只喜欢玩某一类游戏，而不喜欢玩其他游戏时，教师可用平行式介入法进行指导。教师一般以平行角色的身份或教师的身份来参与游戏。

例如，教师提供了新插塑玩具，有的孩子只插了一种就呆坐在那里，这时教师用这些材料插出了滑梯、发夹、汽车、火箭等，开阔了孩子的思路，孩子们便又活跃了起来。

②交叉式介入法：当幼儿有教师参与的需要或教师认为有指导的必要时，由幼儿邀请教师作为游戏中的某一角色或教师自己扮演一个角色进入幼儿的游戏，通过教师与幼儿、角色与角色间的互动，起到指导幼儿游戏的作用。当幼儿处于主动地位时，教师则扮演配角，根据幼儿的游戏行为做出反应；如果教师认为有必要对幼儿游戏加以直接指导，则可以根据游戏情节的发展提出相关的问题，促使幼儿思考。当教师和幼儿都感觉很快乐时，教师就该退场了，不能待得太久。

例如，火锅店的角色区显得很冷清，区域内的幼儿无所事事。教师就扮成"顾客"加入进去，问"你们这里有这么多好吃的？怎么卖的呀？"幼儿听后，立马意识到自己的角色，其中一个幼儿赶紧来招呼"顾客"，其他幼儿也慢慢进入自己的角色，开始玩了起来。

③垂直式介入法：如果幼儿在游戏中严重违反规则，或出现攻击性等危险行为，教师则以教师的身份直接进入游戏，对幼儿的行为进行直接干预。这种方式很容易破坏幼儿的游戏气氛，因此一般情况下不宜多用。

（4）根据游戏开展情况，引导幼儿分享、提升幼儿游戏经验，并为下次游戏做好准备。

资料来源：邱学青.学前儿童游戏[M].南京：江苏凤凰教育出版社，2008.

教师介入幼儿游戏的时机

（1）幼儿在游戏中出现不安全倾向时。

（2）幼儿在游戏中出现过激行为时。

（3）幼儿在游戏中主动寻求帮助时。

（4）幼儿在游戏中遇到困难想放弃时。

（5）幼儿在游戏中反映消极内容时。

（6）幼儿在游戏中因为遇到挫折、纠纷难以实现自主愿望时。

资料来源：刘志成.幼儿园游戏与指导[M].天津：南开大学出版社，2017.

（三）同伴

幼儿是在同伴群体中长大成人的，随着幼儿年龄的增长，其游戏中的社会性因素越来越多，同伴的地位也越来越重要。幼儿有无同伴、对同伴的熟悉程度，以及同伴的年龄和性别等因素都会对幼儿的游戏产生不同的影响。

在有同伴的情况下，幼儿操作物体的技能会变得更熟练和有目的性，并且会在更为复杂的行为水平上进行整合。当彼此熟悉的幼儿一起游戏时，同伴间容易发生社会性的装扮游戏，游戏水平更高，更趋于复杂，而与不熟悉的同伴一起游戏时，更趋向于开展平行的机能性游戏；不同年龄的幼儿在一起游戏时可以促进其合作、分享与谦让等社会行为的发展；幼儿更倾向于和同性别的同伴一起游戏。

（四）课程

幼儿园课程按照其课程结构的严密性可以分为高结构化课程和低结构化课程。高结构化的课程强调教师有目的、有计划地教学，低结构化的课程则强调幼儿自发产生游戏。一般认为，高度结构化的课程模式可能抑制幼儿游戏的数量和水平，尤其是抑制象征性游戏的数量和水平。而在低结构化的课程模式中，幼儿的象征性游戏和自发的合作游戏更为多见。

（五）媒体

当今社会是一个信息社会，书籍、手机、电视、计算机等媒体已经成为幼儿生活中不可或缺的组成部分。它们一方面促进了幼儿的语言学习，培养了幼儿认识事物的能力，丰富了幼儿游戏的内容；另一方面又对幼儿发展产生了负面影响。例如，一些内容不健康、不适合幼儿观看的电视节目，如暴力片、色情片，会对幼儿的游戏产生不利影响。另外，如果幼儿长时间使用计算机和手机，则会减少幼儿与真实世界中的人的人际互动与交往，不利于幼儿的成长。

三、幼儿自身因素对游戏的影响

学前儿童的游戏不仅受到复杂的环境因素的影响，同时也受到幼儿自身因素的影响。例如，幼儿的性别、年龄、个性、认知风格、健康和情绪等都在影响着幼儿的游戏。

（一）性别差异

性别差异主要体现在幼儿对玩具、游戏类型和游戏主题等的选择上。一般来说，在游戏类型上，男孩更喜欢跑、跳等运动量较大的动态游戏，而女孩则喜欢安静的、运动量及竞争性较小的静态游戏；在玩具选择上，男孩喜欢交通工具、战斗性工具和建构材料，而女孩喜欢布娃娃、毛绒玩具等；男孩喜欢玩反映社会生活主题的游戏，扮演"警察""司机"等社会性的角色，而女孩则喜欢扮演"妈妈""护士"等女性化角色。

（二）年龄差异

年龄差异主要影响幼儿的游戏水平。幼儿因体能、认知、语言、社会性等身心发展诸多方面处于不同的发展阶段，游戏的内容和方式也随着幼儿的成长而有所变化，从感觉运动游戏、象征性游戏到规则性游戏，从单独游戏到合作游戏，从单一的游戏内容到丰富的主题内容，都体现着年龄增长对幼儿游戏水平和内容的影响。

（三）个性差异

个性差异带来了幼儿游戏的兴趣和风格的不同。幼儿对游戏的兴趣与其想象力、幽默感、情绪表现、好奇心、交往技能等相关。富有想象力、有幽默感和好奇心、性格开朗、好与人交往的幼儿，具有较高的游戏性，表现为爱玩游戏，在游戏中的社会性水平和想象力水平更高。

（四）认知风格差异

认知风格是指个体在信息加工过程中表现在认知组织和认知功能方面持久一贯的特有风格。美国心理学家赫尔曼·威特金将人的认知风格分为场独立性和场依存性。场独立性的幼儿对周围环境的物理特性注意较多，注重分析，在游戏过程中喜欢摆弄实物和进行探究；相比较而言，场依存性的幼儿社会性取向较强，注意观察社会生活中的情境，喜欢角色扮演和想象。

（五）健康和情绪差异

幼儿的健康和情绪会影响幼儿在游戏中的表现。患有疾病的孩子，如哮喘、心脏病等，不适合活动量大的游戏。生病的幼儿有的会表现出对游戏不感兴趣，有的会选择一些静态的、活动量小的游戏。幼儿情绪不佳，在游戏中也会表现得无精打采。

拓展阅读

场依存型个体与场独立型个体表现的行为特征

1. 场依存型（field dependence）个体主要行为特征

（1）依赖于周围的感知场景。

（2）倾向于对环境做出整体把握，易受当时场景的影响。

（3）相信权威。

（4）把周围人的脸部表情作为一种信息来源。

（5）对人有兴趣。

（6）与相互交往的人有密切的关系。

（7）对他人很敏感，并通过这种方式获取社会性技能。

（8）喜欢与人打交道的职业。

2. 场独立型（field independence）个体主要行为特征

（1）在感知物体时，能把物体从场景中区分出来。

（2）能解决在不同场景中出现的同一问题和稍作改变的问题。

（3）不服从权威，有自己的评判标准和价值观。

（4）对事情积极努力。

（5）冷淡、疏远。

（6）不合群，有较好的分析能力。

（7）喜欢自己能独立工作的职业。

资料来源：邱学青. 学前儿童游戏 [M]. 南京：江苏教育出版社，2008.

思考与练习

1. 按照教育的作用，学前儿童游戏可以分为哪些类型？

2. 论述学前儿童游戏的本质特征。

3. 论述认知发展学派的游戏理论的主要观点。

4. 区域活动开始了，幼儿们根据自己的喜好自由选择了不同的区域开始玩游戏，教师发现创想区一个幼儿也没有，于是说："谁愿意去创想区玩啊？"可是没有人理睬。教师耐心地再次提高了嗓门："今天谁愿意去玩纸箱啊？"这时，有一个幼儿举手说："我去吧。"接着几个幼儿也陆续地响应去创想区玩。可是没一会儿创想区的游戏就结束了。见此情况，教师就从头到尾把整个游戏的过程和玩法讲给他们听，并给他们几个人分配了不同的角色，在教师的指导下创想区里的"纸箱加工厂"总算顺利开展起来了。在区域活动进行到一半的时候，教师发现创想区里乱成一团，跑过去一看，幼儿们正在玩开"小汽车"的游戏。他们看到教师来又赶紧玩起了纸箱，嘴里却不停地说一点儿都不好玩。

问题：请根据孩子的反应分析这位教师对创想区游戏的指导是否合理，并提出建议。

实践与运用

1. 访问 3~4 位幼儿家长，了解幼儿在家的游戏状况，试分析影响幼儿游戏的因素。
2. 回忆自己小时候最喜欢玩的游戏，写出游戏的玩法和规则。

主题二　学前儿童游戏环境

✦ 学习目标

知识目标
1. 了解幼儿园环境的概念、分类及创设的基本要求；
2. 掌握幼儿园室内、户外游戏环境创设的原则；
3. 了解幼儿园玩具与游戏材料的作用、种类及使用事项。

能力目标
1. 能够自主设计与布置幼儿园室内外游戏环境；
2. 能依据幼儿年龄特点提供适宜的游戏材料。

素质目标
对幼儿园环境产生兴趣和热情，意识到自己是幼儿学习的支持者、合作者、引导者。

知识导图

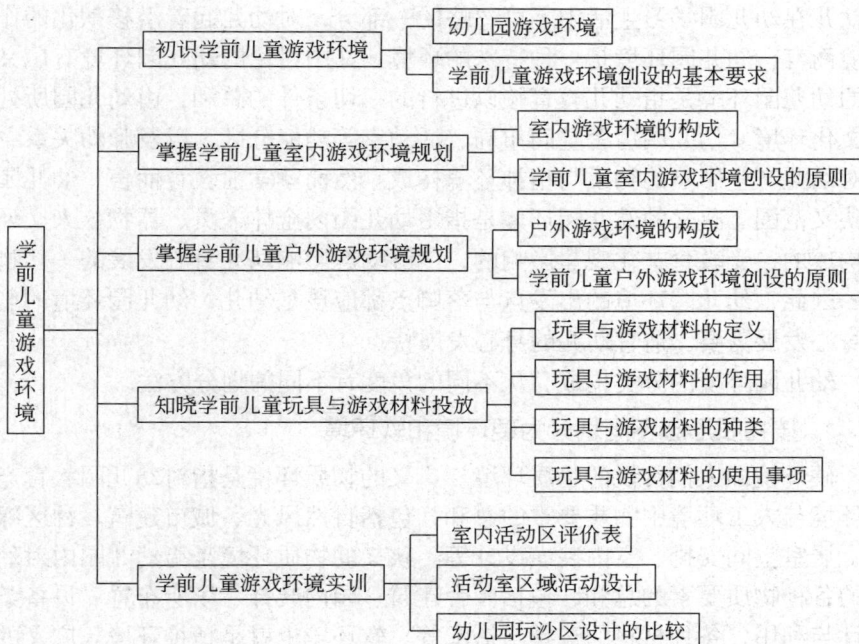

问题导入

场景一：小一班有两个娃娃家，一个是在室外楼梯的拐角空地处，一个是在活动室内的拐角处。两个娃娃家投放的玩具、材料都一样，可是教师发现幼儿更喜欢室外楼梯拐角空地处的娃娃家，其次才会选择活动室内的娃娃家。

场景二：中一班有两个角色区，一个是"小银行"，一个是"快乐汉堡店"。"小银行"设有顾客、业务员等角色，"快乐汉堡店"设有厨师、服务员、顾客等角色。两个角色区都提供了丰富的游戏材料，可是教师发现，游戏过程中"小银行"的幼儿玩着玩着就会失去兴趣，无所事事，容易走神，而"快乐汉堡店"的幼儿却能创造出新玩法，越玩越深入。

场景三：大一班的表演区很是冷清，很少有幼儿愿意去表演区玩游戏。突然有一天，表演区变得热闹了，原来幼儿们都在忙着穿教师投放的新服饰，玩教师投放的新道具，都忘记要进行表演游戏了。

问题：

（1）你认为幼儿喜欢什么样的游戏环境？

（2）你认为教师应如何创设幼儿喜欢的游戏环境？

项目一　初识学前儿童游戏环境

一、幼儿园游戏环境

（一）幼儿园环境

学前教育工作者常说一句话："幼儿园环境是幼儿的第三位老师。"可见，幼儿园环境是幼儿在幼儿园学习生活中不可忽略的一部分，对幼儿起着潜移默化的作用。相对于一般环境而言，幼儿园环境是一种特殊的环境。文中讨论的幼儿园环境有广义与狭义之分。广义的幼儿园环境是指幼儿教育赖以进行的一切条件的总和，由幼儿园所处的地理环境、社会文化环境、幼儿园房舍空间布局、活动室等功能分区，以及师幼关系、同伴关系等一切会对幼儿产生影响的物质与精神环境构成。然而就学前教育而言，幼儿园环境的含义侧重于狭义范围。狭义的幼儿园环境是指由幼儿园内全体人员、器物、人文环境，以及各种信息构成的，受教育文化观念影响的，能够动态影响幼儿身心发展的一切物质条件和精神条件。因此，幼儿园环境的出发点与落脚点都应该是幼儿，幼儿园环境的创设应时时紧跟幼儿身心发展需要，适宜幼儿的身心发展特点。

幼儿园环境的分类构成，从不同的角度有不同的划分方法。

1. 按物质形态不同划分为硬环境和软环境

硬环境即人们常说的物质环境。广义的物质环境是指对幼儿园教育产生影响的一切天然环境与人工环境中物质要素的总和，包括自然风光、城市建筑、社区绿化，家庭物质条件、居室空间安排、室内装潢设计等。狭义的物质环境是指幼儿园内对幼儿发展有影响作用的各种物质要素的总和，包括园舍建筑、园内装饰、场所布置、设备条件、物理空间的设计与利用、各种材料的选择与搭配等。软环境也就是精神环境。广义的精神环境泛指对幼儿园教育产生影响的整个社会精神因素的总和，主要包括社会的政治、经济、文化、艺术、道德、风俗习惯、生活方式、人际关系等。狭义的精神环境指幼儿园内对幼儿发展产生影响的一切精神因素的总和，主要包括教师的教育观念与行为、幼儿园人际关系、幼儿园文化氛围等。

2. 按空间布局不同分为园外环境和园内环境

园外环境是指幼儿园之外的环境，如社区文化环境、家庭环境、亲子关系等。园内环境主要是指幼儿园内部环境，包括户外环境、室外环境和室内环境。户外环境主要是指户外活动区，如器械设备区、玩沙戏水区等；室外环境主要指楼道、走廊、门厅等公共区域环境；室内环境就是班级环境，包括活动室内的各个区域。

从一日生活活动构成来看，幼儿园环境可分为生活活动环境、游戏活动环境及学习活动环境。通常，幼儿园一日生活活动构成主要包括生活活动、游戏活动和学习活动。这些活动环境还可以再次划分为更加微观的环境，比如生活活动环境还可分为盥洗室、就餐区等；游戏活动环境可分为户外游戏区和室内游戏区，户外游戏区有玩水玩沙区、体育活动区等，室内游戏区又可分为角色游戏区、表演游戏区、结构游戏区、认知活动区。另外，幼儿园往往是以游戏来主导学习的，幼儿通过游戏来学习，教师通过游戏来开展教学，也就是让幼儿在"玩中学"。游戏区和学习区很难绝对地分开，所以所有的游戏活动区也可以看作学习活动区，如果当时进行的活动是以自发的自由游戏为主，则可以把它看作游戏环境；如果有明确教育目的和任务，则可以把它看作学习环境。

（二）学前儿童游戏环境

游戏是幼儿的基本活动，而创设适宜的游戏环境是幼儿开展游戏活动的基本条件。我国教育部颁布的《幼儿园教育指导纲要（试行）》中也明确指出："环境是重要的教育资源，应通过环境的创设和利用，有效地促进幼儿的发展。幼儿园的空间、设施、活动材料和常规要求等应有利于引发、支持幼儿的游戏和各种探索活动。教师的态度和管理方法应有助于形成安全、温馨的心理环境；言行举止应成为幼儿学习的良好榜样。"幼儿园游戏环境是指为幼儿游戏活动提供的一切外部客观条件，包括物质环境和精神环境两个方面。物质环境指的是幼儿游戏所需要的物质背景，如宽敞的游戏空间及场地、户外三轮车等设施设备、各种各样的操作材料，以及充裕而且自由的游戏时间等。精神环境指游戏过程中人际交往关系及由此带来的心理氛围，如教师的游戏理念、游戏规则、游戏氛围、师幼关系、同伴关系等。

学前儿童游戏环境按照不同的维度，有不同的分类。它从物质形态可分为物质环境和精神环境；从空间的不同，可分为室内游戏环境和户外游戏环境。室内游戏环境包括多功能游戏室、班级活动室、划分给该班的独立使用的区域；户外游戏环境包括玩沙区、玩水区、自然区、运动区、休闲区和活动材料区等游戏场地。

二、学前儿童游戏环境创设的基本要求

（一）安全性

幼儿的自我保护能力差，安全防范意识薄弱，缺乏相应的自我保护能力。因此，安全性是创设游戏环境首要考虑的因素，在游戏环境创设中要最大限度保障幼儿在游戏过程中

的安全。一是确保物质环境的安全，包括材料安全和空间安全。材料是构成环境的主要要素，是幼儿开展游戏活动的基础，游戏过程中所需的材料应无毒、无害、无污染，材料表面无尖角。例如，应购买无毒无害的手工颜料，对玩具等材料定期杀菌。幼儿园的游戏活动空间应符合《托儿所、幼儿园建筑设计规范》相关规定，活动空间内的设备应符合幼儿的生长发育规律。例如，对室内外地面、墙面等进行软包装、幼儿户外游戏空间宽敞、定期检查和维修各种游戏设备等。为了贯彻安全性一味地限定幼儿活动是不对的，幼儿园应该在确保安全的同时根据幼儿的发展水平，提供有一定挑战性的游戏环境。二是确保幼儿的心理安全，即在游戏过程中，教师要给予幼儿充分的自由、肯定、尊重与关爱，以及建立和谐的同伴关系。

（二）丰富性

丰富的环境包括丰富的空间利用、丰富的活动形式和丰富的材料投放。首先，幼儿园的场地是有限的，教师要做到一地多用、一物多玩，并让幼儿做环境的主人，自主地选择环境和改造环境。其次，丰富多样的活动可以支持幼儿开展多样化的游戏活动。最后，材料的丰富性可以提高学前儿童的兴趣和游戏的复杂性。

（三）发展性

优质的幼儿园游戏环境应该具有较强的自主性，不管是活动材料还是活动场地的变化，都要根据幼儿的实际需求，给幼儿提供熟悉的材料和游戏，这样才能实现促进幼儿发展的最终目的。所以，教师要考虑游戏环境的创设，既要能保证完成当前幼儿的发展目标，又要能满足幼儿将来的发展。一是要求在环境创设过程中要考虑不同年龄段及同一年龄段不同层次幼儿的需要。不同年龄段的幼儿的个性、生理及认知发展水平都不相同，对环境的接受能力、对事物的接受能力也会有差异。这就要求幼儿园要针对不同年龄段的幼儿创设不同的游戏环境。另外，同一年龄段的幼儿在发展上也存在差异，这就要求幼儿园针对同一年龄段的幼儿也要创设有层次性的游戏环境，如在串珠游戏中投放不同颜色、不同形状的珠子，让幼儿可以进行单维度和多维度的排列。二是要求教师对游戏环境的创设不是一劳永逸的，要根据幼儿的游戏水平和游戏需要及时调整。例如"娃娃家"一开始是仿真材料的果蔬切切乐，后来换成黏土等非结构材料，让幼儿自己手工制作果蔬，发挥幼儿自己的想象力。

（四）主体性

在环境创设中要让幼儿成为环境的主人，体现师幼之间的对话。环境的创设要以幼儿的需求为主，环境的布置要强调幼儿的参与性，让幼儿与环境产生充分的相互作用。在这个过程中幼儿在环境中的角色发生了变化，由单纯的欣赏者变成了计划者、参与者，这种角色的转化能让幼儿充分认识到自己的能力，意识到自己是环境的主人。教师可由环境得知幼儿在环境中是否有主动性、能动性和创造性，可以根据当前的主题内容、季节特点、节目内容进行环境创设，还可以根据幼儿在环境中出现的问题来创设环境。例如，教师在主题墙上为幼儿创设能补充答案的区域，让幼儿回家通过搜索答案自学知识，并用自己喜欢的方式将答案展示在该区域，最后该区域成为问题的答案墙。

（五）开放性

开放性是指创设游戏环境，不仅要考虑园内环境，同时也要重视园外环境，使两者结合起来。一是选择利用外界有价值的因素为幼儿游戏活动服务，如秋游活动，可以让幼儿亲近自然、了解自然；二是让家长等园外人员参与游戏环境规划，如开展一些收集废弃材料和制作手工或美食的亲子活动，得到家长对游戏的物质和精神支持。

（六）经济性

幼儿园游戏环境应考虑不同地区、不同幼儿园的实际情况，创设中要考虑幼儿园的自身经济条件，勤俭办园，因地制宜。早在 20 世纪 30 年代，我国著名幼儿教育家陈鹤琴先生就对幼儿教育存在的"花钱病""富贵病"提出了严厉的批评。因此，幼儿园应最大限度地利用空间，把平面和立体布置结合起来；可以根据幼儿发展的需要，一物多用，就地取材，不浪费资源，不盲目攀比。例如，利用原有的地形进行的滑滑梯设计；用废弃的纸盒和水桶做"娃娃家"的饮水机。

微课　2-1-2
学前儿童游戏环境
概述

真题在线

幼儿园创设物质环境时首先应考虑的要求是（　　　）。

A. 经济性　　　　　B. 安全卫生性　　　　　C. 功能性　　　　　D. 美观性

项目二　掌握学前儿童室内游戏环境规划

一、室内游戏环境的构成

幼儿园室内环境结构是环境各部分之间形成的相互关系与联系，对空间有计划地合理安排与利用可形成良好的环境结构，并对幼儿的行为产生积极的影响。幼儿园室内游戏环境一般包括园级多功能活动室、班级活动室和划分给各班的相对独立使用的区域（如附近的走廊、栏杆、楼道、墙面等）和公共区域。

园级多功能活动室是整个幼儿园共同使用的室内活动空间，如木工房、陶艺坊、绘本馆和科学探索室等，用于锻炼学前儿童的动手制作能力、阅读能力、想象力、创造力等。班级活动室一般是指幼儿上课的教室，通过教师的合理布局达到空间的功能划分，如生活区、建构区、角色区、表演区等。幼儿园经常会把临近班级的走廊地方和墙面充分利用起来，做成不同的活动区角或者室内游戏场地。

下面将重点介绍班级活动室的游戏区划分。教室设置的游戏区一般包括以下七种。

（一）阅读区

阅读区是为幼儿提供倾听与表达、阅读与书写准备的区域。为了营造良好的阅读环境，阅读区应该设置在安静及自然采光良好的地方。投放适合阅读的绘本、画册、杂志等阅读材料，创设比较舒适的阅读环境，如放上一些靠枕或铺上柔软的地垫，把材料放在幼儿取放方便的书架上。

（二）美工区

美工区是幼儿进行美术创作和欣赏的空间。在这里，幼儿能充分表达自己对周围世界的认识、想象和愿望。美工区应该设置在采光条件良好及靠近水源的地方，投放不同种类的美术材料及各种辅助材料，另外放置美工材料的柜子也要预留展示作品和晾晒物品的空间。

（三）科学探索区

科学探索区是发展幼儿智力和操作技能的重要区域，需设置在安静的地方，但也要注意光线。教师要为幼儿提供多样化的游戏材料进行科学探究，如摆放科普知识挂图，投放一些科学器材（如天平、磁铁），种植一些植物，等等，满足幼儿的好奇心和求知欲，培养幼儿的探索精神，使其养成乐于观察思考的好习惯。另外，教师也应该多带幼儿到户外和野外去观察、去发现、去采集。科学探索区场景，如图2-1和图2-2所示。

图2-1　科学探索区场景（一）

图2-2　科学探索区场景（二）

（四）建构游戏区

建构游戏区是方便幼儿分类、创造、展现作品的场所。建构区一般空间较大，便于满足不同的活动组织形式。建构区应远离通道，以免不小心损坏作品；建构区应铺设地毯以免产生噪声，影响其他区域内幼儿的游戏活动。

建构游戏区可投放大小不一、颜色不同的积木类、积塑类及彩泥等建构材料；还可投放一些辅助材料，提高作品趣味性，发展幼儿的想象力和创造力。如果没有专门的建构室，班级区域空间又较小，可以进行户外积木游戏。建构游戏区场景，如图2-3所示。

（五）表演游戏区

表演游戏区为幼儿提供表演的空间。幼儿可以根据熟悉的文学作品（如童话故事、绘本、寓言、儿歌等）中的人物形象、故事情节，进行创造性的表演。进行环境创设时，教师可以和幼儿一起根据故事角色、情节布置简易舞台和布景（如木偶剧场），制作服装和道具（如各种不同动物的头

图2-3　建构游戏区场景

饰）。另外，教师还可以在表演游戏区投放故事、绘本等表演素材，并且设置一定的观众区，如皮影戏观众区。

（六）益智游戏区

益智游戏区是供幼儿思考和挑战的空间。益智游戏区需要安静、隐秘，可以帮助幼儿专心致志地进行游戏活动。幼儿在益智游戏区主要对各种材料进行操作，教师可投放各种拼图、插板、棋类、木钉板、迷宫图、串珠、数字卡片等材料，并进行分类收纳，方便幼儿取放。玩具和材料应就近摆放在玩具架上，让幼儿在动手操作的过程中解决问题、完成任务。益智游戏区的材料需要根据幼儿的年龄特点，有针对性地进行投放。

（七）角色游戏区

角色游戏区是幼儿自主自愿发挥创造性的活动区域，是体验社会角色生活的场地。教师应投放各类主题所需的装扮材料及道具，提供适合幼儿不同角色体验的材料。例如，刚开始玩角色游戏时，主要以"娃娃家"为主，随着幼儿游戏水平的不断提高，可由家庭生活类主题逐渐过渡到社会生活类主题，如小超市、小医院、快餐店、理发店等儿童熟悉的主题，也可根据当地特色设定主题，如豆腐坊等。

二、学前儿童室内游戏环境创设的原则

（一）健康安全原则

健康安全原则要求在室内游戏环境创设中要选择安全、环保的材料，对活动区域进行合理划分，以及提供健康安全的游戏心理环境。首先，桌椅、床铺等要进行软包装或选择圆角的设备，提供的游戏材料都是安全无毒的，对于废旧物改造的物品，要保证清洁卫生，同时避免出现尖锐、锋利的物体。其次，活动区域的划分要注意动静分区，干湿分离。不同区域要明确划分，具有分界线，活动通道保持宽敞畅通，避免儿童活动受到干扰。最后，在游戏过程中保持良好的师幼关系和同伴关系，以营造温馨和谐的游戏环境。

（二）发展适宜原则

发展适宜原则指给儿童提供的材料和任务应该符合幼儿的年龄特点及不同幼儿的发展水平，既面向全体幼儿，又考虑个体差异。不同年龄班有不同的区域设置，如小班的幼儿注意力易分散，游戏场地如果创设得形象逼真，具有刺激性，就容易激发幼儿的兴趣，使他们保持旺盛的求知欲；大班选择的游戏场地应多注重在形式上的变化，教师应引导幼儿根据游戏的需要自己动手、动脑去寻找和制作游戏材料并鼓励他们大胆地表现与创造。同一年龄段应考虑幼儿的不同水平，如在同一个喂娃娃的活动中，教师通过提供不同大小的动物嘴巴、不同形状的事物，达到游戏的不同难度，幼儿可根据自己的水平进行选择。

（三）因地制宜原则

根据室内环境的特点、游戏的类型和幼儿需要，创设适合幼儿发展的游戏环境。充分利用幼儿园的场地，如利用楼梯间进行小卖部设计，充分利用楼道进行"娃娃家"的布置，利用墙面进行乐高墙的设计，从而扩大儿童游戏的空间。

（四）多方参与原则

幼儿园室内环境的创设过程应该是幼儿与教师共同参与合作的过程。幼儿园环境创设往往出现教师包办的现象，即便有幼儿参与，也仅仅是将幼儿的作品作为环境的装饰。教师应该意识到幼儿园环境的教育性是蕴含于环境创设的过程中的。因此，在环境创设中，应充分利用幼儿和家长的资源，实现教师、幼儿、家长的多方参与和互动，如和幼儿一起进行木偶剧场的材料制作，通过家长提供的一些废旧材料，进行废物改造活动。

（五）艺术美感原则

创设的游戏环境应是一个和谐的、有序的、整体的、充满秩序和整洁的环境。环境中的色彩和造型应符合幼儿的审美特点，给幼儿以美的视觉享受。色彩设计应以幼儿身心发展规律为依据，尽量使用明快的颜色对比，做到既丰富又协调、繁而不烦、艳而不厌。造型方面，应尽量采用单纯质朴的几何图形和生动鲜活的卡通造型。幼儿园各环境的创设，应该是相互联系、彼此衔接的。环境创设时还应考虑整体与局部之间、各区域之间，以及区域物体之间的协调。例如，"娃娃家"的布局、色彩的搭配、光线的情况等都会影响"娃娃家"的温馨程度；区角的区牌、区角的区域分隔形式及各个区域所用的材料和颜色等都要有一定的设计元素，给幼儿带来美感。

微课 2-2-1
室内游戏环境创设

项目三　掌握学前儿童户外游戏环境规划

一、户外游戏环境的构成

《幼儿园工作规程》指出：幼儿户外活动时间每天不得少于 2 小时；正常情况下，每日户外体育活动不得少于 1 小时；幼儿园应当有与其规模相适应的户外活动场地，配备必要的游戏和体育活动设施，创造条件开辟沙地、水池、种植园地等，并根据幼儿活动的需要绿化、美化园地。开展户外游戏可使幼儿与大自然亲密接触，充分享受阳光浴、水浴和空气浴，在游戏中锻炼孩子的运动能力，促进孩子的人际互动。要很好地开展儿童户外活动，户外环境必不可少。

户外游戏环境指在一定空间范围内，通过对空间的设计和安排及一定游戏设备和材料的提供而形成的一种有结构的游戏环境。

学前儿童户外游戏环境一般有以下几种。

（一）集体活动区

幼儿园一般都设有一个宽敞的、平坦的场地，用来进行集体的户外体育活动，如早操活动、亲子活动、户外体智能课。标明有不同颜色的、宽敞平坦的橡胶运动场地特别适合幼儿开展户外活动。集体活动区展示图，如图 2-4 所示。

图 2-4　集体活动区

（二）组合运动区

组合运动区由户外大型运动玩具、低结构材料、自然环境和自然材料组成。地面一般由柔软的辅助材料铺设而成，如草、塑胶、土等。各种各样的滑滑梯、攀爬架，可以用来训练钻、爬、滑、平衡等基本动作，提高身体素质；还有一些楼梯、木板、轮胎等供幼儿自主设计玩法；自然的山坡也可以供儿童进行运动挑战。

（三）玩水区

玩水区用于幼儿戏水，在玩水区投放一些玩具材料，幼儿可以通过操作了解沉浮。有的幼儿园把玩水区和玩沙区放在一起，便于幼儿了解干湿，以及水的特点；有的幼儿园在玩水区投放小鱼、蝌蚪、荷花等动植物，供幼儿观察玩耍，也可美化环境。

（四）玩沙区

玩沙区一般设在树荫下或墙边，有的幼儿园由于场地原因直接购买沙箱或者沙池。通过铲、舀、挖、装、堆、叠、塑模等，幼儿可以了解沙子的特点，玩的过程中还能增强合作与语言表达能力。

（五）种植、饲养区和自然区

种植、饲养区可以为幼儿提供观察和体验播种、栽培、施肥、浇水等种植活动，和近距离观察小动物的机会，幼儿在与动植物的接触中，可以了解动植物的名称、习性和特点，了解生命成长的过程。有条件的幼儿园应开辟一些区域作为每个班级的种植、饲养区。环境有限的幼儿园可以利用自然角进行一些盆栽种植活动。

自然区包括各种树木和植物的区域。自然区可以为幼儿提供观察鸟类及各种昆虫等自然物的机会，帮助幼儿学习保护自然环境，体验四季的变化，满足幼儿亲近自然和独处的需要。

（六）跑道区

跑道区为幼儿提供奔跑，练习腿部肌肉力量的场所。车道和跑道可以合二为一，也可以单独设定，骑车可以帮助幼儿协调自己的动作、控制自己的方向等。如图 2-5（a）和（b）所示是车道和跑道合二为一，图 2-5（c）是单独的车道，幼儿在骑车时一定要注意避开人群。

(a)　　　　　　(b)　　　　　　(c)

图 2-5　跑道

（七）涂鸦区

涂鸦区可以满足幼儿自由作画的需要。和美工区有很大的区别，涂鸦区设置在户外能够让幼儿更加充分地体会到作画的快乐。可以设置一些作画的特别装置，也可以让幼儿在一面墙上作画，画完后重新将墙刷白反复使用。涂鸦区场景图，如图 2-6、图 2-7 所示。

图 2-6　涂鸦区场景（一）

图 2-7　涂鸦区场景（二）

（八）休闲娱乐区

休闲娱乐区为闲置的空间，如长廊、花棚等，供幼儿观赏、歇息，既可以让幼儿在户外闲聊、独处，体验自然的幽静，也为幼儿提供了玩捉迷藏、过家家的场所。还可以设置一个安静的小屋，让幼儿独处，享受安静。

二、学前儿童户外游戏环境创设的原则

（一）安全性原则

安全性原则要求地面和玩具材料的安全。户外游戏场地的器械设施要尽量避免棱角，减少学前儿童从器械上跌落或同伴相互拥挤而造成的意外伤害；选用的塑胶材料、玩具材料等都要保证无毒、耐用，便于维修和养护；攀爬架等大型运动器材要坚固结实，没有安全隐患，尽量用木制品代替铁制品，下面可以铺设一定厚度的具有柔软性和弹性的材料；危险区域应该设有警示标记或设置保护性栅栏。

（二）自然性原则

学前儿童对大自然有着天然的亲近感，对自然界的一切都感到好奇，孩子们喜欢在大自然中嬉戏玩耍。首先，幼儿园可以设计一些自然景观，如花鸟树木、泥沙鱼虫等，幼儿通过与大自然的亲密接触，发现自然现象的奥秘，发展好奇心与想象力。其次，可以合理利用幼儿园现成的自然景观，如利用山坡做成有挑战性的小山洞、滑梯等，利用当地竹子资源做出跷跷板等设施。

（三）多样性原则

多样性原则包括场地的多样性、材料的多样性和活动的多样性。户外环境设置可以利用多样化的地面，如塑胶地、草地、沙地、水池、台阶、小道、平地、斜坡、小桥等；材料方面可选择结构完整的感统材料、大型户外设备，也可以采用废旧材料如轮胎、绳子、竹子、沙子等及自制的玩具材料。游戏形式既可以有玩沙的结构游戏，也可以有独具挑战性的体育游戏，还可以有丰富多彩的亲子活动。开展多样化的游戏活动，可以使幼儿保持游戏兴趣，在游戏中积极探索、想象、交流、合作。

（四）趣味性原则

游戏要增加趣味性设计和材料的组合利用。在游戏设计中注重游戏的挑战性和游戏形式的多样性，游戏材料采用多种形式的组合，如滑梯将钻、爬、滑等多种运动能力组合起来。通过各种途径和方法可以将不同的器械和设备连接起来，或增加独立器械与设备的复杂性和趣味性，同时，也要为不同年龄和能力的幼儿提供不同的趣味性设计。

（五）挑战性原则

活动器材和活动设计充满挑战。增加立体空间，如多功能攀爬架和不同滑道的滑滑梯给幼儿提供了不同的选择和挑战难度。根据幼儿实际情况，活动设计要有一点难度。

在进行户外环境创设时，除了遵循一定的原则外，还需注意以下几点。

首先，要有区域的范围和界限。不同颜色的分块、图形让幼儿能非常清楚地了解每个区域的划分，避免不必要的冲撞。其次，要考虑人数和面积。要考虑园所的人数和面积，合理地利用空间。有的幼儿园面积比较小，集体活动区域就比较小，早操或者户外活动就要采用轮流错峰制。最后，充分利用空间。有必要的可以利用楼顶的空间开辟游戏区域，但是一定要做好安全设施。

微课 2-3-1
户外游戏环境

拓展阅读

游戏场地满足幼儿发展需要的十条标准见表 2-1。

表 2-1 游戏场地满足幼儿发展需要的十条标准

项 目	标 准
鼓励幼儿游戏	• 具有吸引力的，容易接近 • 开放的空间和令人放松的环境 • 从户外到室内畅通无阻 • 适合不同年龄段幼儿的设备设施
刺激幼儿感官	• 在比例、亮度、质地和色彩上的变化和对比多功能的设备 • 给幼儿多种经验
激发幼儿好奇心	• 可以让幼儿自己加以变化的设备 • 可以让幼儿进行实验和建构的材料 • 植物和动物
促进幼儿与环境之间的互动	• 能为幼儿的行为提供一定规范的、摆放整齐的储藏室 • 可供幼儿阅读、拼图或独处的半封闭空间
满足幼儿基本的社会和身体方面的需要	• 给予幼儿舒适感 • 设备和设施的尺寸适合幼儿的身体 • 具有体能上的挑战
支持幼儿之间的交往	• 各种不同的空间 • 足够大的空间，避免冲突的发生 • 促进幼儿社会性交往的设备和设施

续表

项　　目	标　　准
支持幼儿与成人的交往	• 易于保养、维护的设施设备 • 足够大的、方便的储藏室 • 便于教师观察监督的空间 • 可供幼儿和教师休息的空间
丰富幼儿认知类型的游戏	• 功能性的、体能性的、大肌肉运动的和活动性的 • 建构性的和创造性的 • 扮演角色、假装的和象征性的 • 有组织的、有规则的游戏
丰富幼儿社会性类型的游戏	• 独自的、独处的、沉思性的 • 平行的 • 合作性的
促进幼儿的社会性和认知发展	• 提供渐进的挑战性 • 整合户内外的活动 • 成人参与幼儿的游戏 • 定期的成人与幼儿共同参与的活动安排游戏环境具有动态性并处于不断的变化中

项目四　知晓学前儿童玩具与游戏材料投放

一、玩具与游戏材料的定义

玩具的定义有广义和狭义之分。从广义上讲，玩具是指一切可以让儿童来玩的、为儿童游戏服务的物品。从狭义上讲，玩具是指街上或商店里销售的有价的玩具。游戏材料泛指用于幼儿游戏的玩具、物品，既包括从商店购买的玩具，也包括由教师和幼儿利用半成品、废旧物品自制的玩具和各种自然玩具。

二、玩具与游戏材料的作用

玩具是儿童游戏的物质基础，具有多种功能，承载了幼儿在游戏世界的多种词汇。

（一）激发儿童游戏的动机，支撑儿童游戏的进展

没有玩具，游戏便无法进行。在缺乏游戏材料的情况下，很难将儿童已有的经验调动出来，因为儿童的思维具体、形象。玩具形象具体、生动，正好满足了这一要求，给儿童以刺激，使其产生联想，将生活中的经验迁移至游戏中，刺激儿童再度体验其已有的经验。同时，玩具也影响着游戏的内容、情节，支持着游戏的进程。例如，孩子看到色彩鲜艳、形象逼真的厨房用具，就会自然地投入到切菜、做饭的角色游戏中，围绕玩具展开多种、深入的玩法。

（二）促进幼儿各方面能力的发展

玩具的形象具体、色彩斑斓、幽默滑稽，丰富着儿童的感知和情感；玩具的多变性和

可操作性，激发着幼儿的探究与运动；玩具源于生活和自然，传递着社会和自然的法则；玩具的自由操弄，满足着儿童的心灵渴求。玩具的这些特征决定其使命是帮助儿童最快、最好地发展。例如，积塑材料可充分发展孩子的想象力，锻炼孩子的精细动作；扭扭车等可提高孩子的身体协调性和大肌肉的运动能力；玩沙工具可以让孩子进行合作游戏，提高孩子的社会交往能力等。

（三）玩具是孩子的亲密伙伴

从婴儿期的感觉运动类玩具到后面的象征性玩具和规则性玩具，整个童年，玩具给孩子带来了安全、自由和探索的机会，成为孩子生活中不可缺少的一部分。

三、玩具与游戏材料的种类

可供儿童游戏的玩具很多，它们的形态、用途，以及对儿童发展的作用各不相同。根据不同的划分依据可以将玩具分为不同的种类。

（一）按玩具的功能分类

按玩具的功能可将玩具分为表征性玩具，如儿童进行角色扮演时用来以物代物的医药箱玩具；教育性玩具，如各种学习机；建构性玩具，如各种积塑、积木材料；运动性玩具，如可锻炼孩子腿部力量和身体平衡性的羊角球。

（二）按玩具的用途分类

按照玩具的用途可将玩具分为专门化玩具和非专门化玩具。

专门化玩具又称成型玩具，是指按各种实物原型制作的玩具，这类玩具形象较为逼真、生动，比较受幼儿的喜欢。根据其不同的用途和作用，专门化玩具又可以分为形象玩具、建构游戏玩具、表演游戏玩具、音乐游戏玩具、智力玩具、体育玩具、技术玩具、娱乐玩具。形象玩具又称主题游戏玩具，是模拟生活中的物体制作的玩具，如各种人物、动物、生活用品等，这类玩具主要用于角色游戏，也可称为角色游戏玩具；建构游戏玩具包括由基本几何形体构成的大、中、小的成套积木，如各种积塑、积塑片、胶粒玩具等，还有各种金属的、木质的、塑料的装拆建构玩具，以及玩沙、玩水、玩雪等的小桶、铲子等；表演游戏玩具为进行童话剧表演、故事表演等所用的玩具，如角色的头饰、道具和服装等，这类玩具不能完全依靠购买，常常要根据幼儿玩表演游戏的需要自己制作；音乐游戏玩具指能够发出声响的玩具，如各种模仿乐器及可以发出乐声或歌声的娃娃、音乐早教机等；智力玩具是用以发展儿童智力的游戏材料，如各种拼、插、镶嵌等的材料及各种棋类和竞争性智力玩具；体育玩具是儿童开展体育活动或游戏所需的大型体育设备和中小型玩具，如秋千、攀登架等大型设备，三轮车等中型设备，各种沙包、绳子、球等小型设备；技术玩具指借助发条、无线遥控或声控、惯性滑动的玩具，有助于对儿童进行科学启蒙教育，如电动汽车、小黄人飞行器、发条青蛙等；娱乐玩具主要是为了儿童娱乐和消遣的玩具，如鸡生蛋、小猪滑梯等。

非专门化玩具又称未成型玩具，是指可供幼儿利用的废旧物品，包括真实物品、自然材料、某些工具。对于幼儿来说，任何物品都可以拿来当作玩具，如生活中的各种自然物，各种废弃的瓶子、纸箱、卷纸筒、绳子，种植工具中的小铲子、小水桶等。

真题在线

下列玩具，不是从玩具的功能角度分类的是（　　　　）。

A. 运动性玩具　　　　B. 建构玩具　　　　C. 益智玩具　　　　D. 传统玩具

四、玩具与游戏材料的使用事项

（一）玩具的选择

玩具和游戏材料的选择应该遵循安全性原则，《国家玩具安全技术规范》于 2016 年 1 月 1 日正式实施，该规范对玩具的安全性有了更加严格的要求，让幼儿在享受玩具的同时远离危险。

1. 适宜性原则

玩具的选择要符合幼儿的年龄，一般而言 0~3 岁幼儿以感觉运动类玩具为主，如促进听觉的悬挂式音乐机、成人协助的滑滑梯、简易的拼图等；4~6 岁幼儿以象征类玩具为主，如各种主题玩具、小自行车等；6~7 岁幼儿以规则类玩具为主，如各种儿童棋、迷宫、竞争性的体育游戏、尤克里里等乐器。

2. 可操作性原则

给幼儿的玩具应该是活动的、可操作的。不同年龄的幼儿在选择玩具的过程中，都喜欢活动的、可操作的、实用的玩具。同时低结构的材料玩具更能满足幼儿创造的需要。可以多选择一些可活动的、低结构的玩具，镶嵌板和拼图就是不错的选择，尽量少选择只可观察的玩具，如毛绒娃娃等。

3. 教育性原则

为幼儿选择的玩具及游戏材料反映着教育理念和价值取向。教育性的玩具及材料应有利于促进幼儿德、智、体、美等方面的全面发展，玩具及游戏材料涉及社会的教育、心理、科学技术、文化、艺术等各个领域，集中反映了人们美好的生活和良好的精神风貌。游戏中具有教育性的玩具应该能够引发幼儿的好奇心、增加幼儿的经验、引起幼儿的创造性活动。幼儿更喜欢富有变化的、功能较多的游戏玩具及材料。

4. 经济性原则

玩具的价值不以价格为标准。越简单的玩具越有价值，它没有固定的功能和形状，幼儿可以依自己的操作去发现、去创造，可以一物多用，使玩具千变万化，如用废旧材料做成的简易桌面足球、给娃娃喂食的手工教具等。

拓展阅读

儿童玩具的安全标识

1. CCC 标志

CCC（图 2-8（a））是"国家强制性产品认证"（China Compulsory Certification）的英文缩写，是我国对涉及安全、电磁兼容、环境保护要求的产品实施的强制性产品认证制度。

出于对保护儿童安全健康的考虑，国家质检总局要求对童车类、电动玩具类、娃娃玩具类、塑胶玩具类、金属玩具类和弹射玩具类儿童玩具产品实施强制性产品认证，产品包装上必须加贴 3C 标志。

2. CQC 标志

CQC（图 2-8（b））是"中国质量认证中心"（China Quality Certification Centre）的英文缩写。该标志认证属于自愿认证，获准贴加 CQC 标志的产品标明其符合有关质量、安全、性能等方面的标准要求，完全可以得到消费者的信赖。

3. CCTP 绿色萌芽标志

CCTP（Conformity Certification of Toy Products）标志（图 2-8（c））寓意儿童是祖国的幼嫩萌芽，需要和应该得到祖国的关怀和安全保护。获得 CCTP 标志，即证明玩具产品符合中国玩具产品认证委员会规定的要求。

(a) CCC 认证标志　　　　(b) CQC 认证标志　　　　(c) CCTP 绿色萌芽标志

图 2-8　我国产品认证标志

现在也有越来越多的父母为孩子选购进口的玩具或者在网上代购海外的玩具。下面一起认识一些国外玩具的安全标志。

4. CE 标志

CE 标志（图 2-9（a））是欧盟特有的一个强制性的产品标记。它是宣称产品符合欧盟相关安全、健康、环境保护法律法令的标记。CE 标志的"安全"范畴包含四方面的内容，包括对使用者（人）、宠物（家畜家禽）、财产（物业）及环境（自然环境）的安全。欧盟自 1990 年 1 月起，要求联盟内市场上的所有玩具产品，必须符合 CE 标志标准，并将 CE 标志标明在玩具包装上。

5. 狮子标志

狮子标志（图 2-9（b））是一个面向消费者的，关于玩具安全与品质的标志。1988 年，英国玩具及嗜好用品协会（British Toy & Hobby Association, BTHA）设立了狮子标志，所有标有该标志的产品都必须符合该安全质量标准和该协会本身的规定。

6. CIQ 标志

CIQ（图 2-9（c））是"国家出入境检验检疫局"（China Entry-Exit Inspection and Quarantine）的简称。标有 CIQ 标志的玩具为进口玩具。

(a) CE 标志　　　　(b) 狮子标志　　　　(c) 中国检验检疫标志

图 2-9　国际产品认证标志

拓展阅读

如何识别儿童玩具安全标志

儿童玩具有国内品牌的，也有从国外进口的，家长挑选时需多多留意。国外品牌进口玩具中文标志包括产品名称、产品型号、产品执行标准号、安全警示及适用年龄范围，需加贴圆形防伪的 CIQ 标志，标志的背面具有可以查询真伪的序列号，电动玩具需查看是否有中国的 3C 认证标志或欧盟的 CE 认证标志。

对于国内品牌玩具来说，首先，要注意查看商品包装是否标注了制造商或销售商的名称及地址、制造商或分销商的商标、标记，以及产品的主要材质或成分、安全警示语、产品合格证等标签标志和警示语，注意查看是否有中国的强制性产品 3C 认证标志。3C 并不是质量标志，只是一种最基础的安全认证。其次，一定要注意商品包装上的提示标志，包括适用年龄段，需不需要家长看护、是否禁止食用等提示。最后，家长还要检查一下玩具及其零部件的外观与结构，查看螺丝钉是否容易松脱或是否露出尖端。购买填充类玩具时，家长应先以手指拉拉玩具的眼、鼻等小部件，看看是否容易脱落，避免被婴幼儿误食。此外，选购塑料玩具时，还要看清是否有不易燃的标志。

资料来源：莫云娟，任捷.幼儿园游戏活动指导 [M].长沙：湖南师范大学出版社，2021：29-31.

（二）玩具及游戏材料的投放

1. 层次性

层次性是指投放的玩具要满足不同年龄段幼儿和同一年龄段不同水平幼儿的需求。例如，一般会让小班幼儿收集不同的塑料瓶，进行"瓶盖宝宝回家"的游戏，中、大班幼儿则是用塑料瓶制作各种乐器。小班的"瓶盖宝宝回家"的游戏可以设置一个"瓶盖宝宝接火车回家"的环节，要求幼儿将塑料瓶进行排序，加大难度。

2. 动态性

动态性是指注意材料的添加、组合和回归。材料的添加是指当原有的材料目标基本达成后，不是将原有的材料进行更换，而是用添加的方法来拓展游戏的内容和目标，例如，发现理发店不如以往热闹，可以增加美甲等相关材料，提高儿童兴趣。材料的组合是指区域与区域之间的材料组合，某些主题游戏内容可以成为区域游戏材料的提供者，实现材料的流动，延长材料的使用生命力，如让小班幼儿剥橘子，提高孩子手指灵活性，然后把孩子剥下来的橘子皮收集起来让孩子再撕成碎边，投放到自然角当肥料。材料的回归是指把孩子的作品回归于孩子的生活常态，如将中班孩子制作的小花灯悬挂在走廊，大班师生共同完成的小花车成为幼儿园的风景线。

3. 情感性

《幼儿园教育指导纲要（试行）》倡导要以儿童的积极情绪推动认知学习，这是因为快乐的情绪和记忆对儿童的学习至关重要。儿童的学习是充满情感色彩的，曾经经历的、生活性的、情境性的环境，能激发儿童的学习热情和愿望。因此，在为儿童创设的环境中，所提供的材料要尽量融入儿童经历过的生活素材，使物化的材料具有情感性。例如，让幼儿使用自己制作的乐器给好朋友们弹奏一曲；快过年了，去"超市"给家人选择合适的物品等。

（三）玩具的利用

一是专门化玩具的利用。专门化玩具有着明确的价值取向，功能性极强，给儿童带来的影响是直接的、外显的、长久的，可以直接提供给小班或者提供给中、大班作为辅助材料，从而扩大玩具价值，如娃娃不仅是"娃娃家"的宝宝也可以是"超市"的物品、"医院"的病人等。二是民间玩具的利用。民间玩具是人类文化在自然物品或社会物品上的积淀，是共同生活环境中人们津津乐道的童年玩具，承载了亲情、友情、民情，在儿童的发展中，具有较高的价值，如传承简单而又变化万千的民间玩具，对民间体育游戏进行改革等。三是自制玩具的利用。鼓励幼儿自制玩具，儿童做的迷宫形象性和操作性都很不错。

（四）玩具及游戏材料的管理

正确的存放玩具，可以帮助幼儿养成良好的做事习惯，所以教师要注意保存好幼儿使用的玩具。首先，要整理，对玩具要进行分类管理，应该有专门存放玩具材料的柜子和玩具架，并且定期处置不用的玩具，增加新玩具；其次，要清洁，保证玩具的整洁，定期进行消毒清洗；最后，要有规则，给幼儿说明存放玩具、玩玩具的规则，每个区角都要有合理的进区规则，并将其以图文并茂的形式粘贴在区角边上。

微课　2-4-4
学前儿童玩具及游戏材料管理

![拓展阅读] **拓展阅读**

玩具的维护与保养

若想维持不同种类、材质玩具的寿命，保证玩具使用的健康与安全，玩具的清洁保养工作就极为重要。玩具应该经常清洗、充分曝晒。

（1）塑胶玩具。可以泡清水，或用溶剂、药剂稀释的消毒清洗法，确保玩具的清洁卫生。

（2）毛绒玩具。可以选择送到洗衣店干洗或自行清洗。自行清洗又可分为分层清洗和整体清洗。分层清洗是将填充玩具里面的棉花拿出来，和外皮分开清洗。分层清洗要先找出玩具的充棉口缝线，然后小心剪开，拿出棉花再清洗。整体清洗就是把整只填充玩具放进洗衣机或用肥皂搓洗。

（3）布制玩具。布娃娃、布书这类布制玩具可以按照包装上的清洗方式定期洗涤。

（4）木制玩具。因为木质材料吸水且易生蛀虫，所以这类玩具不可清洗，最好能时常曝晒。

（5）电子玩具。这类玩具不可清洗，只能以干净的布蘸水擦拭。

除此之外还需注意，保持室内清洁，尽量减少灰尘，勤用干净、柔软的工具清洁玩具表面；气候潮湿地区，为防玩具受潮，可于保存时放置干燥剂，同时避免阳光长久照射；玩具在保存上要尽量避免挤压，以免变形损坏。

资料来源：游艺风，2017-5-17.

项目五　学前儿童游戏环境实训

一、室内活动区评价表

室内游戏场地创设是一项复杂的工程，不同的活动区对于室内场地、光线、必要的设备、活动性的要求均有不同，教师应根据各活动区的特点进行合理设置，确定不同活动区的设置条件，如表 2-2 所示。不同活动区所需材料需符合不同年龄班幼儿的特点，满足其不同发展需要。

表 2-2　幼儿园室内各游戏活动区的设置条件

游戏活动区	设　置　条　件				
	室内场地	光线（照明）	必　要　设　备	活动性（动/静）	备　　注
建构游戏区	场地宽敞		积木架、可供材料分类安放的架子，便于取放材料的小篮子等	活动性较高	可考虑与角色游戏区靠近，最好有降噪措施和设备
美工区		光线明亮	工具材料架、桌子、展示板	中度	便于取水的区域
角色游戏区	场地宽敞		不同主题所需的游戏材料、存放材料道具的设备	活动性较高	便于取水的区域
益智游戏区			材料架、可分类放置玩具的架子	中度	
科学探索区		光线好、靠近窗户有日照	桌子、台架、瓶子、盒子等	安静、活动性低	避免干扰，最好设置于安静区域
阅读区		光线明亮	桌子、书架、现代多媒体设备等	安静、活动性低	避免干扰，靠近电源插座，可设置在角落，与其他区隔离
其他					

（一）实训目标

（1）培养学生加深对室内环境创设的理解。
（2）培养学生对活动室创设、游戏材料投放实例进行分析的能力。

（二）实训完成形式

小组合作完成。

（三）实训要求

（1）见习观察幼儿园活动室区域活动设置及所投放的游戏材料，并做好记录。
（2）分析幼儿园区域设置、投放的游戏材料是否合理。

（四）实训评价

实训结束后，对学生进行评分。评价体系由学生自我评价、小组互评、教师评价三部分构成，按学生评价 20%、小组互评 30%、教师评价 50% 的比例确定最终成绩。
室内活动区评价表如表 2-3 所示。

表 2-3 室内活动区评价表

幼儿园名称：＿＿＿＿＿＿＿＿＿ 班级：＿＿＿＿＿ 观察者：＿＿＿＿＿ 观察时间：＿＿＿＿＿

评价项目	评价标准	分值/分	实际所得分值/分
区角设置	小班开设 3~5 个区域，中班开设 5~7 个区域，大班开设 6~8 个区域	10	
	活动区能够结合保教活动内容，反映当前的活动状态与发展过程，符合不同年龄班幼儿的特征与发展需要	15	
	活动区空间布置合理，各活动区动静分离，墙面美观，有教育性，高矮适宜，可自由更换	15	
	活动区角有规则，玩具柜和玩具箱均有标识，便于自取与有序使用	15	
区域活动材料	投放材料安全、卫生、数量充足，幼儿可自主选择材料	15	
	操作材料种类丰富多样，合理，有较强的可变性、可组合性，可递进使用	15	
	废物利用或资源可利用率高，有较强的可操作性	15	
总 计		100	

二、活动室区域活动设计

（一）实训目标

（1）培养学生根据幼儿特点选设区域活动内容的能力。

（2）培养学生对活动室空间进行合理规划、合理布局、合理设计的能力。

（3）培养学生根据现有条件合理利用资源进行环境创设的能力。

（二）实训完成形式

小组合作完成。

（三）实训要求

（1）根据给定的活动室大小进行区域环境规划设计，自行决定年龄段（图 2-10）。

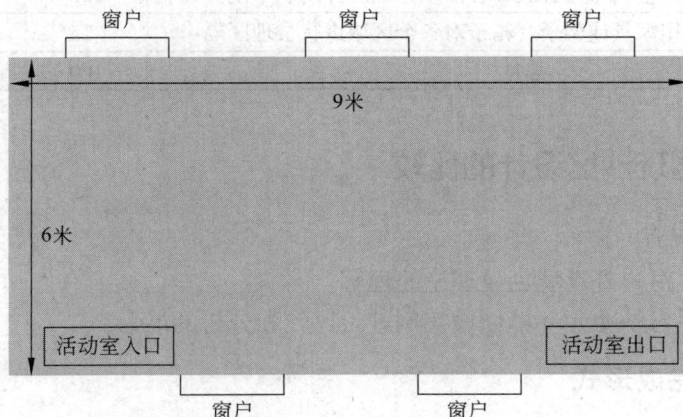

图 2-10 活动室空间图

（2）仿照范例（图2-11），画出设计方案图。

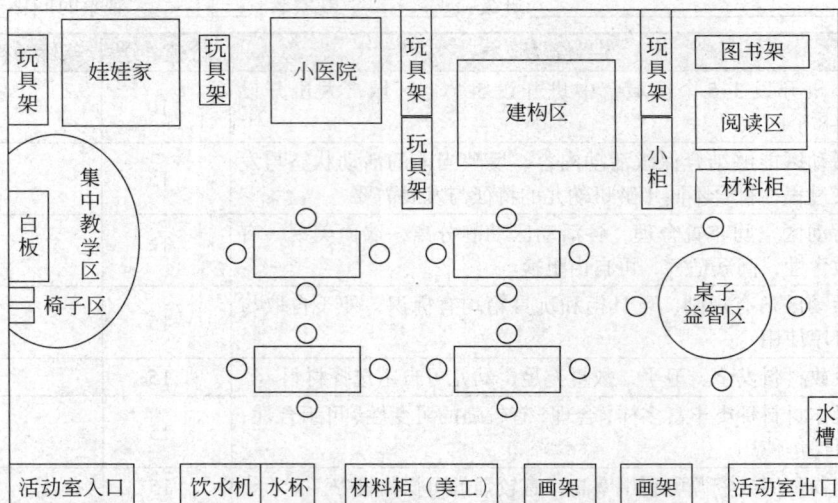

图 2-11　中班活动室区域环境设计图

（四）实训评价

实训结束后，对学生进行评分。评价体系由学生自我评价、小组互评、教师评价三部分构成，按学生评价20%、小组互评30%、教师评价50%的比例确定最终成绩。

实训评价表如表2-4所示。

表 2-4　活动室区域环境设计图评价表

姓名：＿＿＿＿＿＿＿＿＿　班级：＿＿＿＿＿＿＿＿＿　学号：＿＿＿＿＿＿＿＿＿　组名：＿＿＿＿＿＿＿＿＿

评价项目	评价标准	分值/分	实际所得分值/分
区域数量	结合班级大小、年龄班设置区域数量	25	
教育目标及幼儿能力发展水平	活动区能够结合五大领域目标，适宜不同年龄班幼儿特点与发展需求	25	
区域位置与分布	区角空间布置合理，各活动区动静分离、干湿分离	25	
区域区隔	利用家具或架子、箱子对各个区域进行合理区隔	25	
总计		100	

三、幼儿园玩沙区设计的比较

（一）实训目标

（1）加深学生对户外环境创设理论的理解。

（2）培养学生对幼儿园环境创设实例进行比较和分析的能力。

（二）实训完成形式

小组合作完成。

（三）实训要求

（1）根据所学的幼儿心理、教育知识，以及幼儿园空间环境创设的原则，对图 2-12 和图 2-13 两个沙池进行比较。

（2）分析两种沙池设计的优缺点，对幼儿玩沙游戏可能产生的影响，并提出改进的措施。

图 2-12　沙地（一）

图 2-13　沙地（二）

（四）实训评价

实训结束后，对学生进行评分。评价体系由学生自我评价、小组互评、教师评价三部分构成，按学生评价 20%、小组互评 30%、教师评价 50% 的比例确定最终成绩。

实训评价表如表 2-5 所示。

表 2-5　玩沙区设计比较评价表

姓名：_____　班级：_____　学号：_____　组名：_____

评 分 项 目		分值 / 分	实际所得分值 / 分
设计方案	客观性	20	
	科学性	20	
	创新性	20	
分享过程	条理性	20	
	表述简练性	20	

📖 思考与练习

1. 什么是游戏环境？创设游戏环境有哪些要求？

2. 室内游戏环境由几部分构成？室内游戏区的划分一般包括哪几种？

3. 室内游戏环境创设的基本原则是什么？

4. 户外游戏环境由几部分构成？创设的基本原则是什么？

5. 依据不同分类标准，可将玩具分为哪些类型？游戏玩具和材料对幼儿的发展有什么作用？

6. 选择与投放玩具与游戏材料有哪些要求？

实践与运用

1. 请与同伴一起创设科学、合理的大班体能大循环环境，注意结合园所实际情况进行设计，器械的摆放要遵循从低到高，由易到难的原则，确保安全性。

2. 分组观察、记录为不同年龄班提供的玩具与游戏材料，分析玩具与游戏材料是否具有适宜性并提出指导意见。

主题三 角色游戏

🔆 学习目标

知识目标

1. 掌握角色游戏的含义、特点、种类及作用；

2. 掌握角色游戏指导的基本任务及不同年龄班角色游戏的特点和指导要点。

能力目标

1. 能观察记录并分析评价幼儿角色游戏的行为；

2. 能依据幼儿年龄特点设计角色游戏活动方案；

3. 能适时适当指导幼儿角色游戏。

素质目标

1. 体验角色游戏的乐趣，愿意参加角色游戏活动实践；

2. 感受时代变化所带来的职业变化，懂得尊重每种职业、尊重劳动；

3. 具有团队协作意识和环保意识。

知识导图

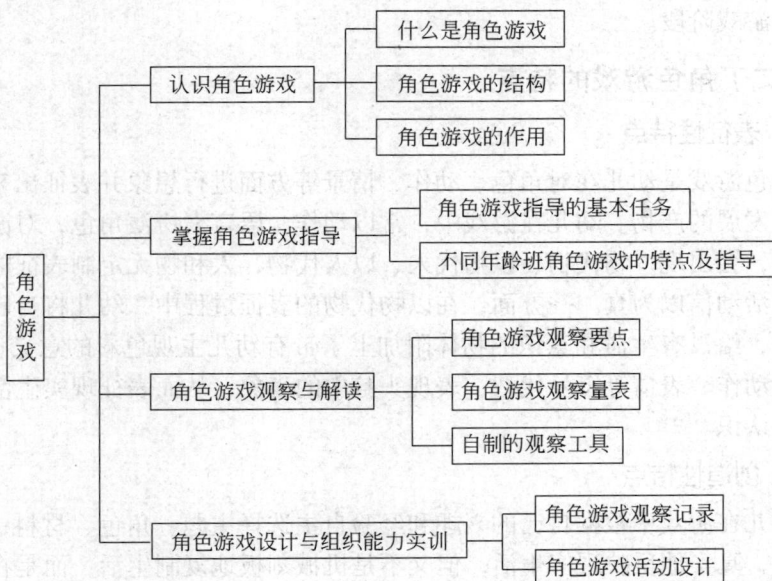

问题导入

文文在"邮局"里无所事事，摆弄一个称重器。在此之前，孩子们没有"邮局"这个角色游戏的经验。教师看到这种情况，拿了一个盒子走过去，对文文说："我想把这个寄到超市（旁边有超市游戏区），你能帮我称一下吗？"文文马上接过盒子，放在称重器上，看了一下，说："100克！"教师问："多少钱？"文文回答："10块钱。"教师假装付了钱，文文立刻把盒子送到了隔壁的"超市"。接着，有几个小朋友也学着教师的样子将一些东西寄到旁边的"医院""美容院""娃娃家"，"邮局"变得热闹起来。

问题：

（1）你认为这位教师此次游戏组织得怎么样？为什么？

（2）教师应该如何组织和指导幼儿的角色游戏？

项目一　认识角色游戏

一、什么是角色游戏

（一）角色游戏的含义

角色游戏是幼儿根据自己的兴趣和愿望，进行模仿和想象，通过扮演角色创造性地表现其生活体验的一种游戏。

角色游戏是典型的象征性游戏，是幼儿的心理发展到一定阶段时自然产生的。两岁以后，由于模仿能力和想象力的发展，幼儿开始进行延迟模仿，正是这种延迟模仿的能力使幼儿可以在非真实的情境中模仿曾经经历的或想象的生活情境，展开角色游戏这种新的游戏形式。3~5岁的幼儿普遍热衷角色游戏，学前晚期达到高峰。角色游戏是3~5岁幼儿最典型的游戏，是幼儿期特有的游戏形式，是不能跨越的，发展正常的幼儿都必然经历热衷角色游戏阶段。

（二）角色游戏的特点

1. 表征性特点

角色游戏是幼儿在对角色、动作、情景等方面进行想象并表征出来的活动，是幼儿表征能力发展的产物。幼儿在游戏中，常以动作、语言来扮演角色，对游戏的动作和情景进行假想，会出现以物代物、以物代人、以人代物，人和物无定制表征的特点。幼儿会对这些假想活动信以为真。一方面，在以物代物的表征过程中，幼儿将自己的想象投射到游戏材料上，给没有生命和意识的物体附加上了带有幼儿主观色彩的意义；另一方面，幼儿用语言、动作、表情等符号代替、表现头脑中的表象，从而表征现实生活，表达他们对现实生活的认识。

2. 创造性特点

幼儿在游戏中根据自己的兴趣和经验自主选择主题、角色、材料，自由切换主题并发展内容，真实地反映现实生活，但又不是机械刻板地复制生活，而是在表达生活体验时自主地融入对生活的想象与期待，创造性地反映生活。

3. 社会性特点

角色游戏既是幼儿对周围现实生活的体验，也是幼儿对人类社会生活的模拟，常常还包含了幼儿对成人社会的某种期待。儿童社会经验的丰富程度决定着游戏的水平。

二、角色游戏的结构

角色游戏的结构是角色游戏所包含的构成要素，包括游戏主题、角色扮演、材料假想、情境转换、内部规则。

（一）游戏主题

游戏主题是幼儿在游戏中所反映的一定范围的现实生活，以游戏名称的形式存在，如娃娃家、医院、照相馆等，包括游戏的内容。

角色游戏的主题来自幼儿熟悉的社会生活，主题的范围随幼儿生活范围的扩大而逐渐拓展，主题的性质由简单的、自由的内容发展为比较复杂的、有规定的内容，由近及远、由简到繁、由片段到系统，从幼儿熟悉的家庭生活扩展到幼儿园、社区，再逐渐扩展到广泛的社会生活。幼儿角色游戏主题出现的频率也证明了这样的发展过程：娃娃家—汽车—医院—幼儿园—理发店—饭店—照相馆—超市—菜市场—动物园—图书馆。

幼儿对游戏主题的选择主要受三种因素的制约：①是否有幼儿亲身经历并留下深刻印象的内容；②是否有幼儿愿意扮演的角色；③是否有吸引幼儿的游戏材料和游戏情境。

案例呈现

随着时代的变化，很多的行业发生了变化，也新兴了新的行业和服务内容。例如，快递行业的兴起、外卖网购成为消费的新渠道、二维码付款方式成为支付主要方式、奶茶成为热门饮品等。

思考：这些改变对角色游戏有什么影响？

（二）角色扮演

幼儿在游戏中运用动作、语言、表情等扮演某一假装的角色来实现游戏过程的行为是以人代人，即角色扮演。角色扮演是角色游戏的核心要素，幼儿在游戏中会扮演一个或多个假装的角色，这些角色通常是他们自认为重要的、经常接触的，或者能引起强烈情感的人物。

幼儿扮演的角色主要有三类：机能性角色、互补性角色、想象性角色。机能性角色是指幼儿通过模仿对象的典型动作进行角色扮演，如通过转动方向盘的动作来扮演司机，通过挥动手臂的动作来扮演交通警；互补性角色是指幼儿所扮演的角色以角色关系中另一方的存在为条件，如扮演医生是以病人的存在为前提条件的，扮演教师是以学生的存在为前提条件的；想象性角色中的角色不是现实生活中的人物，而是来源于幼儿的想象，如小花猫、小白兔等。

通常，幼儿根据自己的情感取向对扮演的角色有很强的选择性。有三种角色是幼儿比较喜欢扮演的：第一种是幼儿比较崇拜和尊敬的人，如教师、父母等；第二种是让幼儿感到害怕的人或动物，如医生、警察和老虎等；第三种是与自己身份不同或低于自己身份的角色，如小婴儿、小动物等。

幼儿角色扮演能力的发展经历四个阶段。第一阶段，幼儿不能意识到自己所扮演的角色，而是满足于摆弄物体和反复进行同样的动作，如幼儿反复"喂娃娃"，不停地"切菜"，却没有意识到自己是在扮演妈妈；第二阶段，幼儿开始意识到自己所扮演的角色，但是经常会转移注意力，不能始终按照角色的要求来行动，如幼儿扮演妈妈喂娃娃，当听到有人喊自己时或看到别的游戏开始了，便会丢下娃娃，离开自己的游戏和所扮演的角色；第三阶段，幼儿角色意识明确，能够按照角色要求来行动，但还不能与其他角色进行有效的配合，如扮演医生的幼儿始终在忙着自己的事情，一会儿给"病人"把脉，一会儿用听诊器给"病人"听心跳，但一直没有注意到旁边的"护士"，没有跟"护士"进行角色间的沟通；第四阶段，幼儿的角色意识明确而且能够协调角色间关系，有角色行为的配合互动，已达到共同游戏的需要和实现游戏的目的，如同样是扮演医生，幼儿不仅会察看"病人"的状态，而且会请"护士"给病人量体温，还会安慰"病人"，嘱咐"病人"回家后按时吃药等。

（三）材料假想

角色游戏离不开对材料和物品的假想。对材料的假想与运用使幼儿更容易表达头脑中的表象，角色扮演更符合其想象的形象，更有利于主题的稳定和情节的展开。

以物代物一般是指幼儿用当前事物替代暂时不在眼前或是想象中的事物的一种行为过程。材料是游戏中的替代物，把材料假想成的物品是被替代物，如石头、椅子是替代物，而鸡蛋、汽车是被替代物。替代物和被替代物在外形上或功能上具有某种程度的相似性。对材料的假想既可以由替代物引发，也可以由被替代物引发。随着假想的抽象水平不断提高，最终产生了假装动作。

幼儿对材料假想能力的发展也需要经历四个阶段。第一阶段，材料假想的模仿性。幼儿看到别人玩什么自己就玩什么，甚至会从同伴那里抢自己没有的材料。第二阶段，材料假想的形象性。幼儿能根据自己的兴趣使用材料，这些材料通常是实物或模型，替代物非常逼真。第三阶段，材料假想的相似性。幼儿能够按照角色要求使用替代物，替代物与实物在外形上具有极大的相似性。第四阶段，材料假想的抽象性。幼儿不拘泥于材料外形上的相似，更注重替代物与实物间功能的相似，有时还能够省略物化的替代物，借助动作或想象力用语言替代实物。

（四）情境转换

幼儿在游戏中通过假想动作表现假想的游戏情节，这种假想的情节发生在假想的时间与空间，表达幼儿的思想、感情和体验，能够形成某一角色游戏独有的情境，即情境转换。游戏的主题、角色扮演、材料假想及幼儿的体验，都集中并融会在假想的情境中。例如，在医院游戏中，"医生"看病时是在医院里还是在救护车上，周围还有些什么设施；"病人"是站在病床还是坐在椅子上等。

幼儿在游戏中的假想动作、情节、情境不是具体某人的某一动作、某一次情境的翻版，而是对一类动作、一类情境的概括。例如，幼儿用妈妈做饭、喂孩子，医生给病人听诊、看病等概括性典型动作表现家庭、医院的情境，即幼儿认为大多数家庭、医院都是这样的，他们选用普遍接受的、最适宜的动作和情境表现客观世界形象。这样，不同经验的幼儿就可以参与同一主题的游戏，为幼儿集体合作游戏提供了可能性。

（五）内部规则

角色游戏中的规则表现为：正确地表现现实生活中每个人物应有的动作及先后顺序、人们的态度及相互间的关系等，如幼儿在游戏中经常会说，"不是这样的，医生看病应该是先挂号才开药，先用酒精消毒，才能打针"等。

角色游戏的规则不同于规则游戏的规则。规则游戏的规则既可以预设，也可以在游戏中生成，不具有必然性。也就是说，规则游戏的规则经过参与者的同意是可以做改动的，即规则是外在的；而角色游戏的规则是受角色制约的，扮演哪种角色就必须按照相应的角色行为来游戏，不可以随意改动，这就是角色游戏中规则的内在性。孩子们虽然知道自己是在游戏，是假装的，但他们总是试图尽可能准确地再现他们所观察和体验到的人们现实的生活活动。

三、角色游戏的作用

角色游戏可以促进幼儿身心各方面发展。组织和指导幼儿的角色游戏是对幼儿进行全面发展教育的重要途径。

（一）角色游戏促进幼儿的认知发展

在角色游戏中，幼儿要考虑玩什么（主题）、扮演什么角色、应当做什么、怎么做，以及用什么样的材料代替生活中的物品等问题。在游戏中，幼儿积极地回忆已有的知识经验，重新组合已有的印象，在想象的环境中扮演角色，用语言和动作模拟真实生活的特性。以游戏材料代替真实物品，积极想办法解决出现的各种问题，锻炼了幼儿开动脑筋解决问题的能力，也使幼儿的记忆、想象、思维和语言能力得到发展。

（二）角色游戏促进幼儿的社会性发展

角色游戏为幼儿提供了充分的同伴互动机会。在与同伴互动的过程中，幼儿认识到他人会有与自己不同的看法与态度，能够学会协调不同的观点，解决人际冲突，改善同伴关系等。幼儿通过角色扮演、模仿他人，反映自己感兴趣的社会现象，认识和理解周围社会生活中人们之间的关系及社会生活现象，理解角色的社会规范与社会期望，按社会认可的角色行为去行动，学习遵守社会规则。

亲社会行为是人们在社会交往中所表现出来的有益于他人和社会的行为，是人与人之间形成和维持良好关系的重要基础，是幼儿社会化程度的重要指标。角色游戏能够帮助幼儿建立起帮助、分享、谦让、关心、安慰和合作等建设性的行为体系，纠正幼儿推打、抢夺、骂人、招惹、嘲讽、威胁等反社会行为倾向，因此角色游戏是培养幼儿亲社会行为的重要途径之一。

（三）角色游戏促进幼儿的语言发展

角色游戏有利于提高幼儿的表达与交流水平。游戏中，幼儿受到丰富的语言刺激，有较多的模仿、运用和创造语言符号的机会。在对情境、物品和动作的假想中，幼儿借助语言的固定作用，表达自己的想象，获得相互的理解与接受；在对角色的模仿中，幼儿尝试着用语言进行角色间的交往，学习按角色的要求使用不同的语言，交换游戏信息，推进游戏的进行。在这个过程中，幼儿掌握的词汇越来越丰富，表达的准确性和主动性逐渐增强。研究表明，角色游戏对幼儿叙述能力具有积极作用，有助于提高幼儿理解故事、创编故事的能力，提高对故事情节顺序的记忆能力，并且能够促进幼儿读写知识和技能的发展。语言是认知的工具，语言能力制约着认知的水平和发展。角色游戏通过提高幼儿的语言能力，促进其认知的发展。

（四）角色游戏促进幼儿的情绪情感发展

角色游戏可以有效地发展幼儿的积极情感。角色游戏要求幼儿站在他人角度考虑问题、体验他人的情绪情感，可以发展幼儿的同情心。角色游戏要求幼儿模仿社会期望的角色行为和态度，有助于增强幼儿辨别善恶、美丑行为的能力，发展幼儿的美感和道德感。

消极情绪长期得不到释放会影响身心健康。游戏是幼儿表达和实现在现实生活中不能实现的愿望、释放自己的消极情绪的正当途径。在角色游戏中，幼儿可以做平时在现实生活中被成人禁止做的事情，或者在现实生活中限于自己的能力做不了的事情，表达自己对成人的愤怒和不满，释放消极情绪。

（五）角色游戏有利于培养幼儿的意志品质

幼儿的意志比较薄弱，自制力、坚持性均较差。在角色游戏中，角色本身就包含着行动的榜样。在幼儿自愿担当了一定的角色之后，游戏要求幼儿时刻拿自己的行为和角色应有的行为做对比，根据角色的要求调节自己的行动，否则他便会遭到游戏伙伴的异议。此外，角色游戏要求幼儿遵守游戏规则，按照规则来控制自己的行动，以保证游戏的顺利进行。幼儿为了在游戏中表现角色，能自愿地服从规则，努力克服困难，使游戏顺利地进行，这无形中就提高了自我控制能力，从而培养了自己的意志品质。

苏联心理学家马努依连柯曾就幼儿在角色游戏条件下和非游戏条件下的坚持性做了对比性试验：一是让幼儿在实验室的一般条件下保持站岗姿势；二是让幼儿在角色游戏中扮演哨兵保持站岗姿势。实验结果表明：幼儿在角色游戏活动中的意志行为、自制力和心理活动的有意性水平大大高于在其他活动中的表现，如表 3-1 所示。

微课 3-1-1
角色游戏的含义、
结构和意义视频

表 3-1　幼儿不同条件站立动作的保持时间

年　　龄	保 持 时 间	
	一般实验室条件	游戏中担任角色
4~5 岁	41′	4′17″
5~6 岁	2′55″	9′15″
6~7 岁	11′	12′

项目二　掌握角色游戏指导

一、角色游戏指导的基本任务

角色游戏的指导过程主要是从游戏前、游戏过程中和游戏结束这三个阶段展开的。

（一）游戏前的准备

1. 确立游戏主题

角色游戏的主题是游戏所反映的现实生活的范围。只有幼儿具备了相应的生活经验，游戏才能开展起来，幼儿才能体验到自主游戏的乐趣。幼儿不具备生活经验的场景或幼儿不感兴趣的事件，不能选择为游戏主题。

角色游戏主题的确立必须建立在对幼儿充分了解的基础上，教师通过对幼儿日常表现的观察、对幼儿家庭生活及幼儿园生活的了解、对幼儿需要的掌握，判断该主题对幼儿是否有吸引力，根据幼儿占有的社会生活经验及其占有的程度，选取幼儿感兴趣的生活场景作为游戏的主题。

2. 丰富幼儿的生活经验

角色游戏是幼儿对现实生活的反应。幼儿的生活经验越丰富，游戏的内容也就越充实、越新颖。幼儿的生活经验主要来自家庭和幼儿园的生活和见闻。为了充实角色游戏的内容，教师一方面要在日常教育教学活动、生活活动和娱乐活动中，利用一切机会引导幼儿观察周围生活，拓展幼儿的视野，使其丰富和加深对周围生活的印象；另一方面还要指导和协助家长安排好幼儿的家庭生活，丰富幼儿的见闻。

3. 创设角色游戏环境

游戏的环境条件是角色游戏的载体和保障，是激发幼儿游戏愿望与兴趣的物质手段，包括充足的时间、适宜的场所、丰富的材料。

（1）保证充足的时间

幼儿的角色游戏所需时间一般都较长，每次不能少于 30 分钟。只有在较长的时间里，幼儿才能有寻找游戏伙伴、商量主题和情节、分配角色及准备材料等的机会。如果游戏的时间太短，游戏情节难以充分展开，势必影响游戏的结果，这既会影响幼儿继续开展角色游戏的兴趣，也不能使角色游戏达到应有的教育效果。

（2）创设适宜的场所

角色游戏的场所是游戏必备的空间条件，包括游戏场地和游戏设备，是幼儿开展角色游戏重要的物质保证，也是满足幼儿游戏愿望与兴趣的载体，一般以固定的游戏区域的形式存在。例如，幼儿看到室内设置的娃娃家，以及娃娃的床、衣服、电视机和厨房用具等，就能自然而然想起自己的家庭生活，从而产生游戏的愿望。另外，为了便于游戏的开展及游戏材料的充分利用，游戏区适合与表演区和建构区相邻。

（3）提供丰富的材料

游戏材料是角色游戏不可或缺的物质条件，年龄越低的幼儿，其游戏中的想象越依赖材料的支撑。丰富的游戏材料，能够激发幼儿进行游戏的兴趣，拓展游戏的情节，满足幼儿游戏的需要。材料的提供要注意以下三个方面。

① 要提供丰富多样的玩具材料。一方面，游戏材料的投放应能激发幼儿游戏的兴趣、操作欲望，能满足幼儿游戏的需要；另一方面，游戏材料应具有可塑性，要多与幼儿共同收集与主题相关的废旧材料，这对中、大班幼儿来讲具有重要意义。同时，还要根据游戏主题的发展需要及时更换游戏材料。

② 要让幼儿参与环境创设和游戏材料的准备。教师要摆脱过去环境和材料由教师"包干"的做法，注意有目的地让幼儿参与环境创设和材料准备的过程，使之产生教育价值。

③ 游戏材料摆放的位置要便于幼儿随时取放。

（二）游戏过程中的指导

游戏过程中的指导任务就是帮助、支持幼儿顺利开展游戏。需要教师指导的环节包括激发游戏兴趣，提升幼儿经验，协助、指导幼儿选择角色和现场观察、指导等。

1. 激发游戏兴趣，提升幼儿经验

游戏开始后，教师需要引导幼儿从非游戏状态进入游戏状态，激发幼儿参与游戏的兴趣，充分调动和发挥幼儿的自觉性与自主性，使他们主动自愿地投入游戏，而不是强制要求幼儿进入游戏。教师可以通过适宜性问题（表3-2），调动幼儿提取头脑中的表象信息，帮助幼儿回忆生活经验，进一步提升经验并将这些经验迁移到游戏中，从而使幼儿进入游戏状态。

表 3-2　幼儿自主游戏前引导幼儿进入游戏状态的适宜问题

提 问 目 的	问 题 举 例
提升经验问题	"超市"都有什么人（角色）？他们分别需要做什么（职责）？
角色分配问题	你今天想扮演什么角色？打算做什么？
创新性问题	你打算怎么招揽顾客？
规则性问题	买东西的流程是什么呢？

2. 协助、指导幼儿选择角色

在角色游戏中，幼儿最关心的是自己扮演什么角色，并以扮演角色和模仿角色的活动为满足。然而，有时游戏中角色的数量和角色身份不能满足每个幼儿的需要，需要教师协助幼儿完成角色的分配。

游戏中角色的确定有多种方法，如猜拳、轮流等，教师可在平时游戏中教会幼儿使用这些方法来分配角色。幼儿在分配角色时比较容易产生纠纷，教师可用多种方法帮助幼儿解决纠纷。

3. 现场观察、指导

教师对角色游戏过程的指导是提高游戏水平、实现游戏价值的关键。这种指导不是要求幼儿根据教师设计好的游戏"脚本"再现教师的意图，而是教师在客观、全面、细致观察的基础上，遵循角色游戏的内在规律，以尊重幼儿的主体性为原则进行科学指导。

（1）观察游戏。对幼儿角色游戏行为的观察是实施有效指导的前提。通过观察，教师可以了解幼儿的心理需要、行为表现、个性特征、游戏习惯，为科学指导提供客观依据，使指导更有针对性和实效性。

不同年龄阶段角色游戏的特点不同，因此观察的侧重点也不同。对2~4.5岁幼儿角色游戏的观察，主要考量在游戏活动中是否包括以下六个因素：想象的角色扮演、想象的以物代物、有关动作与情境的想象、角色扮演的坚持性、社会性交往、言语交往；而对4.5~6岁

幼儿角色游戏的观察，不仅要关注上述因素的有无，更应当注意这些因素之间的关系，确切地说，应当关注角色游戏的主题、内容、情节的发展。

（2）指导游戏。角色游戏过程指导内容主要有以下几方面。

① 提高角色游戏扮演的水平。教师可以通过帮助幼儿增强角色意识、提高角色合作的社会性来提高角色水平。角色意识是逐渐发展起来的，存在个体差异。有的幼儿角色意识较弱，游戏时在不同的游戏区之间穿梭逗留，时常忘记自己所扮演的角色，或者随意转换所扮演的角色，需要教师随时提醒他们回归游戏和角色，帮助他们提高角色扮演的坚持性。角色游戏都会有多个角色，角色间的相互联系是反映游戏水平的主要指标。幼儿刚开始游戏时，往往独自摆弄和操作玩具。他们不注意其他角色的行为，只关注自己扮演的角色和角色行为，很少发生交往活动。教师要指导扮演各个角色的幼儿加强与其他角色之间的联系和交往，使游戏的内容更加丰富。

② 提高材料使用的创造性。根据游戏需要，教师随时增减与游戏主题相关的玩具和材料，特别是半成品和废旧物品，可以在活动室设置固定的材料存放空间，方便幼儿寻找替代物。教师在指导幼儿选择材料时，要引导幼儿从对别人的机械模仿发展为根据自己的兴趣独立选择并逐步达到按照角色的要求选择材料。教师在指导幼儿使用材料时，要引导幼儿从青睐逼真的实物和模型发展为使用具有形象性的替代物，最后达到不拘泥于外形的相似性而使用材料，甚至不需要实体材料，借助于想象，用语言和动作替代游戏材料。

③ 丰富幼儿游戏情节。幼儿角色游戏在开展时经常会发生游戏进行不下去或者游戏在低水平上重复的情况，导致幼儿对游戏失去兴趣，不利于游戏价值功能的实现。丰富游戏情节可以采用三种方法：一是教师以玩伴的身份，通过扮演角色的方式直接参与游戏，调动和激发幼儿游戏的主动性和操作性，避免让幼儿产生被干涉的感觉；二是教师根据游戏的需要投放材料和玩具，启发幼儿拓展和深化游戏情节；三是教师通过语言介入，给予幼儿肯定和建议，引导幼儿丰富游戏。

④ 提高游戏的规则性。教师要注意在游戏中培养幼儿的规则意识及执行规则的能力。角色游戏规则包含内部规则和外部规则两种，内部规则是角色本身的职责及角色间的相互关系，如医院的护士应该听从医生的安排，不能擅自给病人打针、吃药等；外部规则是开展游戏所必须遵守的行为约束常规，包括不干扰他人的游戏、不争抢游戏材料、游戏结束后按照类别收放玩具、游戏过程中注意环境卫生等。

对于内部规则，幼儿有时不知道角色有什么职责，或者做一些与教师期待的角色职责不同的事情，或者不理解角色间应有的关系。在指导时，教师要认同幼儿的感受，引导幼儿发觉角色的任务，按角色间应有的关系行动；对于外部规则，由于幼儿往往乐意接受自己参与制定的规则，所以教师可以引导幼儿共同制定和完善游戏常规并要求幼儿在游戏中自觉遵守这些规则。

真题在线

莉莉和小娟玩游戏，她们想让 5 个娃娃睡觉，但是没有小床，于是她们找了 3 个盒子做小床，莉莉说："床不够。"小娟挑出 2 个留着长头发的娃娃说："他们大了，不需要睡午觉了。"莉莉说："好的。"然后，将 3 个需要睡觉的娃娃中最大的一个放在了最大的盒子里。小娟试图把中等大小的娃娃放在最小的盒子里，但放不进去，于是莉莉说："换一换。"然后小娟将最小的娃娃放在了最小的盒子里，中等大的娃娃放在中等大的盒子里，说："娃娃们，好好睡觉吧。"

资料来源：2017年上半年教师资格考试《幼儿保教知识》真题.

问题：

（1）从学习与发展的角度分析上述材料中莉莉和小娟的行为。

（2）这次游戏后，教师应当如何支持莉莉和小娟的学习与发展？

（3）角色游戏教师介入要点。

幼儿进行角色游戏时，教师应观察并根据游戏具体的情况，提供适时、适当、适量的游戏干预。教师在介入前先要自问："我为什么要介入？"或"我为什么不要介入？"一般当幼儿独立自主游戏时不需要介入；在游戏中，当幼儿出现危险时、当幼儿不遵守游戏规则时、当幼儿游戏出现困难时、当幼儿游戏内容不健康时、当幼儿对游戏失去兴趣和游戏难以深入开展时需要及时介入。

游戏过程中教师介入游戏的策略有以游戏者的身份介入（平行、交叉）、借助游戏材料介入和借助语言介入。以游戏者身份介入可分为平行介入法和交叉介入法。平行介入法是指教师和幼儿操作同一种教具，师幼之间不需要互动，目的是为孩子提供引导行为。需要注意的是平行介入法是教师悄无声息地为幼儿做示范，幼儿也是在无意识中加以借鉴和采纳，教师不可把自己的想法强加在幼儿身上。交叉介入法是指教师通过扮演一个角色进入幼儿游戏，通过教师与幼儿、角色与角色的互动，起到指导幼儿游戏的作用。当幼儿游戏能够顺利开展下去时，教师则可以退场，不能待太久。教师在这个时候既是游戏者又是旁观者。

借助游戏材料介入是指通过材料的提供达到指导幼儿游戏的策略方法。游戏材料对幼儿来说是非常重要的，没有材料很多游戏就没有办法开展。在游戏过程中，教师通过提供游戏材料，可以增强幼儿的游戏兴趣，拓展和丰富游戏情节。根据幼儿游戏情节的不同，教师提供的游戏材料也不尽相同，可以是成品，也可以是半成品、废旧物或图片、图书等。

借助语言介入是指教师通过语言对游戏进行指导的一种方式，它是游戏指导中非常重要，也是经常使用的一种策略。教师在幼儿游戏中所使用的语言是非常丰富的，不同的语言在游戏中所起到的作用不同。根据提问目的和方式的不同，教师的语言可分为：询问式语言、建议式语言、澄清式语言、鼓励式语言、邀请式语言和指令式语言。

真题在线

郭老师在活动区设立了"美美理发室"。有一天理发师晨晨在为一位顾客理发，由于只有一个客人，理发师妮妮显得非常的无聊，坐在椅子上发呆。郭老师看了一会儿就走了，突然晨晨跑过来对郭老师说："我没有电吹风为客人吹头发。"郭老师回答："没有电吹风你们可以做其他的事情。"一段时间过后，因为理发店里只有剪头发和吹头发，顾客数量直线下降，最后沦落到没有顾客，郭老师见状将"美美理发室"撤掉。

问题：

（1）请从幼儿游戏的支持与指导角度分析教师的教育行为。

（2）针对教师的教育行为提出建议。

（三）游戏后的指导

游戏后的环节不是游戏的结束和终止，而是游戏过程的组成部分，这一环节的指导任务是总结游戏的感受，提升游戏水平。

1. 结束游戏

教师要把握好游戏结束的时机，使幼儿在愉快、自然的状态下结束游戏，保持下次继续游戏的积极性；不能突然停止游戏，要提前提醒幼儿，使幼儿有思想准备。游戏结束时机的寻找应考虑两种情况：一种是游戏情节开展得比较顺利，在幼儿情绪尚未低落时结束游戏，这样可以让幼儿感觉意犹未尽，对下次游戏充满期待；另一种是游戏情节已告一段落，再往下发展有困难，即使是游戏时间还没到，也应该提前结束游戏，以免幼儿产生倦怠情绪。游戏结束的方法视游戏的内容和情节发展而定，可以以教师的身份，也可以以角色的身份提醒幼儿结束游戏；可以个别提醒，也可以集体提醒结束游戏。

2. 整理游戏材料

游戏结束后整理场地、收拾玩具，既是为游戏的下次开展做准备，又是培养幼儿良好生活习惯的重要时机，教师不能包办代替。教师要教育幼儿既要整理好自己用过的玩具，也要发扬互助精神，帮助其他幼儿收拾整理玩具场地。这一环节的目的不仅仅是环境整理，同时也是培养幼儿爱护玩具、热爱劳动、有始有终、整洁有序、互助友爱品德的有效手段。

针对不同年龄班幼儿的特点，教师指导时应该采用不同的方法。例如，对小班幼儿，主要是培养他们游戏后整理的意识。教师可以请幼儿帮忙一起收放玩具，整理场地。对中班幼儿，主要是培养他们收拾玩具的能力。整理场地要以幼儿为主，教师只在必要时给予帮助。对大班幼儿，应要求他们独立做好整理场地的工作，教师只需给予一定的督促。

3. 游戏的分享评议

分享评议是游戏结束后针对游戏过程进行的评论，是间接指导游戏、提高游戏水平的方法之一。评议环节，一方面有助于发展游戏情节和巩固游戏中所获得的情绪体验，强化幼儿正确的言行，有直接的导向作用；另一方面有助于幼儿间相互学习与借鉴，提高游戏质量。

（1）分享评议主要内容。第一，分享评议游戏情节。在游戏过程中，教师应随时发现和捕捉一些典型的情节，抓住幼儿想象力、创造力萌发的良好时机进行讲评。幼儿无意间发展出的某些精彩情节，经过教师及时肯定的讲评，就会在以后的游戏中成为幼儿有意努力的方向。第二，分享评议游戏材料。当玩具缺少时，有些幼儿会寻找替代物，一物多用。有的幼儿会自己动手，现场制作一些玩具。这时幼儿的想象力、解决问题的能力都得到了提高，教师在讲评时应给予充分的肯定，以鼓励幼儿的创造力。第三，分享评议游戏中幼儿的行为。如在"娃娃家"里争抢玩具，把商店里弄得乱七八糟等，教师选择这些幼儿能辨清是非的现象，让幼儿讨论，使其在讨论中懂得如何改正错误行为。第四，分享游戏的延伸的设想。将对本次游戏得失的总结作为今后游戏的借鉴，为下次游戏做思想准备，设想下次游戏主题、材料、情节、规则，优化同类游戏。

（2）评议形式。评议形式多种多样，主要有下列三种形式：第一，集体评议，包括教师讲评、幼儿讨论。教师讲评是一种再现式评议。教师将游戏中某些重要角色的言行加以重复，针对存在的共性问题或需要倡导的行为，面对全体幼儿进行讲解或表明态度，及时表扬表现好的幼儿和分享水平高的游戏，同时指出游戏中的不足。幼儿讨论是针对游戏中发生的事件或存在的现象，教师组织幼儿讨论，使他们自觉地明辨是非，而不是教师进行教化或灌输。讨论的过程是经验分享的过程，也是引导幼儿发现问题、解决问题的过程。第二，小组评议，即小组交流。组织幼儿在小组内谈谈游戏主题的生成、情节的展开、材料的使用、规则的执行，对游戏过程进行评价。第三，个别评议，包括汇报发言和自我评价。汇报发言是游戏结束后，组织幼儿反思游戏的过程，教师要引导幼儿讲解他们游戏的设想、开展和结果。这种发言形式不局限于幼儿的语言汇报，还可以采用丰富的形式，使幼儿参与进来。

（3）评议原则。第一，主体性原则。评议的主体应是多元的，可以是教师，也可以是小组其他同伴，还可以是幼儿自己。以幼儿的评议为主，教师适时引导，而且要充分尊重幼儿的想法、作品、情绪。第二，开放性原则。教师提出的问题或研讨的议题以开放性问题为主，使幼儿不仅有讨论的话题，而且能表达出不同的观点。游戏的评议并不是每次游戏后的必要环节，可酌情适当地进行，既可以在游戏过程中进行，也可以在游戏结束后进行。第三，针对性原则。每次游戏评议都要有重点，具体准确地指向幼儿的游戏行为或问题，不要泛泛而谈，要为幼儿进行下一次游戏指明方向。

引导幼儿回顾和总结角色游戏的适宜问题，如表 3-3 所示。

表 3-3　引导幼儿回顾和总结角色游戏的适宜问题

提问目的	问 题 举 例
回顾性问题	今天你们在"超市"玩了什么？怎么玩的？有什么有趣的事情告诉大家吗？
体验性问题	今天你和谁一起在"超市"玩？高兴吗？为什么？
创新性问题	游戏中发现新问题了吗？找到解决问题的办法了吗？怎样解决的？
发展性问题	下次怎样玩才能更有意思？你还想怎么玩？"超市"还缺少什么材料？下次你想扮演什么角色？

资料来源：刘焱.幼儿园游戏与指导[M].北京：高等教育出版社，2018.

对角色游戏指导的流程进行总结，如图 3-1 所示。

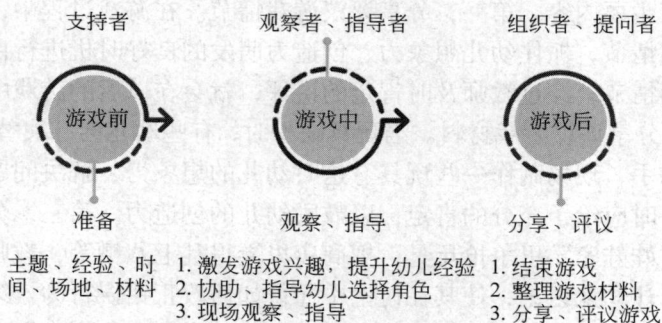

微课　3-2-3
角色游戏指导视频

图 3-1　角色游戏的一般指导流程

真题在线

在角色扮演游戏中，大二班在教室里开展理发店主题游戏，教师为了提升幼儿的游戏水平，主动为幼儿制作了理发店价目表（图 3-2）。

```
                    理发店价目表

     美发区                    美容区

  洗发      10 元        牛奶洗脸      10 元
  剪发      10 元        美白面膜      15 元
  烫发      30 元        造型设计      20 元
  染发      30 元        身体按摩      20 元
```

图 3-2　理发店价目表

问题：请结合你对角色游戏的理解，分析教师提供价目表这一做法是否适宜，并提出建议。

二、不同年龄班角色游戏的特点及指导要点

在不同的年龄阶段，幼儿游戏发展的层次水平各不相同。如小班幼儿的角色游戏以模仿为主，大班幼儿的角色游戏则以创造为主。教师应针对不同的年龄段，选择不同的侧重点进行指导，以达到开展角色游戏的目的。

（一）小班角色游戏的特点及其指导要点

1. 小班幼儿游戏的特点

（1）角色扮演水平。小班幼儿的角色意识不强，游戏时往往意识不到自己正在扮演某一角色，仅仅满足于摆弄材料和玩具，停留于重复相同动作的阶段。小班后期角色意识逐渐增强，但缺乏角色的规则意识。

（2）游戏内容水平。小班幼儿的角色游戏没有明确的主题，游戏直接依赖于玩具，通常是面前有什么玩具就玩什么游戏，离开了玩具游戏也就停止了。到了小班后半期，主题范围才逐渐固定下来，主要是他们所熟悉的家庭生活或幼儿园生活。游戏情节是片段的、凌乱的，经常会转移注意力，不能始终按照角色的要求来行动。

（3）材料使用水平。小班幼儿对玩具的选择通常依据玩具的刺激性，而不是根据自身的喜好。他们喜好模仿，看到别人玩什么，就扔掉自己手上的玩具去玩别人的东西。到了后半期，幼儿不再只模仿他人，而能够根据自己的兴趣使用材料，但这些材料通常是实物或模型，形象性很强。

（4）社会能力水平。小班幼儿正处于平行游戏的高峰期，喜欢和同伴玩同样或相似的游戏，游戏没有组织者，同伴之间几乎没有什么交流，但同伴间会相互借、还玩具，或进行简单的对话评论。

案例呈现

在角色游戏区域，孩子们刚入园就表现得"很会玩"了。在"娃娃家"的游戏中，孩

子们有的"抱娃娃"、有的"洗菜"、有的"做饭"，娃娃家游戏中孩子们忙得不亦乐乎。游戏中有的孩子拿着菜篮子，假装出去买菜，可是却被别的游戏吸引，忘记了自己的任务；有的孩子只顾在家中做自己的事情，忘记照顾"宝宝"。在游戏开始之前，虽然教师已经跟孩子明确自己的角色任务了，但是在孩子们玩的过程中一点儿也没有考虑自己在游戏中扮演的角色是爸爸还是妈妈，往往是跟随自己的喜好、想法进行游戏，导致角色混乱。孩子们在游戏中能够参与，就觉得很开心了。

资料来源：胡佳琪.从具体案例看小班初期角色游戏的特点和组织[J].读与写（教育教学刊），2016，13（5）：249.

2．小班幼儿游戏的指导要点

（1）创设生动逼真的主题游戏环境，为幼儿提供感兴趣且生动形象的玩具，引起幼儿对角色游戏和玩具的兴趣以及操作的积极性。

（2）作为发起者和指导者，教师要以游戏角色的身份介入幼儿游戏中，不断地对幼儿加以指导并使其改进。

（3）教师在幼儿对玩具的操作、游戏动作、角色的名称等方面进行"再现式"点评，给幼儿创造再次改进的机会。

（4）教师应加强对幼儿在角色游戏中出现的情绪问题的处理能力。

真题在线

当教师以"病人"身份进入小班"医院"时，有六位"小医生"同时上来询问病情，每个孩子都积极地为教师看病、打针，忙得不亦乐乎。结果教师一共被打了六针，对小班幼儿这种游戏行为的理解最恰当的是（　　　）。

A．过于重视教师的身份　　　　　　B．角色游戏呈现合作游戏的特点
C．在游戏角色的定位中出现混乱　　D．角色游戏呈现平行游戏的特点

（二）中班幼儿角色游戏的特点与指导要点

出现纠纷是中班幼儿游戏的一大特点，是教师观察和指导的重点。

1．中班幼儿角色游戏的特点

（1）角色扮演水平。中班幼儿角色意识明确，能够为自己选择感兴趣的角色，中班幼儿喜欢的角色往往是在社会生活中有权威感，能支配其他角色的"中心角色"。集体游戏中由于"中心角色"太少，幼儿在角色分配时容易发生纠纷。中班幼儿在游戏中能够根据经验、按照角色要求行动，但还不能与其他角色进行有效配合。此外，中班幼儿的性别意识有了进一步的发展，他们在游戏中选择角色时开始出现性别差异，不同性别的幼儿喜欢扮演与自身性别相适宜的角色。

（2）游戏内容水平。中班幼儿角色游戏的内容比小班广泛。游戏主题仍以日常生活为主，但游戏主题仍不稳定，经常出现半路换场的现象。游戏情节也比较简单，但序列化，在选择角色后，幼儿能够简单设计游戏的情节，将某个角色的几个不同的动作排列起来，使之具有一定的连贯性，如在"娃娃家"中，妈妈先喊爸爸起床，再给孩子洗脸、喂饭；

汽车司机先把车开到北京，再开到上海，最后开到武汉。

（3）材料使用水平。幼儿能够按照角色要求使用替代物，这些替代物与真实物体具有外形上的相似性，如用木棍代替针筒，将扫把当马骑。

（4）社会能力水平。中班幼儿正处于联合游戏阶段，幼儿喜欢集体游戏。幼儿与同伴交往的愿望变得更为自觉，更加强烈，针对多角色的集体游戏表现出特殊的兴趣，能够在一定程度上按照游戏的要求进行协商、配合，但交往技能比较欠缺，常常与同伴发生纠纷。他们还能够进行简单的对话，对话的内容围绕材料出现，如对材料的借还、对游戏结果的评议等。

2. 中班幼儿角色游戏的指导要点

（1）教师提供创设角色游戏的部分主题材料和玩具，给幼儿自主创设的机会。

（2）在设计角色游戏前，和幼儿商量计划，培养幼儿先构思后行动的能力。

（3）教师改变身份，以合作者身份参与到角色游戏中。

（4）游戏结束后，教师现场评价讨论，并引导幼儿对在角色游戏中出现的问题和各个角色的表现进行自评，从而提高幼儿的合作能力和分析表达能力。

案例呈现

中班角色游戏：小小理发师

航航今天的计划是照顾宝宝，航航来到洋娃娃旁边，端走了装有梳子和剪刀的篮子，然后在柜子里取了一个桃红色的背包，背在了自己的身上，最后搬来了一个小箱子，将梳子和剪刀放在了箱子的上面。"剪头发喽！剪头发喽！"航航一边喊一边拿起一把剪刀。湘湘、萱萱和欣欣来到航航的身边，三个小朋友的手中都抱着一个小娃娃。湘湘指着航航桌上的一个瓶盖说："你的桌上还有一元钱呢。"航航拿起瓶盖，将自己的背包打开后，放入了背包里。湘湘拿起了一把梳子对航航说："我就要这把梳子了"，湘湘拿着梳子离开了。

湘湘、萱萱离开后，欣欣仍然站在原地，他用双手将小猴子的手握住，来到航航的面前说："我要给猴子剪头发。"航航双腿跪地，左手拿起梳子，右手拿着剪刀，用梳子将猴子的毛梳起来，将剪刀放在了梳子的上方先剪了中间的头发，再剪后脑勺的头发，然后又剪了右边的头发，最后剪了左边的头发。"头发剪好了。"欣欣抱着猴子转身要走,航航喊道："你还没有给钱呢！"欣欣说："多少元钱？"航航说："5元钱。"于是欣欣拿来了几个瓶盖递给航航。航航接过欣欣的瓶盖，将瓶盖放在地上数了数，然后拿起两个瓶盖递给欣欣说："多了两个。"

游戏案例解读：从航航的叫卖中可以看出航航的角色游戏语言较为丰富，能够明确"理发师"这个角色的职责,角色意识较强。但是整个叫卖的过程中声音都很小。结合材料来讲，航航只为理发师这个角色准备了剪刀、梳子两种材料，理发师这个角色的理解不够充足。

当同伴湘湘指着桌上的瓶盖说是"钱"时，我们看到了中班幼儿以物代物的能力。航航也认同湘湘的说法，将这个瓶盖放进了自己的背包里。但湘湘并不清楚航航的工作还拿走了航航的一把梳子，航航也顺应了湘湘的做法，并没有直接告诉湘湘他是理发师，梳子是用来理发的。从案例中可以看出航航的游戏主题不够稳定，很容易被其他小朋友影响。

当为客人剪完头发后，航航角色意识很明确，要求欣欣给钱，欣欣取来了多个瓶盖递给航航,航航数了数，发现多了2个瓶盖，然后退还给了欣欣。从"收钱"和"退钱"来看，航航对于今天的角色形成了自己的一些规则，为别人服务后会收取一定的报酬。从数"钱"的行为来看，航航对数数掌握得较好，能够手口一致数数，并说出总数。

资料来源：李红.中班角色游戏案例：我是小小理发师——游戏中教师的解读与支持 [J]. 素质教育，2018（7）.

（三）大班幼儿角色游戏的特点与指导要点

大班幼儿角色游戏水平很高，各个因素越来越完善，而且经常与其他游戏结合开展。

1. 大班幼儿角色游戏的特点

（1）角色扮演水平。大班幼儿角色意识明确，能协调角色间较为复杂的人际关系，角色间行为的配合互动和谐；角色扮演逼真，能够根据主题反映角色的主要职责，实现游戏目的。

（2）游戏内容水平。大班角色游戏的主题广泛丰富，比较稳定，能反映幼儿所理解的社会生活中的各种事物与现象；游戏内容丰富，有明显的目的性、计划性、独立性，情节符合生活逻辑，富有创造性。

（3）材料使用水平。大班幼儿能够不拘泥于材料外形上的相似，有时还能借助于想象力，用语言、动作替代；会自制玩具，充分运用材料开展游戏。

（4）社会能力水平。大班幼儿角色游戏处于合作游戏阶段，幼儿能够依据游戏情节的发展和角色身份进行有意义的沟通，同时能够在游戏外以自然人身份进行沟通；喜欢与同伴一起游戏，要求与同伴进行有目的、广泛、友好的交往；对游戏规则有足够的认识，能独立解决游戏中的问题、克服游戏中的困难；对游戏评议表现积极。

2. 大班幼儿角色游戏的指导要点

（1）培养幼儿独立开展游戏的能力。教师指导幼儿自己创设主题游戏环境，自己选择或制作玩具。在游戏过程中，教师要引导幼儿解决游戏中出现的问题，如交往问题。

（2）引导幼儿在游戏中和同伴进行更深层次的交往和沟通。口头提问和角色扮演相结合，讨论反映现实生活的场景和问题，教师不再以合作者或组织者的身份加入游戏。

（3）培养幼儿解决问题的能力和游戏评价能力。教师应给予幼儿更多的表现空间，鼓励幼儿之间相互评论。

案例呈现

大班角色游戏案例：甜品屋

游戏进行有一段时间了，柜台前的顾客越来越少。当一个顾客也没有时，优优无聊地左顾右盼。眼看着厨师小乐还在不亦乐乎地做着各式蛋糕，旁边橱柜里的蛋糕越堆越高。优优心急地对小乐说："你快别做了，现在一个顾客也没有，这些蛋糕怎么卖出去啊！"小乐说："你可以大声地叫卖呀！而且我这里可以定做各种蛋糕。"于是，优优双手拱起到嘴边，大声吆喝起来："快来看一看，瞧一瞧啊，本店蛋糕品种丰富，买一赠一！"听到叫卖声，一旁美工区的晨晨跑来观望。优优看到有顾客，急忙迎客说："欢迎光临，请问你想要什么蛋糕呀？"晨晨说："我想要一个心形的蛋糕，就像我纸上画的这个蛋糕一样。""好的，请稍等，蛋糕马上就好！"优优高兴地说着，同时把晨晨画的蛋糕图交给厨师小乐。小乐立刻找出心形蛋糕模具开始操作起来。

案例分析：

伴随着游戏的逐步展开以及生活经验的积累，游戏主题得到扩展，情节更加丰富了。现实生活中很多商家为招揽生意采取多种对策，游戏中优优模仿现实生活情节叫卖蛋糕，并喊出了"买一赠一"的口号吸引顾客，这是幼儿生活经验的体现，游戏中幼儿生成的内容，都来源于幼儿的兴趣和需要。通过活动可以发现，在自主游戏中幼儿的社会性协作能力有很大提高，幼儿的认知水平和语言能力得到发展。

教育策略：

孩子们生成的"买一赠一"的问题，教师在随后的讲评环节可以引导幼儿拓展兴趣，帮助幼儿丰富生活经验，并使他们从中获益而生成新的游戏。同时，教师可以适度地帮助幼儿获得一定的知识和技能，引导幼儿发挥想象力，丰富自己的行为表现，更好地开展游戏。

资料来源：秦艳．"甜品屋趣事"案例分析与指导——记大班角色游戏活动 [C]. 2020 年基础教育发展研究高峰论坛论文集，2020.

项目三　角色游戏观察与解读

一、角色游戏观察要点

观察是了解幼儿的第一步，观察是评价的基础。在游戏中观察幼儿可以更好地了解幼儿的兴趣和需求，了解游戏进行的情况，了解更换玩具材料的时间等。幼儿进行角色游戏时，教师要认真观察幼儿，在观察的过程中，教师要注意以下几点。

（1）观察的场地是否合适。教师在观察幼儿时可以在室内，也可以在室外，只要方便观察幼儿，对观察结果有利即可。

（2）在创设的游戏环境和材料提供的基础上，是否有新的主题和情节出现。教师要为幼儿提供多种多样的、能够诱导幼儿进行主题游戏的玩具材料，以方便幼儿进行创造性活动。

（3）幼儿的角色意识如何。教师要等幼儿彼此熟悉或者对扮演的角色有较多的经验时才开始观察游戏，观察幼儿角色意识的强弱程度。

（4）角色游戏中主题是否稳定。幼儿的行为具有不可预测性和多变性，教师要随时观察幼儿的角色行为是否在游戏主题内，是否偏离了主题。

（5）幼儿在角色扮演中的积极性是否稳定。教师的观察要辅之以谈话和指导，幼儿在角色游戏中不可能一直保持超高的积极性，教师要及时发现并解决问题。

（6）在社会性交往方面，教师要观察幼儿是否主动沟通，是否独立扮演角色，是否用角色语言和他人进行交往，是否与他人合作解决问题。

二、角色游戏观察量表

以色列心理学家斯米兰斯基将社会性角色游戏的重要因素列为：角色扮演、想象的转换、社会互动、语言沟通、持续性五个方面，斯米兰斯基社会性角色游戏量表如表 3-4 所示。

表 3-4　斯米兰斯基社会性角色游戏量表

姓　名	角色扮演	想象的转换			社会互动	语言沟通		持续性
		物品	动作	情境		无交际	角色交流	
幼儿 1								
幼儿 2								
…								

（1）角色扮演：幼儿假装是他人，或以他人自居，并以语言来确定、表达和串联这些角色，同时伴随与角色相适应的行为。

（2）想象的转换：用一些东西、言语或动作等来假装代表某种物品、动作或情境。例如，假装用一块积木当电话，并假装打电话；或者用手做成电话听筒的样子打电话。

（3）社会互动：两个或两个以上的幼儿就游戏的情节、角色、动作等有直接的互动或交流。

（4）语言沟通：幼儿有与游戏相关的口语交流。这种交流包括两种方式：一是蜕变交流用语，用于结构和组织游戏。A 设想物体的假扮转换的语言（让我们假装这条绳子是蛇），B 分配角色语言（我当爸爸，你当妈妈），C 计划故事线索（我们先到菜市场买菜，然后回来做饭给孩子过生日），D 斥责不称职的角色扮演者（妈妈可不是像你这样讲话的）。二是角色交流语言，切合于孩子接受扮演的角色身份。

（5）持续性：儿童沉浸于持续的游戏之中。对不同年龄的幼儿，坚持长度有所不同。基于斯米兰斯基的研究，4 岁前儿童最低限度坚持性为 5 分钟。4~6 岁孩子至少要坚持 10 分钟。

三、自制观察工具

在实际的观察中，由于不同的需要，教师不可能完全套用此类量表。当觉得上述量表不能反映自己的需要时，教师可以根据自己的研究需要与观察需要，设计观察记录的表格或作文字式的观察记录，有时也用综合式的观察记录方法。

（一）表格式的观察记录

通过采用时间取样的方法，以扫描观察的方式观察儿童的游戏，所获得的记录一般是以表格的形式记录下来的。扫描观察就是对班里全体幼儿平均分配时间，在相等的时间里对每个幼儿轮流进行观察扫描，此方法适用于了解全体幼儿的游戏情况。一般在游戏开始和结束时选用较多。如需要了解游戏开展中有哪些主题以及每个幼儿选了哪些主题、扮演了什么角色、使用了哪些材料等。观察者在观察时处于主动地位。

表格式的观察记录将所要观察的内容事先用表格的形式准备好，游戏开始时，就直接将所观察的内容在表格里面做记号即可。如表 3-5 所示，该表格不仅简便易行，且可重复使用，便于前后比较。选用时，每个主题选 5 分钟，用画"正"字的形式，轮流观察，或每次观察用不同的符号或不同颜色的笔做记录。

表 3-5　幼儿选择游戏主题情况观察表

姓　名	娃　娃　家	医　院	银　行	……
幼儿 1				
幼儿 2				
幼儿 3				
……				

（二）文字式的观察记录

通过采用文字式的观察记录的方法的观察者一般采用事件抽样法或实况详录法将所看到的某一内容情节真实、详细地记录下来。观察者固定在游戏中某一地点进行观察，见什么观察什么，只要来此地点的幼儿都可以作为被观察对象。该方法适用于了解一个主题或一个区域幼儿游戏的情况，如幼儿在游戏中使用材料的情况、幼儿交往的情况、游戏情节的发展等。在游戏过程中一般多使用此方法。

案例呈现

小班角色游戏观察记录"一起卖糖果"

观察时间：6 月

观察地点：室内角色游戏区

观察班级：小班

游戏活动中，笑笑选择了包糖果的材料。只见他将一颗由圆形太空泥做成的糖块放在长方形的糖纸上，用两手的大拇指和食指将糖纸的两条长边对捏在一起，然后同样用两手的大拇指和食指捏住糖纸的两条短边，一手向前一手向后拧了起来。看到糖纸没有把糖块全部包裹住，他就打开重新包，直到完全包裹严实为止。就这样，一块、两块、三块……笑笑包得很认真。这时，原本在玩串珠游戏的小罗被笑笑包的色彩鲜艳的糖果吸引了，也加入到了包糖果的行动中。小罗同样用两只手的大拇指和食指捏住糖纸包糖果，但糖果总是不听话地掉出来，即便没有掉出来也露在糖纸的外面。但小罗不在意这些，只顾自己忙活着。盒子里包好的糖果越来越多，几分钟以后,所有的糖果都包完了。小罗对笑笑说："我们去卖糖果吧！"笑笑笑着说："好的！"

资料来源：董旭花.幼儿园自主游戏观察与记录[M].北京：中国轻工业出版社,2020.

项目四　角色游戏设计与组织能力实训

一、角色游戏观察记录

（一）实训目标

（1）掌握幼儿进行角色游戏的基本流程。

（2）能够撰写角色游戏观察记录表，提高观察记录、分析评价幼儿角色游戏行为的能力。

（二）实训完成形式

个人独立完成。

（三）实训要求书

观看网络幼儿角色游戏视频，以幼儿园教育见习观察、幼儿游戏等间接或直接观察方式，撰写角色游戏观察记录表，如表3-6所示。

表 3-6 角色游戏观察记录表

日期			幼儿园		班级		教师	
游戏名称/ 区角名称								
游戏区域 及材料								
游戏过程	观察记录（实况详录法）				幼儿发展分析			
对教师保教言行的分析								
建议								

备注观察线索：主题的确定、材料的运用与游戏技能、新颖性与创新性、游戏常规的执行、社会参与水平、与伙伴合作与交往行为、游戏持续时间、独立自主性（自定主题、自选伙伴、主动交流、协调关系等）。

（四）实训评价

评价学生运用实况详录法的情况，观察记录客观、翔实，分析评价幼儿游戏发展水平和教师保教言行准确，有条理，建议可行等。评价体系由学生自评、小组互评、教师评价三部分构成，按学生自评 20%、组内评价 30%、教师评价 50% 的比例确定最终成绩。

视频 3-4-1
角色游戏活动设计

角色游戏观察记录实训评价表如表 3-7 所示。

表 3-7 角色游戏观察记录实训评价表

姓名：＿＿＿＿＿＿＿ 班级：＿＿＿＿＿＿＿ 学号：＿＿＿＿＿＿＿ 组名：＿＿＿＿＿＿＿

评价内容	学生自评	组内评价	教师评价	评分理由	总　　分
观察记录					
分析解读					
学习态度					
运用知识能力					
反思能力					

二、角色游戏活动设计

（一）实训目标

根据幼儿年龄特点设计角色游戏活动方案，并进行现场展示。

（二）实训完成形式

小组合作完成。

（三）实训指导书

角色游戏活动设计实训指导书如表 3-8 所示。

表 3-8　角色游戏活动设计实训指导书

姓名：＿＿＿＿＿＿　班级：＿＿＿＿＿　学号：＿＿＿＿＿＿　组名：＿＿＿＿＿

活动名称	
活动目标	
活动准备	
活动过程	

🔍 **范例参考**

小班角色游戏：甜蜜小屋

一、活动主题分析

家是温暖的港湾，家中的祖辈、父辈、兄弟姐妹等角色能给予幼儿安全感、归属感和幸福感。家庭中每位成员的分工与职责各有不同，大家都在为家庭做力所能及的事情，让家变得更美好。因此，通过角色游戏"甜蜜小屋"的开展，让幼儿在游戏中感受家人之间互相关心、相互帮助的情感，享受温馨、美好的时光。在游戏开展初期，教师鼓励幼儿观察自己家的环境，以及家庭成员的生活习惯和兴趣爱好，丰富幼儿对游戏情景和游戏角色的认识。游戏中，师幼共同创设游戏环境，布置"门厅""客厅""卧室""厨房""阳台""书房""洗手间""玩具房"等游戏区域，幼儿自选扮演爸爸妈妈、爷爷奶奶、哥哥姐姐、宝宝等各种不同的角色，体验与同伴一起扮演"甜蜜小屋"中家庭成员的乐趣，积累与家人、与同伴相处的经验，缓解分离焦虑，逐步适应幼儿园集体生活，获得初步的归属感。

二、活动目标

（1）具有基本的角色意识，体验与同伴一起扮演"甜蜜小屋"游戏中家庭成员的乐趣，感受相互关心和爱护、温馨而美好的家庭生活。

（2）根据兴趣自选游戏角色，并按所选角色自主装扮，初步完成角色任务。

（3）初步了解家庭成员的不同分工和职责，会力所能及地做一些符合所扮角色身份的事情。

三、活动准备

1. 经验准备

（1）幼儿对家庭各成员的不同分工和职责有初步了解，有与爸爸妈妈和其他家庭成员愉快相处的生活体验。

（2）幼儿对家的功能分区有初步了解，知道客厅、厨房、书房、卧室、阳台等区域的布局、功能。

2. 游戏场地及规划

与幼儿共同商讨游戏场地，将其划分为门厅、客厅、书房、厨房、餐厅、卧室、盥洗室、阳台，布局如图 3-3 所示。

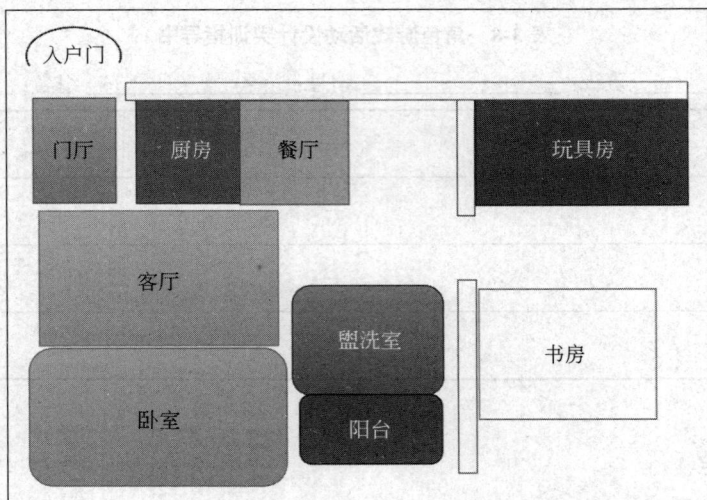

图 3-3　场地布局图

3. 游戏材料准备

娃娃家的玩具材料如表 3-9 所示。

表 3-9　娃娃家玩具材料

场景类	①门厅：门牌；②客厅：沙发、电视、柜子、桌子；③厨房：灶台、柜子；④餐厅：冰箱、桌子、椅子；⑤卧室：梳妆台、床、衣架、柜子；⑥盥洗室：洗漱台、澡盆、马桶；⑦阳台：晾衣架、洗衣机、躺椅；⑧玩具房：积木、滑滑梯、娃娃；⑨书房：桌子、垫子、计算机、书籍、玩具摆件
装扮类	①饰品：发箍、发夹、帽子、眼镜、领带、手链、假发、项链；②衣服：爸爸、妈妈、爷爷、奶奶、哥哥、姐姐等角色的服饰；③包：各种各样的包
操作类	①门厅：婴儿推车、购物车；②客厅：电视机、医药箱、电话；③厨房：灶台、电磁炉、烧水壶、锅、电饭煲、碗、盘子、刀具、砧板、电子秤、调料、仿真食物、勺具、捣蒜器、围裙、厨师帽、袖套；④餐厅：冰箱、饮水机、烧水壶、茶杯、杯子、奶瓶、奶粉罐、湿巾、垃圾桶、勺子；⑤卧室：梳子、橡皮筋和发夹、面膜、化妆品空瓶、按摩仪、娃娃、化妆刷；⑥盥洗室：马桶、搓澡巾、牙刷、牙膏、沐浴露空瓶、洗发水空瓶、小脸盆、澡盆、剃须刀、吹风机、卷发棒、镜子、肥皂架、刷子；⑦阳台：躺椅、洗衣机、洗衣液、清扫工具、养花工具、晾衣夹子；⑧玩具房：积木、玩偶、拼插玩具；⑨书房：书本、彩笔、黑板、录音机、益智玩具
辅助类	①毛根；②黏土；③毛球；④洗衣袋；⑤小鱼片；⑥围兜；⑦泡沫积木；⑧鸡蛋托；⑨尿片

四、活动过程

（1）讨论与交流，产生游戏兴趣，明确游戏任务。

① 提问：我们的家里都有谁？他们是什么样子的？在家里喜欢做什么？今天的游戏中你想扮演谁？做些什么？

② 自主讨论、交流，明确游戏角色及任务。

（2）自选角色并装扮，自主开展游戏，教师观察指导。

① 根据选择的角色进行适宜的装扮，布置游戏场景，摆放游戏材料。

② 自主游戏，教师观察并记录幼儿游戏行为及持续时间。

厨房：重点关注扮演的爸爸妈妈、爷爷奶奶是否结合生活经验和实际情况进行游戏。如是否能够操作简单的"电器"和"用具"；知道做饭、做菜的基本流程等。

餐厅：重点关注扮演的爸爸妈妈、爷爷奶奶是否能够主动带宝宝在餐厅吃饭、喝牛奶；是否及时将脏了的桌面进行清理，宝宝能否配合家人自主进餐。

卧室：重点关注爸爸妈妈、爷爷奶奶是否能够在卧室照顾宝宝睡觉；扮演的妈妈、奶奶是否在梳妆台化妆、梳头，打扮自己等。

卫生间：重点关注扮演的爸爸妈妈、爷爷奶奶是否根据宝宝的需求帮助宝宝刷牙、洗脸、洗澡；是否正确如厕。

阳台：重点关注扮演的爸爸妈妈、爷爷奶奶是否能够按照正确的流程清洗衣物，将衣物进行晾晒；是否主动照顾动植物。

书房：重点关注扮演的爸爸妈妈是否能够按照计划在书房完成工作；宝宝是否在书房看书、画画等。

玩具房：重点关注扮演的宝宝在玩具房是否自选材料玩游戏、在家人的提示下整理好物品；当遇到困难时，爸爸妈妈、爷爷奶奶是否能够主动帮助宝宝，提醒宝宝注意安全。

客厅：重点关注扮演的各类角色是否在客厅聊天、看电视等，若有客人来访时，是否主动招待客人等。

（3）回顾游戏情况，分享成功经验，解决游戏问题。

① 回顾游戏情况，分享成功经验。

提问：今天你们玩得开心吗？做什么事情的时候最开心？

② 观看照片、视频，讨论游戏中的亮点或问题，总结经验，商讨解决办法。

提问：照片中的人是谁？在做什么？你有什么发现？

（4）师幼共同小结，共同收拾场地，结束游戏。

资料来源：转自湖南省教育科学研究院"班级大型主题角色游戏"试点园——长沙市人民政府机关第二幼儿园.

（四）实训评价

评价学生角色游戏活动设计的科学性、合理性，评价体系由学生自评、小组互评、教师评价三部分构成，按学生自评 20%、小组互评 30%、教师评价 50% 的比例确定最终成绩。

角色游戏活动设计实训评价表如表 3-10 所示。

表 3-10　角色游戏活动设计实训评价表

姓名：＿＿＿＿＿＿　班级：＿＿＿＿＿＿＿　学号：＿＿＿＿＿＿＿＿　组名：＿＿＿＿＿＿＿

评价内容	学生自评	小组互评	教师评价	评分理由	总分
活动名称					
活动目标					
活动准备					
活动过程					
语言表达能力					
组织能力					
团队合作能力					
参与评析能力					

思考与练习

1. 什么是角色游戏？角色游戏有哪些特点？
2. 论述角色游戏的价值。
3. 论述不同年龄班幼儿角色游戏的特点和指导要点。
4. 中班角色游戏中，有幼儿提出要玩"打仗"游戏。他们在材料柜里翻出好久不玩的玩具吹风机当"手枪"，仿真型灯箱当"大炮""哒哒哒"地打起来，玩得不亦乐乎。李老师看见此情境非常着急，连忙阻止："这是理发店的玩具，不能这么玩。"

问题：

（1）李老师的阻止行为是否合适？请说明理由。

（2）如果你是李老师，你会怎么做？

实践与运用

1. 随着时代的变化，很多行业的服务内容、服务方式等都发生了变化，请与同伴围绕"新时代，新行业"一起选定一个主题开展角色游戏，创设好游戏环境并制作角色游戏材料，然后用视频的方式呈现游戏过程。

2. 自选主题，为中班设计一个角色游戏活动。

3. 利用设计好的角色游戏观察记录表开展幼儿角色游戏观察，分析幼儿游戏水平并有针对性地提出指导建议。

主题四　表演游戏

✦ 学习目标

知识目标
1. 掌握表演游戏的含义、特点、种类以及作用；
2. 掌握表演游戏指导的基本任务及不同年龄班表演游戏的特点和指导要点。

能力目标
1. 能够设计表演游戏的观察记录表；
2. 能够用手影表现一些常见的动物造型；
3. 能够用木偶生动、有表情地进行表演游戏；
4. 能够排练出小型的儿童舞台剧；
5. 能够依据幼儿年龄特点设计表演游戏活动方案。

素质目标
1. 感受中国传统故事的价值与魅力，增强文化自信；
2. 感受团队合作的力量及精益求精的劳动精神。

知识导图

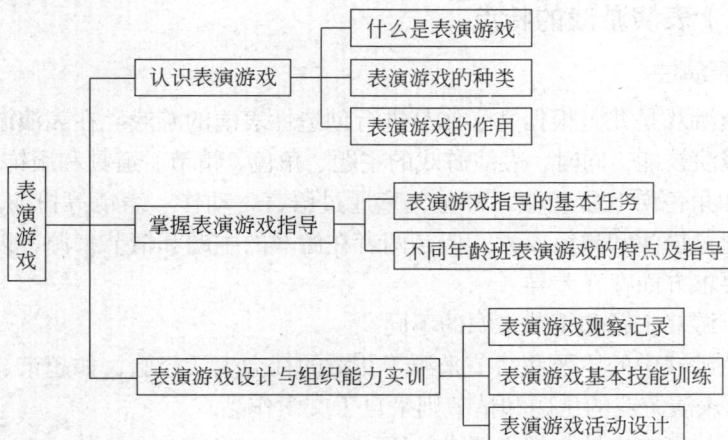

问题导入

有一次，我在语言活动"七只猴子去旅行"的基础上组织幼儿进行表演游戏。"小朋友，我们刚才听了故事《七只猴子去旅行》，现在，你们想不想表演这个故事？表演这个故事需要什么东西呢？"幼儿回答后我逐一出示道具，我问："谁愿意上来表演？"哗，小手一下举了起来，我请了七个坐得最好的孩子上来表演。幼儿一上来就摆弄道具忘记表演，我不停提醒"不要动""说话呀""到你了""快点呀"……

问题：

（1）你认为这位老师此次游戏组织得怎么样？为什么？

（2）教师应该如何组织和指导幼儿的表演游戏？

项目一　认识表演游戏

一、什么是表演游戏

（一）表演游戏的含义

表演游戏是指儿童根据故事的内容和情节，通过扮演角色，运用语言、动作和表情进行创造性表演的游戏活动。故事不仅来自文学作品（幼儿故事、图画书、影视作品等），也包括儿童自编故事以及他们自己经历的事情。如儿童演出的童话剧、歌舞剧、木偶剧和皮影戏等。

真题在线

幼儿通过塑造角色表现文艺作品内容的游戏是（　　　）。

A.角色游戏　　　　B.结构游戏　　　　C.智力游戏　　　　D.表演游戏

（二）表演游戏的特点

1. 表演性

表演游戏是儿童根据文学作品进行创造性表演的游戏。在表演游戏中，儿童需要运用一定的表演技能，同时，表演游戏的主题、角色、情节、道具和服饰均有鲜明的戏剧成分。这一点和角色游戏很相似，都是儿童通过语言、动作、表情等扮演角色，演绎故事情节，都包含角色扮演和象征要素。但是两者在游戏的主题和情节来源，以及表演的故事结构性与规则要求方面存在差异。

（1）游戏主题和情节来源的不同

角色游戏中的主题和情节来源于儿童的社会生活经验，如超市、照相馆、理发店、医院等；而表演游戏的主题和情节则来自于文学作品。

（2）故事结构性与规则要求的不同

角色游戏和表演游戏都是创造性游戏，在游戏过程中都有一定的自由性。但是两者相比而言，表演游戏的结构性更强一点。因为表演游戏中的故事来源于文学作品，故事的框架基本已经确定，儿童在游戏中要依据故事情节进行表演，会受到故事的限制和约束，故事的结构性较强。角色游戏中，儿童可以自主选择游戏的主题和情节，每个游戏者可以自行展现故事情节，而且在游戏中还可以不断地丰富或者更换游戏的主题和情节，故事的结构性相对于表演游戏更具变化性，在游戏规则性要求方面也弱于表演游戏。

表演游戏与角色游戏的比较如表 4-1 所示。

表 4-1 表演游戏与角色游戏的比较

游戏名称	相同之处	不 同 之 处	
		结构性和规则	主题和内容来源
表演游戏	扮演角色、象征手段、创造性	结构性强（故事规定了游戏的基本框架）	故事、故事中的人物（包括文学作品和幼儿根据自己的经历和想象创编的故事）
角色游戏		结构性弱（无固定的脚本）	幼儿的现实生活经验、社会生活中的人物

2. 游戏性

表演游戏和戏剧表演类似，都是根据文学作品，通过语言、动作、表情等进行作品再现。但是两者存在很大的不同。戏剧表演是一种需要被观众认可的表演；而表演游戏是儿童自娱自乐的活动，是因为好玩才进行的游戏，是幼儿自主自愿的活动而不是表演给别人看、不需要观众也可以进行的游戏。表演游戏具有典型的游戏性，这是它与戏剧表演的本质区别。

3. 创造性

表演游戏和戏剧表演在表演上都要依托作品，但是两者也有差别。戏剧表演需要严格按照文艺作品的角色、情节内容和一定的表演程序来进行表演，而表演游戏中，儿童有较强的自主性和创造性，可以依据自己对作品的理解进行游戏，游戏中的语言、动作等可以自创，情节也可以依据自己的喜好进行删减，每一次的游戏都可能不同，即对作品进行再创造。因此，表演游戏是幼儿的一种创造性活动。

案例呈现

在大班表演游戏"滥竽充数"中，由于皇帝的出现，幼儿对古代宫廷礼仪产生了极大的兴趣，女孩子对宫女的舞蹈特别偏爱，而男孩子们则想要表演士兵的武术操练，于是除了成语故事中固有的情节，还加入了皇帝与侍从的对话，宫女舞蹈以及卫兵操练的情节，使得幼儿在表演游戏中玩得更加尽兴。

资料来源：叶小红.幼儿园游戏与指导 [M]. 南京：江苏凤凰教育出版社，2014：183.

思考：幼儿表演游戏的情节是否一定要忠实于文学作品？

二、表演游戏的种类

表演游戏以多种形式呈现，按照不同的标准划分为不同类型。

（一）按照表演主体进行划分

根据表演游戏中表演主体的不同，表演游戏可分为直接表演游戏和间接表演游戏。直接表演就是儿童自己扮演角色进行表演游戏活动，也可成为自身表演，如图 4-1 所示。间接表演就是指通过操作游戏辅助材料进行表演的游戏活动。如桌面表演、影子戏、木偶戏等。

1. 桌面表演

桌面表演是指儿童在桌面上以各种小玩具来扮演作品中的角色，儿童以独白、对话和操作玩具角色的动作等形式，再现作品的内容（图4-2）。桌面游戏对游戏者的语言表演能力要求比较高，要求他们在理解作品情节和体会角色特点的基础上，能够用不同的音调、音色等来表现情节的变化和角色的性格特征。

图 4-1　直接表演

图 4-2　桌面表演

2. 影子戏

影子戏在幼儿园里以手影游戏居多，此外还有头影和皮影戏等。手影游戏是指一双手在光线下做出各种变化的手势，在墙上、白布上形成影子，通过影子的移动、变化，配合独白、对白表演故事的游戏。儿童皮影戏的取材和制作也不必像传统皮影戏那么复杂，可以就地取材，选用硬纸片、透明胶片、马粪纸等代替传统的皮革，用剪纸和刻花的方式来制作影人、布景和道具，在演出时提供白幕（可用白纱布平绷在倒置的桌腿上）、灯光、自制影人等材料。儿童一边操作影人，一边配音就可以进行表演了。影子戏对儿童的语言表演能力、动手操作能力、手眼协调能力、分工合作能力都有较高的要求。一般在大班开展较为合适，小中班可安排欣赏活动。

拓展阅读

皮影戏（图4-3）又称"影子戏"或"灯影戏"，是一种以兽皮或纸板做成的人物剪影来表演故事的民间戏剧。表演时，艺人们在白色幕布后面，一边操纵影人，一边用当地流行的曲调讲述故事，同时配以打击乐器和弦乐，有浓厚的乡土气息。其流行范围极为广泛，并因各地所演的声腔不同而形成多种多样的皮影戏。

皮影戏是中国民间古老的传统艺术，老北京人都叫它"驴皮影"。据史书记载，皮影戏始于西汉，兴于唐朝，盛于清代，元代时期传至西亚和欧洲，可谓历史悠久，源远流长。

图 4-3　皮影戏

2011 年，中国皮影戏入选人类非物质文化遗产代表作名录。

3. 木偶戏

用木偶进行表演的游戏叫作木偶戏。现代人把由各种材料制成的偶人都叫作木偶。木偶除了木制的，还有用纸、瓶子、蛋壳、石头、泥等材料制成的。木偶材料易做易购、操作简单、形象生动，是幼儿表演游戏中常用的道具。常见的木偶有布袋木偶、提线木偶、手指木偶和杖头木偶等，人偶同演是一种重要的表演形式。在幼儿园中，常见的手指木偶和布袋布偶比较简单，可以由教师带领幼儿自己动手制作，也可购买成品，演出时只要用一块幕布挡住操作者就可以进行表演了。木偶戏的形式如图 4-4~图 4-7 所示。

图 4-4 布袋木偶

图 4-5 手指木偶

图 4-6 纸片木偶

图 4-7 提线木偶

（二）按照表演素材来源进行划分

表演游戏是儿童根据故事内容进行表演，根据表演素材的来源可分为作品表演游戏和创作表演游戏（图 4-8）。作品表演游戏是以文艺作品为蓝本进行的表演游戏，如童话剧《守株待兔》、歌舞剧《小熊请客》等。创作表演游戏则是指没有现成作品，儿童根据自己生活经验和丰富的想象自编自创表演蓝本进行表演的游戏活动。

图 4-8 童话剧《咕咚来了》

三、表演游戏的作用

表演游戏丰富了儿童的游戏形式，在游戏过程中，儿童获得全面发展。

（一）加深幼儿对文学作品的理解

表演游戏的过程是幼儿对文学作品的一种学习过程。表演游戏中，儿童需要阅读、理解、欣赏优秀的文学作品，并通过语言、肢体、舞蹈、美工、音乐等手段艺术性地再现文学作品。借助于表演游戏，幼儿能更好地掌握文学作品的主题思想、内容和情节、事件的逻辑和先后顺序、情节的发展和因果关系、人物的性格特征和人物之间的关系，领会人物的思想感情，加深对文学作品的理解。

微课　4-1-2
表演游戏概述

（二）促进幼儿语言的发展

幼儿期是语言发展尤其是口语发展的关键时期，文艺作品中生动、优美的语言，特别能吸引幼儿。幼儿在表演游戏的过程中，要熟记作品中的语言，掌握正确的语音，富有创造性地表现符合角色性格特征的语调和表情，这都有利于提高幼儿的口语表达能力。如在故事表演中，幼儿要学说各种不同的词汇和句式，日积月累，就能自然地增加对各种词汇的理解，潜移默化地掌握各种不同的词汇和句式，从而提升了幼儿连贯的语言和表达思想感情的能力。另外，幼儿在表演游戏中还得注意倾听别人的话语，理解其他角色的说话意图，考虑怎样回答和应对，从而逐步提高在不同语境中恰当运用语言的能力。

案例呈现

在《小兔乖乖》的表演中，"兔妈妈"在出门前，对孩子们说："宝贝们好好看家，妈妈给你们采蘑菇吃。"但多次表演之后，受后面情节发展的影响，有先入为主的意念，知道大灰狼等下会来敲门，于是"兔妈妈"就会将后面的对话提到前面来说，可"兔宝宝们"觉得这样表演不对，但"兔妈妈"觉得如果不多说两句，那么表演一下子就结束了，她很想再多说几句。于是老师引导她除了大灰狼的事，还可以跟她的"兔宝宝们"多讲讲安全方面的问题。有了老师的引导，每一只"兔妈妈"都像一个小老师、小家长一样，一下子就拥有了能量，开始对"兔宝宝们"开展了一系列的安全教育。"兔妈妈"语重心长地对孩子们说："宝贝们好好看家，陌生人敲门不要开，可以通过门缝看看是谁，告诉他有事等妈妈回来再来……"语言的渲染使得表演更加丰富，也更具有不可预测性，孩子的表演更加具有创造性，孩子们也更喜欢，在游戏中也更充分发挥了幼儿的主体地位。

资料来源：陈阿娟.小班表演游戏材料的投放及指导策略——以表演故事《小兔乖乖》为例[J].家教世界，2017（30）：33-34.

（三）促进幼儿认知的发展

为了游戏的顺利进行，儿童需要积极地、有目的地去回忆作品的情节，包括各个角色出场的顺序、角色做过的动作、角色之间的对话等，这些都有利于幼儿有意记忆的发展。

另外，在表演游戏过程中，儿童所扮演的角色、使用的道具等都是假想的，但都要当作真的一样对待，这种以假当真的活动，只有依靠想象才能进行。同时，表演中对话、动作、情节等的增减或词语的替换，也需要幼儿充分发挥自己的想象力。

（四）促进幼儿社会性和个性的发展

在表演游戏中，幼儿体验和反映了优秀文学作品中美好积极的情感，把角色具有的良好行为习惯及思考和解决问题的方法应用到实际生活中，有利于道德品质和个性心理的养习；在游戏中，与同伴讨论游戏角色的分配，出现矛盾时互相协商解决以及表演过程中的提醒、配合都是重要的交往机会，这些都有利于幼儿人际交往的发展；在游戏中，幼儿能适应团队活动，遵守游戏规则，对表演游戏团队有归属感，这有利于幼儿适应社会的发展。

在表演游戏中，幼儿表现出充分的自主和自由，自主的选择作品，自由的协商角色。幼儿不受外在的压迫，天性得以自由表露，创造性充分发挥，进而逐渐健全人格，同时，在游戏中，幼儿需要克服自身原本的害羞、胆怯并调整自己的心态，有助于培养勇敢、大胆的个性品质。游戏结束后幼儿享受游戏带来的成就感、愉悦感，能够唤起自我认同感和自信心，有利于幼儿自我意识的发展。

（五）对幼儿进行艺术熏陶

此外，表演游戏具有表演性，是一种艺术活动。在表演游戏的过程中，幼儿会主动注意自身的形象，试着去调整、改变自己的仪表、言行等。这对幼儿的形象、仪表、言行、体态、艺术素质等方面起到综合培养的作用。同时，表演游戏还有助于提高幼儿的表演能力，使他们能从感受语言美、艺术美逐步扩展到通过语言、动作去表现美、创造美，从而发展幼儿的审美能力，陶冶幼儿的艺术气质。

拓展阅读

表演游戏的价值

以童话或故事为基础的表演游戏具有丰富的教育价值。在以童话或故事为基础展开的、以表演游戏为主线的系列活动中，幼儿不仅仅是在学习语言，也是在学习科学、数学、社会、艺术等多个课程领域的内容。

以"昆虫怎样过冬"系列活动为例，在这个以幼儿的问题和兴趣为中心的系列活动中，幼儿不仅学习如何从不同的渠道去获得信息、了解关于各种昆虫过冬的知识，而且运用各种表征手段（包括绘画、展览、绘制图书、故事创作和续编故事、表演游戏等）把自己的知识表现出来。幼儿在这个活动过程中获得的经验（包括态度、知识和技能等）涉及语言、艺术、社会、科学、数学等多个课程领域。而且，这些不同领域的学习经验是在一个整体活动的自然展开中获得的，是整个活动的自然产物。鉴于幼儿学习的特点和对有意义学习的需要，幼儿园课程应当具有综合性和整合性。幼儿园课程的这种综合和整合可以通过不同的方法来实现，同时这种综合和整合也可以有不同的水平。合乎理想的综合与整合应当是自然而然地渗透，而不应是各领域内容简单地、人为地拼接。当前的研究表明，表演游戏是一种可以整合多领域学习的理想途径。这种整合并不是课程各领域内容的简单拼接，而是自然的联系和渗透。

资料来源：刘焱，朱丽梅，李霞.幼儿园表演游戏的特点、指导原则与教学潜能 [J].学前教育研究，2003（6）：17-20.

项目二　掌握表演游戏指导

一、表演游戏指导的基本任务

表演游戏的顺利开展，需要教师把握三大任务：游戏前的准备、游戏中的指导以及游戏后的分享与评价。

（一）游戏前的准备

1. 选择内容健康、适合幼儿表演的文艺作品

熟悉的文艺作品是吸引儿童进行表演游戏的物质基础，但并非所有的文艺作品都适合表演游戏。适于儿童进行表演游戏的作品，应具备以下特点。

（1）作品内容健康活泼，被幼儿理解和喜爱。结合本班的教育任务，选择思想健康、有教育意义、内容活泼，并符合幼儿的生活经验和审美情趣的作品。

（2）作品结构完整、清晰，具有表演性。表演性主要表现在：首先情节和内容有趣，即情节主线简单明确、脉络清晰、重点突出，便于儿童的了解和记忆；其次情节有起伏而且发展的节奏快，如在"聪明的乌龟"中，情节按"狐狸想吃青蛙——乌龟咬住狐狸救青蛙——乌龟智斗狐狸——狐狸淹死"起伏发展；最后应该有适当的表演动作、较多的对话、有趣的人物性格、集中的场景等。例如，《三只蝴蝶》《猴王吃西瓜》《小马过河》等。

（3）尊重幼儿意愿的同时有意识地提供中华优秀文学作品供幼儿进行表演。

同时要注意，不同年龄班幼儿应选取不同的作品，如小班的幼儿表演具有以动作表达为主、语言简单重复、同伴互动少的特点，在选作品时，应选取场景单一、语言重复、以动作为主的作品，如《拔萝卜》。中班选择的故事要有简短的对话、重复的动作，场景不可过多，2~3 个即可，有集中的场景。如《大树与小鸟》。大班可以选择对话、情节、动作都相对更复杂的作品，如《小熊请客》等。当然我们要尊重幼儿的选择，满足幼儿的兴趣与需要，同时积极鼓励幼儿进行故事续编、创编。

拓展阅读

甄选优秀传统故事，丰富游戏主题来源

中华优秀传统文化涵盖面广，教师要提前筛选出符合大班幼儿年龄特点的、生动有趣的、情节丰富的、兼具游戏性和教育性且贴合幼儿实际生活经验的故事，帮助幼儿积累丰富的前期经验，丰富幼儿的知识储备。

1.选择有利于形成良好个性品质的剧目

幼儿园阶段是幼儿形成良好个性品质的重要时期。教师要抓住关键期，甄选具有情节性、娱乐性、游戏性和教育性的故事。例如，故事《司马光砸缸》，其情节跌宕起伏，人

物特点鲜明，教师同时配上歌曲和舞蹈动作，这不仅有利于幼儿完整表演故事，还能激发幼儿创新表演游戏的兴趣。再如，故事《三打白骨精》，幼儿在模仿表演故事的同时，能在唐僧反复被骗的过程中对人物内心的情感变化产生更深刻的理解，并能用自己的动作、语言和表情淋漓尽致地表现这种矛盾逐步被激化的人物关系。

2. 甄选有利于发展幼儿想象力和创造力的游戏

机械地模仿故事并不是真正的游戏。幼儿是游戏的主人，在表演游戏中教师要充分发挥幼儿的主观能动性，鼓励幼儿根据自己对故事的理解，融入自己的情感、语言、动作、表情等创造性地表演游戏。此外，教师还要为幼儿营造轻松、和谐的心理环境，怀着不否定、不质疑、支持鼓励的态度，引导幼儿大胆表现。例如，在表演故事《老鼠嫁女》时，幼儿认为墙不是最厉害的，锤子就能把它砸烂，于是教师引导幼儿在表演时设计了新的故事情境，即让老鼠的女儿嫁给锤子，但是锤子太冰冷，很无趣，老鼠的女儿一点儿也不开心，最终她选择嫁给了一个英俊的老鼠哥哥。幼儿在游戏中积极大胆地想象和改编故事情节，充分发挥了想象力和创造力。

资料来源：王丹.大班表演游戏中融入中华优秀传统文化的活动组织与指导方法[J].幸福家庭，2021（16）：95-96.

2. 理解作品内容和情节，训练幼儿的表演技能

所有的表演必须建立在理解的基础上，幼儿的理解能力有限，不能独立理解各方面的特点，因此需要教师发挥重要的支持性作用。如针对小班，幼儿教师要给予更多的示范表演，帮助幼儿理解；针对中大班，幼儿教师可以声情并茂地给幼儿讲述，也可以通过提问的方式帮助幼儿理解作品，还可以采用分段形式讲述篇幅较长的作品。

案例呈现

表演游戏《绿野仙踪》中不同角色的个性特点：稻草人希望拥有一颗智慧的头脑；铁皮人希望自己有一颗跳动的心脏；胆小狮希望自己拥有勇气和胆量。其实稻草人在情况紧急时脑子转得比谁都快，总能想出一个个机灵的点子：而铁皮人很有爱"心"，时时助人为乐；胆小狮在遇到危险时也会胆大起来，甚至敢与怪兽奋力搏斗……

游戏前，教师采用了多种方式帮助幼儿理解和掌握故事情节。例如，通过讲述故事、看绘本、看视频让幼儿初步了解故事内容；通过讨论、交流和分析进一步理解熟悉故事情节；通过让幼儿复述故事内容，学习对话和动作，甚至在体育活动、棋类游戏中也穿插了《绿野仙踪》的内容，提高幼儿的兴趣，加深印象。

资料来源：叶小红.幼儿园游戏与指导[M].南京：江苏凤凰教育出版社，2014：188.

表演游戏"表演性"的特点决定了表演技能在游戏中的重要地位，儿童只有具备了一定的表演技能才能保证游戏的顺利进行或获得游戏的快乐和满足感。因此在帮助幼儿理解作品的同时，可以训练幼儿的表演技能。

（1）表演游戏中需要训练的表演技能有以下三种。

① 口语表达技能

表演游戏中大部分的角色形象都是通过语言来表现的。口语表达的技能主要体现在对

语音语调的处理上，即通过声音的轻重、快慢、高低和停顿等变化去表现角色的不同形象和角色情感的变化。如兔子的声音尖细，老虎的声音沉稳有力。教师要分步骤去指导：首先，让幼儿能大胆地把角色的语言表达出来；其次，让幼儿用普通话较清晰、流畅地表演；最后，让幼儿知道运用不同的语调来表达思想感情。

② 歌唱表演技能

歌唱表演技能包括用自然好听的声音歌唱，不大喊大叫，音调准确，吐字清晰，能根据乐曲的快慢、强弱等变化有表情地演唱。在表演游戏中，教师应指导幼儿唱歌时吐字清楚、旋律曲调准确、快慢音量适度、表情要符合角色的要求。如在《小熊请客》歌舞剧中，歌曲《我才不带你》就要用轻蔑的语气来演唱，歌曲《到小熊家去》就要唱出愉快的感觉。

③ 形体表演技能

形体表演技能是指儿童在表演中恰当运用形体与表情再现作品情节和表现人物特点的技能，除了模仿日常生活动作外，还包括一些小动物的典型动作。如扮演小熊走路就可以微微驼背，八字步，在走路时微微晃动身体。在表演时，幼儿的步态、手势、动作需要比日常生活中的夸张一些，使表演具有一定的舞台效果。

（2）教师提高幼儿表演技能常用的方法有以下几种。

① 教师示范表演

教师经常把故事、童话、诗歌、歌舞等作品，以戏剧、歌舞、木偶、皮影戏等形式，向幼儿作示范性表演，这不仅可以激发幼儿表演的欲望，还可以帮助他们积累丰富的表演素材，学习各种表演技巧。教师的示范表演可以在全园的娱乐活动、教育活动中进行，也可以在日常游戏活动中进行。

② 师幼共同表演

幼儿具备一定的社会经验和表演技能后，教师可以和幼儿共同表演，并逐步引导幼儿独立表演。师幼共同表演，有以下两个作用：其一是具有示范性，给幼儿以启示，让幼儿模仿；其二是用提问、建议的方法，引导幼儿思考，组织幼儿讨论，帮助幼儿更好地理解作品内容，提高表演技能。

③ 丰富幼儿的生活经验

文艺作品来自社会生活，幼儿对周围社会的认知程度会影响幼儿能否把握作品的内容和情节，能否形象地演绎作品的角色，生活经验的丰富程度也会直接影响幼儿表演水平的高低。很多儿童文艺作品角色都是动物，如故事《森林之王》中就有猴子、老虎、熊等不同角色，如何演绎出这些角色的特点，就和孩子之前的经验有关，所以教师应在幼儿的日常生活、教育活动、游戏活动中不断丰富幼儿的生活经验，提高幼儿的表演技能。

④ 尊重并启发幼儿创造性地表演

表演游戏本身具有自发性和创造性，幼儿在表演游戏中不是简单、机械地直接再现作品，而是运用已有的知识经验，通过头脑加工，创造性地运用动作、表情去增减情节和角色对话等，教师要鼓励幼儿这种在不违背原作品基础上的自编自演的创作活动。如表演游戏《小熊请客》中，幼儿并没有按照原有故事一起赶走狐狸，而是在听到狐狸的哭声就原谅了它，并要求它改正错误。

案例呈现

中班《美羊羊的生日会》上，突然出现小灰灰也要参加生日会的冲突。教师抓住契机及时引导，小灰灰想参加生日会，红太狼和灰太狼会去吗？羊村的小羊们会同意灰太狼一家人参加吗？他们之间会有怎样的约定呢……结果幼儿集体编出了小灰灰劝说爸爸妈妈一天不吃羊、灰太狼和红太狼为了小灰灰而妥协、戴上口罩捂住大嘴、戴上手套裹住爪子参加生日会的情节。

资料来源：叶小红.幼儿园游戏与指导[M].南京：江苏凤凰教育出版社，2014：183.

3. 创设游戏环境

游戏环境是顺利开展表演游戏必不可少的条件。根据幼儿的年龄特点、兴趣需要，创设有意境的、丰富的游戏环境，能激发参与表演游戏的愿望，让幼儿尽快进入游戏状态。

（1）安排游戏场地和材料

幼儿表演需要一个安全、有趣的环境，作为表演游戏的场地最好是以小舞台的形式出现，围成一个封闭或半封闭的空间，这个空间在一定时间内是固定的，给幼儿认同感和安全感。舞台用的布景应简单方便，色彩鲜明，避免过大、过重、过繁，更不能妨碍表演，只要能起到烘托情景、渲染气氛的作用就可以了。

表演游戏的角色造型、服饰和道具很重要，它们不仅能激起幼儿进行表演游戏的欲望，而且能直接影响游戏的趣味性、戏剧性和象征性。幼儿表演游戏用的服装与道具，可以象征性地表现角色所具有的显著特征。为了更好地表现角色的外形特征和个性特点，教师还要引导幼儿根据作品的角色要求进行适当的角色造型和化妆。需要注意的是，为幼儿开展表演游戏所提供的材料要简易，不需要幼儿花很长时间去准备，比如可以有一些经典故事的头饰、木偶等，也可以提供一些半成品材料及工具，如各种纸、布等。材料也不宜太多，多了反而干扰游戏的开展。幼儿可以自由地选择游戏中需要的材料。同时，不宜一次性提供材料，教师可在活动中根据实际需要灵活选择所提供的材料类型和数量。

需要强调的是，不同年龄班需准备的材料也存在不同。如小班的道具材料要形象逼真，中班的材料要简单易操作，以2~4种为主，防止出现注意力不集中的情况，大班应提供种类较多的材料，让幼儿充分发挥主体性，教师可以尝试与幼儿一起商量去寻找或制作材料，还可以充分利用家长资源，让家长参与进来，这样幼儿的游戏兴趣会更高。

案例呈现

在表演《大灰狼和兔子》前，教师讲完故事组织幼儿分组讨论：除头饰外，还需要哪些道具？有的幼儿说："要一面镜子，这样王后才能天天问镜子谁最漂亮。"有的幼儿说："要两间房子，一间当皇宫，一间给小矮人住。"还有的幼儿说："还需要头巾、围裙、手套让王后化装用。"接着，教师请幼儿分小组，在组长的带领下，分组准备游戏所需的道具，幼儿积极主动地投入到准备活动中。小朋友们用胶粒、插塑拼插出各种形状的镜子；用大型积木或纸箱来搭房子；用彩色皱纹纸搓成丝带；到娃娃家找来头梳、围裙、手套。

资料来源：叶小红.幼儿园游戏与指导[M].南京：江苏凤凰教育出版社，2014：189.

（2）给予足够的游戏时间

表演游戏需要一定的时间保障，在游戏中需要商量角色分配、游戏情节的发展等，尤其有的时候还要进行简单的道具制作，如果时间过短，会导致幼儿还没有进入状态就已经结束，所以，一般来讲，表演游戏的时间不少于 30 分钟。

（二）游戏中的指导

1. 协助、指导幼儿选择角色

自行选择、自行分配是幼儿进行角色分配和轮换的基本原则。首先教师要鼓励幼儿自主选择角色，认同幼儿选择角色的理由。针对小班幼儿可以指定角色，中大班幼儿由于游戏目的性增强、规则意识增强、表演能力有所提高，可以让幼儿自行协商，进行角色分配。其次当角色选择发生分歧时，引导幼儿学会利用有效方法处理角色选择和分配之间的矛盾。如多人想扮演同一角色，可通过轮换、猜拳或者共同扮演等方式解决。最后教师要引导幼儿认识到表演每一个故事都需要各个角色的协调配合，主角、配角、正面角色、反面角色都是表演中不可缺少的，提高幼儿的角色意识。

拓展阅读

表演游戏角色分配的策略

1. 抽签

在小班的表演游戏《拔萝卜》中，角色之间的对话与动作相似，对扮演者能力要求相差不大，幼儿对扮演哪个角色不会太在意。在这种情况下，可以采用抽签的方式进行角色分配与选择。教师可以将角色制作成小卡片，幼儿抽到老爷爷就演老爷爷，抽到老奶奶就演老奶奶……

2. 竞争

在中班的表演游戏《过猴山》中只有一人能扮演老汉，剩余的人只能扮演小猴子，这时幼儿就会争着演老汉。在争执不下的情况下，教师可以采用公平竞争的方式，让想演老汉的幼儿挨个表演，再选出演得最好的演老汉。

3. 轮流

在大班表演游戏《花木兰》中，对花木兰军队的喜爱和对敌军的反感，使得幼儿在选择角色时出现一边倒的现象。教师应引导幼儿讨论如果没有人演敌军表演游戏该如何进行。体会到"没法演""演得没意思"，幼儿就会相互协商轮流扮演，在扮演正反两种角色的过程中能感受到角色间的反差，表达出别样的意趣。

资料来源：叶小红.幼儿园组织与指导 [M].南京：江苏凤凰教育出版社，2014：182.

2. 尊重幼儿的自主表演

教师应尊重幼儿，允许幼儿对作品有自己的理解和表现形式，尊重幼儿的游戏意愿与游戏方式，发挥幼儿的主体性与创造性，减少干预，使表演具有自主性、趣味性、丰富性。

3. 充分观察，适时指导

要尊重幼儿的游戏意愿，就要求教师需时刻注意观察幼儿的行为。观察重点因游戏的内容和游戏进程的不同而不同。游戏初期，观察的重点应放在幼儿对作品内容和情节的理解与再现上。如对角色形象的把握，语气语调的呈现等。游戏后期，观察重点是角色间的互动质量，幼儿对角色的拓展和创造。

在游戏过程中，教师在充分观察的基础上，为幼儿提供适宜的指导与支持。一般来说，教师在表演游戏中的指导分为隐性指导和显性指导。

隐性指导可以通过场地、材料、标记或以角色的身份来提示和启发幼儿，间接达到指导的作用。例如，小班幼儿在表演游戏《小种子发芽》过程中，个别幼儿不能像小种子一样坚持在土地里一动不动，于是教师拄着拐杖、戴着草帽，以老爷爷的身份介入，运用独白的方式引起幼儿注意："我来看看小种子种好了没有，我的小种子都在土里面，有离开地面的吗？"这下小朋友们都缩成一团，一动不动了。

显性指导直接指出幼儿在表演游戏中出现的问题，引导幼儿讨论问题或教师直接干预解决问题。如教师可以以观众的身份向幼儿提出问题、建议或暗示提醒。尤其是针对游戏中出现的安全性问题，要及时介入。例如，在表演《森林音乐会》时，小朋友们只关注到音乐会上的舞蹈和歌曲表演，却忽略了自己的动作、角色身份，教师可引导幼儿讨论不同动物的行走方式："小动物们是怎样来到音乐会上的？它是怎么走的，是怎么飞的？"还可以请个别幼儿示范，大家都跟着学。

（三）游戏后的分享与评价

1. 分享与评价

分享与评价对于提高幼儿的表演水平很有价值。分享与评价的形式可以在小组内进行，也可以在集体中进行，可以围绕游戏情节、游戏技巧、游戏体验、角色选择等游戏过程的所有经验进行。例如，在表演《三只蝴蝶》时，幼儿在表演时是否很好地表现蝴蝶煽动翅膀的动作，鼓励幼儿交流，然后让幼儿通过观察丰富其感性经验。

评价应以正面评价、鼓励和赞扬为主，建议为辅；评价形式多样，可以采用集体、小组和个人评价等多种形式；评价内容具体，在开展评价时要给幼儿提供很好的示范，好或不好的地方具体体现在哪里？是语气、动作还是表情等。

案例呈现

《剪刀大侠》中，幼儿是否创造性地表现了剪刀大侠、小花猫、大树、小溪水的角色形象，是否表现出了作品的内容和思想感情，哪些小朋友在游戏中想出了与别人不一样的语气语调、动作表情等表演方法，在表演中能否与同伴进行协商、分工、合作，游戏过程中各角色是否专注地进行表演……这些都可以成为游戏评价的话题。

资料来源：叶小红.幼儿园组织与指导 [M]. 南京：江苏凤凰教育出版社，2014：196.

2. 整理游戏道具和材料

整理材料的时间依据分享与交流的需要而定。需要材料支持分享与交流时，可在分享与评价之后收放材料；不需要时可以先收放材料，然后再进行分享评价。不同年龄班也不同，小班幼儿可在教师的引导下进行，中、大班幼儿应自主进行材料的收集与整理。

微课　4-2-2
表演游戏指导

另外，表演游戏结束后，教师可以引导幼儿进行表演游戏延伸。如在《小蝌蚪找妈妈》表演结束后可以去阅读区查看小蝌蚪成长的相关书籍。

真题在线

李老师设计了一个"三只蝴蝶"的游戏活动。她选了三个幼儿扮演蝴蝶，又选了若干幼儿扮演花朵，结果幼儿兴趣不高，表现被动，还没等游戏结束，一个幼儿就问李老师："老师，游戏完了吗？我们可以自己玩了吧？"

问题：针对这种现象，请从幼儿游戏特征和游戏指导的角度进行阐述。（2013 上）

二、不同年龄班表演游戏的特点及指导要点

各年龄班幼儿由于身心发展水平、生活经验的不同，表演游戏会具有一些不同的特点，因此，教师应针对幼儿的年龄特点与游戏发展的不同阶段组织与指导幼儿的表演游戏。

（一）小班表演游戏的特点及指导要点

小班幼儿表演游戏的特点是：角色意识不强、交往欲望较低、语言能力不足、表演技能较弱。因此，小班的表演游戏呈现出以动作表演为主、语言简单重复、同伴互动少的特点。另外，这一年龄段幼儿的观众意识尚未形成，如果让一些幼儿专门担任观众，那么这些观众要么会主动上台来进行表演，要么就在下面玩自己的或相互打闹，因此，并不适宜。

教师应尊重幼儿的意愿，帮助幼儿选择语言简洁、精炼、重复较多的故事，教师也可以有针对性地对文学作品进行一定的修改，使作品适合小班幼儿的理解和表演水平。在游戏组织形式上，最好以全班幼儿共同参与或者分组的方式进行，在表演形式上，采用分段游戏，分节游戏的方式。在道具和材料方面，教师为主幼儿为辅，道具以简单、高结构的材料为主。准备的道具和服装种类要少，但同一种类的数量要多。教师可以指定或参与角色分配。教师应常常参加小班孩子们的表演游戏，在游戏中担任某一角色，开始可担任主角，帮助幼儿解决角色分配的困难，以后可担任一般角色，直至不担任角色。游戏前教师应作示范，帮助幼儿提升表演游戏的角色意识和角色扮演水平。

案例呈现

小熊豆豆生病了

幼儿在扮演生病的豆豆时会开心地说："哎呀，我的肚子疼！"这时，教师可进行示范表演，捂着肚子、皱着眉头、用微弱的声音说："哎呀，我早上吃了苹果没有洗手，肚子好疼啊。"教师的示范表演能为小班幼儿提供直观的形象，也更能帮助幼儿体会文学作品中人物的思想感情。

资料来源：季宁.谈儿童表演游戏的特点及指导策略 [J].作家天地，2020（6）：176-177.

（二）中班表演游戏的特点及指导要点

中班幼儿表演游戏的特点是：愿意共同参与表演游戏、能自行进行角色分配、可以做

到轮流表演、但更换意识还不强。游戏的目的性弱，嬉戏性强，时常忘记游戏的最终目的，需要成人适时提示才能坚持游戏主题。游戏中的角色扮演以一般性表现为主，以动作为主要表现手段，主要通过对话、动作塑造角色，较少用语气、语态、表情辅以表现。

教师为中班幼儿选择的故事要有简短的对话、重复的动作，场景不可过多，有集中的场景，方便布置道具；可以为中班幼儿设置一个相对固定的表演区或小舞台，并保证幼儿有 30 分钟以上的游戏时间；为中班幼儿提供的材料要简单易操作，一般以 2~4 种为宜，因为中班幼儿的目的性差，如果给中班幼儿的材料种类过多，会转移他们的注意力。教师要在尊重幼儿意愿的前提下做好分组工作，讲解角色轮换的原则，让幼儿自愿选择或接受角色。在游戏最初开展阶段，教师不要过多干预幼儿的游戏，要耐心等待幼儿协商、讨论，提醒幼儿坚持游戏主题。游戏展开阶段，教师应提高幼儿的角色表现意识。教师要以开放的心态指导游戏，帮助幼儿识别问题，耐心等待幼儿协商、讨论，引导幼儿解决问题。

案例呈现

喜羊羊和灰太狼

游戏开始之初，扮演灰太狼的幼儿模仿表情、动作时比较生硬，孩子们向扮演者提出了许多建议，有的说要把眼睛眯起来，有的说要把头转来转去以表现灰太狼的心虚样，扮演者听取了大家的建议进行了改进，一段时间后，"灰太狼"的表情就栩栩如生了。在表演的情节中，有一个"灰太狼被箭射中了"的场景让幼儿很是为难，大家认为，真的箭不能用，会让小朋友受伤，不用的话，观众们又不知道到底怎么回事。在大家讨论之后，有一位幼儿提出，用假的箭斜绑在灰太狼的身上，表示被箭射中了，获得了大家的一致认可。

资料来源：杨丽娟.浅析儿童本位的幼儿园表演游戏指导策略——以中班表演游戏"喜羊羊和灰太狼"为例[J].山东教育，2018（Z2）：66-68.

（三）大班表演游戏的特点及指导要点

大班幼儿表演游戏的特点是能独立完成角色分配任务，有很强的角色更换意识，游戏的目的性、计划性较强，能够在游戏前有目的、有意识地讨论协商游戏的角色分配、任务、出场顺序等。大班幼儿具有一定的表演意识，能力强的幼儿还能提醒没有进入游戏情境的同伴，嬉戏性行为和无所事事行为明显减少。幼儿具备一定的表演技巧，能够注意用相对符合角色的语气、语调和表情进行表演。此外，大班幼儿有一定的观众意识，在表演中期望能够得到观众的认可。但是总体来说，大班幼儿的表现技巧仍有待提高，他们驾驭语言、动作、表情等的表现能力仍然有限。

由于大班幼儿已经基本具备独立进行表演游戏的能力，所以教师在表演游戏的最初阶段，除了提供时间、空间和种类较多的基本游戏材料外，应尽可能少地干预，如果教师过多干预往往会限制幼儿主体性的发挥。随着游戏的展开，教师应该及时给幼儿提供反馈，提高幼儿表现故事、塑造角色的能力。反馈的侧重点应在如何塑造角色。要引导幼儿注意运用语气、语调、夸张的动作、生动的表情来塑造角色。教师可以用讨论的方式和群策群划的方式帮助幼儿注意与提高这方面的能力，教师也可以扮演角色参与幼儿的游戏。同时多组织一些反思性谈话和小组讨论，在对游戏的现有角色、情节进行理解和丰富的基础上，启发幼儿运用想象创造性地表现文学作品中的角色言行，以确保表演游戏的趣味性和幼儿创造性表现能力的同步实现。教师切忌在表演过程中对幼儿的表演横加干涉，随意打断或在旁不停地喊叫、指挥，这样会使幼儿的表演完全处于被动状态，失去了游戏本来的意义。此外教师还应强化幼儿的舞台意识，幼儿有时会沉浸于自我表演中而忽视观众的存在，教师可以观众的身份介入，提示幼儿面向观众或侧向对话让观众看得更清楚，适当调整音量让观众听清楚，使幼儿表演的可视性更强。

案例呈现

三借芭蕉扇

在游戏《三借芭蕉扇》分享环节中，扮演"猪八戒"的辰辰在用动作表现被火焰山上的火烧到屁股时的场景时，边双手捂住屁股边张大嘴巴呼叫"哎呀呀哎呀呀，烧死我了，快把我烤成猪肉干了"，他边喊边兜圈狂跑，夸张的表情、尖锐的声音逗得同伴们一阵狂笑。笔者也忍不住笑着说："呆子，幸亏你跑得快，要不然真变成烤猪喽。"幼儿听完笑得更欢了，笔者感觉到幼儿对这个情节特别感兴趣，可以顺势在这个情节上拓展一下，于是等笑声过后紧接着启发："孩子们，如果你扮演猪八戒，你还有什么不一样的方式可以表现被火烧到屁股吗？"霖霖马上举手，没想到他一上台，就躺在地上，双手抱头在地上来回翻滚，紧锁双眉，嘴巴紧闭，一副很痛苦的样子，全班小朋友都看傻眼了，不知道霖霖小朋友躺地上在干什么。笔者心里暗暗拍手称绝：霖霖小朋友正是因为有扑灭身上火苗的知识经验，他表现的方式才那么与众不同。于是笔者假装很惊喜地回应："八戒，为师发现你越来越聪明了。瞧，地上滚一滚，你屁股上的火一下子就被扑灭了。"其他幼儿一听，瞬间明白了霖霖小朋友的特别表现，送上了佩服的掌声。紧接着飞飞和豪豪上台合作表演，飞飞脱下外套，用外套边拍打豪豪屁股上的火边喊："二师兄，不好啦，火越来越大了，我们赶紧往回撤吧！"豪豪边配合着往回跑边叫："猴哥啊，你借的什么破扇子，快烧死俺老猪啦。"他们生动有趣的合作表演引来了同伴的热烈掌声，轻松的气氛一下子就激发了幼儿表现的灵感，也拓宽了幼儿的思路，每个小朋友都跃跃欲试，想呈现自己独特的表演……

资料来源：陈伟华．大班表演游戏《三借芭蕉扇》中教师的指导策略 [J]．家长，2021（10）：165-166.

真题在线

大班的江老师出差两天，回来以后，孩子们都过来告亮亮的状，说亮亮总是搞破坏。亮亮说我不是搞破坏，我是孙悟空，我在打妖怪。晶晶说，我不是妖怪，我是唐僧，其他孩子也说我不是妖怪，我是玉皇大帝。还有的说我也是孙悟空，我要扮演孙悟空。孩子七嘴八舌，早就忘记了告状这件事。都在讨论自己要扮演什么。

问题：请设计谈话活动，从孙悟空的行为目的和意义开始，将幼儿的破坏性扮演行为引导成表演性游戏行为。要求写出名字、目的和活动过程。

项目三 表演游戏设计与组织能力实训

一、表演游戏观察记录

（一）实训目标

（1）知道幼儿进行表演游戏的基本流程。

（2）能够设计出表演游戏观察记录表，提高观察记录、分析评价幼儿表演游戏行为的能力。

（二）实训完成形式

个人独立完成。

（三）实训指导书

设计表演游戏观察记录表，如表 4-2 所示。

表 4-2 表演游戏观察记录表

游戏名称：_____ 班级：_____ 指导老师：_____ 观察者：_____ 观察时间：_____

观 察 线 索	幼 儿 名 称		
表演主题确定			
场景、服装道具的选择和制作			
角色意识与角色互动			
表演技能（语言、动作、表情等）			
新颖性与创新型			
游戏时间			
游戏常规的遵守			
游戏环境创设与教师的指导			
游戏评析			

（四）实训评价

评价学生表演游戏观察记录表设计的合理性，评价体系由学生自评、组内评价、教师评价三部分构成，按学生自评 20%、组内评价 30%、教师评价 50% 的比例确定最终成绩。

表演游戏观察记录实训评价表如表 4-3 所示。

表 4-3　表演游戏观察记录实训评价表

姓名：＿＿＿＿＿＿　班级：＿＿＿＿＿＿　学号：＿＿＿＿＿＿　组名：＿＿＿＿＿＿

评价主体 评价内容	学生自评	组内评价	教师评价	评分理由	总　　分
观察线索设定					
表格绘制形式					
语言表达方面					
知识运用能力					
记录与评析能力					

二、表演游戏基本技能训练

（一）实训目标

（1）手影表演：培养学生用手影来表现常见动物造型的能力。

（2）木偶表演：培养学生操纵手指木偶、纸片木偶等进行故事表演，以及用生动的语言、表情、动作讲故事的能力。

（3）综合表演：培养学生运用绘画和手工的技法制作表演服装、道具的能力以及综合运用语言、表情、动作、歌曲、舞蹈等多种技能进行表演的能力。

（二）实训完成形式

小组合作完成。

（三）实训指导书

表演游戏基本技能训练实训任务如表 4-4 所示。

表 4-4　表演游戏基本技能训练实训任务

班级：＿＿＿＿＿　组名：＿＿＿＿＿　小组成员：＿＿＿＿＿＿＿＿

项目	表演游戏	
任务	表演游戏基本技能训练	
任务内容	任务条件	任务要求
手影表演	幕布	练习并掌握各种手影动物造型
木偶表演	各种造型的木偶	自选故事，自制手指木偶、纸片木偶进行故事表演，并能准确把握人物性格特点，处理好角色的语气、声调和情感
综合表演	自选一个儿童舞台剧	分组排练选好的舞台剧，每 6~8 人一组，各组自行确定每人的角色，共同制定场景和道具，表演形式自定，最终成品以视频形式展示汇报

实训素材：各种手影如图 4-9 所示。

图 4-9　手影图片

（四）实训评价

教师与学生共同商议实训任务"表演游戏基本技能训练"完成标准，评价体系由学生自评、小组互评、教师评价三部分构成，按学生自评 20%、小组互评 30%、教师评价 50% 的比例确定最终成绩。

表演游戏基本技能训练实训评价表如表 4-5 所示。

表 4-5　表演游戏基本技能训练实训评价表

姓名：_____　班级：_____　学号：_____　组名：_____

评价主体 评价内容	学生自评	小组互评	教师评价	评分理由	总　　分
手影造型					
语言表达能力					
动作表情表现能力					
木偶操作能力					
服装道具制作能力					
表演主题选择					
综合表演能力					
团队协作能力					
创造创新能力					
视频制作能力					
参与评析能力					

三、表演游戏活动设计

（一）实训目标

（1）根据幼儿年龄特点设计表演游戏活动方案并按一定的格式编写活动设计方案。

（2）能根据设计的活动方案进行模拟教学。

（二）实训完成形式

小组合作完成。

（三）实训指导书

表演游戏活动设计实训指导书如表4-6所示。

表4-6　表演游戏活动设计实训指导书

姓名：_____　班级：_____　学号：_____　组名：_____

活动名称	
活动目标	
活动准备	
活动过程	

范例参考

大班表演游戏：金鸡冠的公鸡

一、活动目标

（1）理解作品中的重复式结构情节，学习故事描述性语言和人物的主要对话，并通过语言、动物、表情等表达对作品的理解。

（2）懂得公鸡贪吃、又爱听恭维话是上当受骗的主要原因。

（3）丰富词汇：探、叮嘱、严厉、黑油油、急腾腾、高竿竿。

（4）培养幼儿热爱文学活动及对表演活动的参与热情。

二、活动准备

（1）材料准备：与故事情节相应的画面，与作品人物有关的头饰、桌面教具一套。

（2）知识经验准备：让幼儿熟悉故事的情节、人物的对话及角色的性格特点，并会复述故事。

三、活动过程

（一）第一次游戏

（1）教师边演示边讲述故事《金鸡冠的公鸡》。

（2）通过提问，引导幼儿逐一理解故事的主要内容和公鸡一次次被狐狸抓住的原因。（引导幼儿理解角色的特点：公鸡的贪吃、爱听奉承话；狐狸的狡猾；猫和画眉鸟的机智、勇敢。）

（3）幼儿再次欣赏故事，侧重让幼儿学习人物之间的对话；帮助幼儿理解"探""黑油油""急腾腾""高竿竿"等。

（4）延伸活动：教师和幼儿共同讨论准备家、森林、河流、山。公鸡、画眉鸟和猫的头饰，琴、篮子等简单道具，为表演做准备。

（二）第二次游戏

添置材料：卡纸、糨糊、水彩笔、透明胶等，篮子、粉笔等。活动指导的内容如下。

（1）欣赏故事录音，引导幼儿回忆故事内容。

（2）引导幼儿分角色讲述故事，重点练习狐狸、公鸡等的角色对话，并尝试运用不同的语气、表情表现角色的性格特征、动作。

（3）出示一部分物品，幼儿观察后分组讨论有关人物、道具，一人记录，鼓励幼儿大胆想象，积极寻找代替品或自制道具。

（4）幼儿分组表演（强调幼儿注意遵守游戏规则），一组幼儿持纸偶在老师的指导下分段表演故事；其他幼儿自由表演《狼和小羊》《小熊请客》等。

（三）第三次游戏

添置材料：自制的小道具、家、森林等的环境创设等。指导要点如下。

（1）帮助幼儿学习一些有难度的对话，鼓励幼儿大胆地表现表情和动作。

（2）引导幼儿分组表演故事，提醒幼儿在指定地方游戏。重点帮助幼儿掌握角色出场的顺序。（提出表演规则：轮到谁表演谁出场，其他人要注意观看，不吵闹，不乱跑。）

（3）启发幼儿协商、轮流扮演各种角色。

① 重点引导幼儿选择角色、物品、场地进行表演。

② 鼓励幼儿以强带弱，协商、轮流扮演各种角色，培养规则意识及合作游戏的意识。

（四）第四次游戏

（1）教师出示个别孩子的作品或教师自制道具，激发幼儿的制作兴趣和创造性。

（2）引导幼儿分组（强弱搭配）、自己创设环境，自由选择道具（桌面、纸偶、服装）表演。

（3）鼓励能力强的幼儿发挥想象，不离主题变换一些动作、语句，使用道具替代情节中的物品创造性表演。

资料来源：谢应琴，彭涛. 学前儿童游戏活动设计与指导项目化教材 [M]. 北京：化学工业出版社，2015：83-85.

其他表演游戏范例可扫描下方二维码观看并参考。

自身表演 猴吃西瓜	自身表演 没牙齿的大老虎	手指舞 小熊请客	木偶戏 猴子捞月

木偶戏 狼来了	影子戏 小蝌蚪找妈妈	影子戏 三只小猪盖房子

（四）实训评价

教师与学生共同商议实训任务"表演游戏活动设计"完成标准，评价体系由学生自评、小组互评、教师评价三部分构成，按学生自评20%、小组互评30%、教师评价50%

的比例确定最终成绩。

表演游戏设计实训评价表如表 4-7 所示。

表 4-7　表演游戏设计实训评价表

姓名：＿＿＿＿＿＿　班级：＿＿＿＿＿＿　学号：＿＿＿＿＿＿　组名：＿＿＿＿＿＿

评价主体 评价内容	学生自评	小组互评	教师评价	评分理由	总　　分
活动名称					
活动目标					
活动准备					
活动过程					
语言表达能力					
仪表仪态					
组织能力					
团队合作					
游戏趣味性					
参与评析能力					

思考与练习

1. 什么是表演游戏？表演游戏有哪些特点？

2. 表演游戏的作用有哪些？

3. 论述不同年龄班幼儿表演游戏的特点和指导要点。

4. 某教师在语言活动"小乌龟开店"的基础上组织了一次表演游戏。教师一一出示提前准备好的道具。介绍完道具，配班老师带领全班幼儿"开火车"离开活动室去"剧场"看表演，主班老师忙着在活动室里布置场景：一家花店、一家书店、一家气球店。场地布置好了，幼儿由配班老师带领进"剧场"。主班老师提问："谁愿意上来表演？""哗！"几十只小手举了起来。教师挑了五个没有举手而上次语言活动表现又不太好的幼儿上来表演。表演时，教师不停地提示孩子们对话，做动作。第二轮，教师请了五个"做得好的孩子"来表演，五个孩子表演同一个角色。教师还是不时地按照故事情节规范语言，纠正孩子们的动作。好多孩子忙着摆弄有趣的道具，忘了表演，教师又不停地提醒……

问题：请对上述案例老师的游戏指导行为进行评价。

实践与运用

1. 请与同伴一起选定一个文学作品开展表演游戏，创设好游戏环境并制作服装道具，用视频的方式呈现游戏过程。

2. 自选主题，为大班设计一个表演游戏活动。

3. 到幼儿园观察幼儿的表演游戏，利用自己设计好的游戏观察记录表，进行游戏记录与分析，并提出有针对性的指导建议。

主题五　结构游戏

🔅 学习目标

知识目标

1. 掌握结构游戏的含义、特点、种类以及作用；

2. 掌握结构游戏指导的基本任务及不同年龄班结构游戏的特点和指导要点。

能力目标

1. 能够根据幼儿身心发展特点制订结构游戏活动计划；

2. 能够用积木和积塑等材料构件进行主题建构活动；

3. 掌握组织与指导结构游戏活动的基本技能。

素质目标

1. 对结构游戏有正确的认识和积极的学习态度；

2. 喜欢各种建构活动，积极参加结构游戏活动实践；

3. 具备设计、组织、指导和评价结构游戏的基本素质。

知识导图

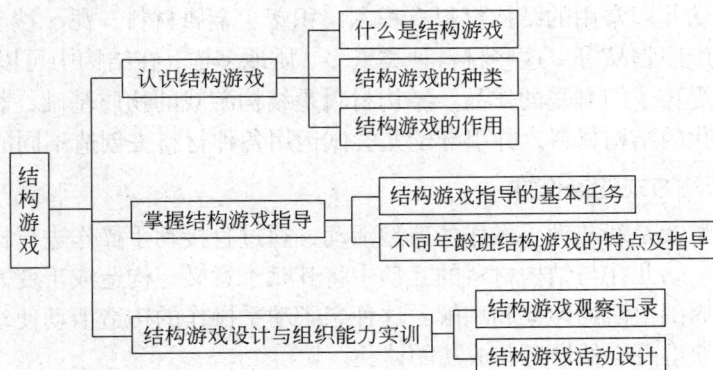

💻 问题导入

幼儿园活动区活动时间，在"娃娃家"画画、看书、玩玩具等活动中，小明选择了去积木区搭积木。积木区有四个小朋友。起初，他们各搭各的。

小明搭了一个"停车大楼"。他还想搭一条"高速公路"，但是没有地方了，他就把旁边小红搭好的"楼房"推倒了。小红不干了，就去报告老师。老师了解了事情的原委以后，批评小明不该推倒小红的"楼房"，并且建议他们两人合作，一起搭"高架桥"和"高速公路"。小明和小红接受了老师的建议。最后，另外两个小朋友也参与进来，他们合作搭建了"公园""机场""高架桥""高速公路"等"建筑物"。

资料来源：刘焱.幼儿园游戏与指导[M].北京：高等教育出版社，2012：14.

问题：什么是结构游戏？教师应怎样组织与指导结构游戏？

项目一　认识结构游戏

一、什么是结构游戏

（一）结构游戏的含义

结构游戏又称建构游戏，是指幼儿按照自己的兴趣和需要利用各种不同的结构材料，通过构思、造型、构造物体等一系列的活动，丰富而生动地再现现实社会生活中各种物品以及建筑物。结构游戏取材非常广泛，可以分为三种：有积木、积塑、胶粒、雪花片等专门的建构材料；有沙、石、水、土、泥、雪、树枝、树叶等自然的建构材料；有瓶子、挂历、纸盒、绳子等废旧物品和半成品的建构材料。结构游戏是幼儿喜欢的自主性、创造性的游戏，它有着自身的特点、结构和价值。在幼儿园组织和开展结构游戏是实施全面发展教育的重要内容和手段。

（二）结构游戏的特点

1. 游戏材料的多样性

结构材料能激发幼儿的建构兴趣，不同性质的结构材料会对幼儿的结构活动产生不同的影响。幼儿园常用的结构材料有积木、积塑、金属材料、泥、沙、水、雪以及生活中随处可得的废旧物品等。这些材料种类繁多、质地多样，在结构中可以随意变换、互相搭配，创建出深受孩子们喜爱的作品。结构材料是结构游戏的物质基础，教师应尽可能地为幼儿提供多样化的结构材料，并引导幼儿尝试运用各种材料去创造不同的作品。

2. 游戏方式的操作性

结构游戏是幼儿动手操作的造型活动，通过直接动手操作进行构造是结构游戏的主要活动方式。幼儿在与结构材料的互动中将其赋予意义，构造成千变万化的形象，借此来表现自身对周围生活的印象和理解。这种亲子动手操作的构造活动使幼儿的活动需求得到了满足，并获得身心的愉悦和成功的体验。

3. 构造过程的创造性

结构游戏是幼儿在原有的结构经验的基础上，充满想象地模拟建造。结构材料的丰富性和结构方式的灵活多变，使游戏者面临各种不确定性和挑战性，这为幼儿的创造性发展提供了契机。幼儿在构造过程中边做边想，想象和操纵互相促进，表达自身对周围生活的认知。在构造过程中，幼儿还会选择用相近或相似的材料组合并将其改造成可用的结构材料，体现了思维的概括性和变通性，这正是幼儿创造性思维的重要体现。因此，在结构游戏中，幼儿不只是简单地模仿，还有创造性的表现与表达。

4. 结构作品的艺术性

结构游戏是一种造型游戏，幼儿在游戏中需要了解物体的色彩、比例、布局等艺术造型的简单原理，构造出物体的形象和轮廓，表达自己独特的审美体验。从作品结果的呈现来看，幼儿拼搭的结构物充满奇思妙想，有着独一无二的童趣，这也使结构游戏成为幼儿特别钟情的创造性游戏之一，幼儿在游戏中可以体会到表现和表达的快乐。

二、结构游戏的种类

结构游戏以多种形式呈现，按照不同的标准划分为不同类型。

（一）按结构材料的类型分

1. 积木搭建类游戏

利用拼接、垒高、砌接等方法将积木等结构材料连接起来表现物体的形象，是幼儿园开展较早较为普及的一类结构游戏。

拓展阅读

积木的种类

积木的种类有很多，按照大小可以分为大、中、小型积木，其中大型积木多为空心积木。小型桌面积木（图5-1）适合幼儿独自进行桌面建构游戏，中型单元积木（图5-2）和大型地面空心积木（图5-3）一般适合几个幼儿在地面进行合作建构。

图5-1　小型桌面积木　　　　图5-2　中型单元积木　　　　图5-3　大型地面空心积木

1. 单元积木

单元积木通常为原木色，是幼儿园最基本的建构活动材料，是美国教育家卡洛琳·普瑞特设计发明的一套积木，其特色是保持了木质的原色，包括半单元积木、单元积木、双单元积木、四倍单元积木、柱形积木、小圆柱体积木等。

2. 大型地面空心积木

大型地面空心积木比较适合让幼儿在户外或者较大的室内空间开展建构游戏，可以为幼儿提供与单元积木不同的建构游戏经验。利用这种积木，幼儿可以创造一个属于他们自己的世界。如"房屋、桥梁、船舶、高速公路、火箭发射台"等。他们可以在搭建的成果上玩游戏，开展各种想象的游戏活动。同时搬运积木也可以锻炼幼儿的手臂力量和携重物行走的能力。

积木的历史简介

积木是公认的传统意义上的建构游戏材料，它拥有悠久的历史。17世纪，英国思想家洛克制作了一套帮助儿童认识字母的积木，但其并非现在人们所认识的积木。具有现代意义的积木来源于福禄贝尔的"恩物"。"恩物"中第三到第六种材料是把木质正方形按照不同的分割法分割而成。这些可以自由分割和组合的木质立方体就是现代积木的最初形式。20世纪初，美国进步主义幼儿园运动的主要领导人之一帕蒂·希尔为儿童设计了可以在地面上玩的大型空心积木——希尔地面积木。这些积木在尺寸上比福禄贝尔的积木足足大16倍，其基本形状是长方形。一套空心积木共有五块，一块半个方形积木，一块双倍的方形积木，两块长形平板积木和一块斜坡积木。这些积木保持原木本色，且积木的一边开放，在积木的角落上还装有槽。用这些大积木搭好的建筑物可以用钉子、铜线等加固变成房子、邮局、商店、饭店等，儿童可以进入其中游戏。在希尔的空心积木的启发下，美国教育家卡罗琳·普拉特潜心设计了单元积木。单元积木用原木制成，以一个长方形积木为基本单元，其他积木的大小都在此基础上呈倍数或分数的比例关系。单元积木还有正方形、长方形、三角形、拱形、半圆、圆柱等多种形状。普拉特还设计了各种木制人物和动物作为单元积木的辅助材料，儿童借助这些辅助材料来丰富其建构游戏。此后，人们在单元积木的基础上进一步研究和改进积木，使之更符合儿童建构游戏的需要。于是，出现了现在市面上琳琅满目的积木品种。在普拉特设计单元积木的同时，欧洲的蒙台梭利也设计出了用于训练儿童感觉的蒙台梭利教具。其中用于方向视觉辨别的粉红塔、用于宽度与高度视觉辨别的棕色楼梯、用于长度视觉辨别的红色木杆都是木质建构材料，这也成为积木的一种。

资料来源：姜晓燕．学前儿童游戏教育[M]．北京：教育科学出版社，2012：71．

2．积塑插接类游戏

用塑料制作的各种形状的片、块、粒、棒等部件，通过接插、镶嵌、扣接、齿轮接、组装接等方法组成各种物体或建筑物模型的游戏（图5-4）。积塑轻便耐用，便于清洁，可组合性非常强，可建构的范围也非常广。

3．自然物结构游戏

运用沙水土、冰雪等自然材料表现建筑物形象的游戏。沙水土、冰雪都是不定型的建构材料，幼儿可以随意操作，由此生发的游戏贴近生活，简便易行，深受幼儿的喜爱。

我国南方盛产竹子，竹子被制成各种大小、长短的竹片、竹筒等，可以供幼儿进行构造物体的游戏。此外，生活中的一些物品，如火柴杆、塑料管、冰棒棍、金属片、包装盒等也是适合幼儿开展结构游戏的材料。

图5-4　雪花片

（二）按建构作品的复杂程度分

1. 单元式结构游戏

单元式结构游戏是幼儿对基本建构技能的探索与学习，这种形式适合对周围生活以及物体形象的观察不深入而缺乏相应经验的小班幼儿（图5-5）。教师可以根据幼儿的认知及年龄特点重点开展单元式的建构技能游戏，如单一的搭建房子、小花、飞机、轮船等，从中掌握最基本的建构技能。

2. 主题式结构游戏

随着年龄的不断增长和游戏技能的提高，幼儿不再满足于简单的单元式结构游戏。在建构的过程中，幼儿逐步发展到与同伴合作、商量并设计搭建图纸，添加辅助材料等更为复杂的主题式结构（图5-6）。例如，在"我们的社区"游戏中，幼儿不只是满足于搭建各种各样的房子，还会去规划社区，思考社区的其他设施及其功能，并通过合作建构将其表现出来。一般而言，主题建构较适合在中大班开展。

图 5-5　单元式结构游戏

图 5-6　主题式结构游戏

三、结构游戏的作用

结构游戏是幼儿利用各种不同结构材料动手造型的活动，构造物体或建筑物，实现对周围现实生活的反映，它融操作性、艺术性、创造性于一体，结构游戏不仅能丰富幼儿的主观体验，发展幼儿的动手能力和建构技能，更重要的是能使幼儿在协商、谦让、交换的游戏氛围中，学会分享与合作，尝试开拓与创新，体验成功与挫折，从而实现幼儿的全面发展。

（一）促进幼儿动作精确性及手眼协调能力的发展

在结构游戏时，幼儿不停地动手操作，在对结构材料的排列、接插、镶嵌、编织、旋转、组合、搭建及搓、揉、捏、剪等动作中，充分地发展了感知运动技能，特别是发展手的小肌肉活动，促使幼儿动作越来越精确，同时还可以锻炼幼儿准确的目测力，有利于幼儿手眼协调能力的迅速发展；玩大型积木和积塑可以锻炼大肌肉运动的协调发展，儿童在搬运大型结构材料时可以感受到身体重心的变化，锻炼载物行走的能力；户外的玩沙、雪等结构游戏可以使儿童多接触新鲜空气，增强儿童对环境的适应能力，促进儿童骨骼、关节的灵活与协调，使儿童全身都得到活动。

（二）促进幼儿认知能力的发展

皮亚杰的发生认识论告诉我们，幼儿的认知发展是在其不断地与环境的相互作用中获得的，幼儿的年龄决定了他们对世界的认识还是感性的、具体的、形象的，思维常常需要动作的帮助；他们对物质世界的认识还必须以实物为中介，在很大程度上借助于对物体的直接操作。在结构游戏中，幼儿通过亲自动手操作材料，获得有关建构材料的大小、颜色、性质、形状和重量等方面的知识，并获得了一些空间概念和数学的概念，如重心、平衡、对称、色彩调配、比例、分类、空间关系等。幼儿在使用各种形状、尺寸的建构材料丰富幼儿知识的同时，也发展了幼儿的感知觉、观察力、记忆力和想象力。在结构游戏中，幼儿会遇到很多困难，如作品重心不稳、作品不能体现物体的特征等，这就需要幼儿运用已有的知识和能力分析问题，寻求解决问题的方法，从而发展幼儿解决问题的能力。

结构游戏水平可以反映儿童的智力发展水平，而结构游戏的开展又能促进儿童智力的发展。斯坦福比纳智力量表中，要求两岁的儿童搭建一座木桥，而丹佛儿童发展筛选量表中也用搭积木的方法测试儿童的发展水平。一些相关研究表明儿童的智力与社会戏剧游戏和结构游戏水平呈正相关。我国陈会昌等（1987）"采用结构玩具教学对幼儿创造性发展的影响"的实验研究也表明：选用需要较复杂动作，具有"多机能对象替代作用"的积塑构造玩具，有助于儿童创造性思维的发展。

（三）促进幼儿的社会性发展

为了单个物体或主题建构活动，幼儿需要与同伴合作。合作是幼儿为了一个共同的目标而进行的协调行动。它不仅是幼儿有效探索、学习不可缺少的条件，也是现代人才尤为需要的基本素质。在从事结构游戏特别是构建内容比较复杂的主题时，幼儿会相互交流、相互帮助，这种交往不仅有益于幼儿对物质世界的认识，而且有益于幼儿对人类社会生活的认识；不仅有益于幼儿认知能力的发展，而且有益于幼儿社会性的发展，有利于他们合作精神的培养。

（四）促进幼儿审美能力的发展

结构游戏和美术活动相近，是一种艺术造型活动，是幼儿在掌握结构技能的基础上运用结构材料进行创作的过程。它既是幼儿感受美、欣赏美、表现美的过程，也是幼儿艺术感受力与表现力不断提高的过程。

在结构游戏中，孩子们构造一个个物体、创造一个个主题，从单个物体造型到整体设计，从搭配色彩到协调比例，从注意美观大方到切实可用，无不表现出他们创造美的能力。同时，结构游戏的作品在形状、颜色、各部分的比例等方面，要求对称、协调和美化，这些同样可以培养儿童的艺术兴趣和感受美、表达美的情趣，提高他们的审美能力。

（五）促进幼儿良好意志品质的发展

在结构游戏中，有时一个结构部件需要几个、十几个甚至几十个单元件的组合，这对培养幼儿细心、坚持克服困难的品质有很大意义。只有认真操作，克服困难，同心协力，坚持到底，有始有终才能成功建构。幼儿为了能构造成自己想构造的物体，需要不断地努力去克服困难，以达到结

微课 5-1-3
结构游戏的含义、
分类与意义

构游戏的目的。这就有利于培养幼儿活动的目的性和勇于克服困难的良好意志品质。

（六）有助于培养幼儿的生活情趣及对生活的热爱

结构游戏是幼儿反映现实生活的游戏活动。幼儿进行的改造活动，反映了他们周围生活中发生的各种变化，反映了他们生活中常见的各种典型的事物和情景，因此，能培养幼儿对周围事物的兴趣和对生活的热爱。

项目二　掌握结构游戏指导

一、结构游戏指导的基本任务

结构游戏的顺利开展，需要教师把握三大任务：游戏前的准备、游戏中的指导以及游戏后的评价。

（一）游戏前的准备

1. 建构主题的确定

结构游戏是学前儿童的创造性活动，教师在活动中要注意引导学前儿童产生新的建构主题，帮助学前儿童创造性地建构新的造型。

（1）根据活动需要、教师提议确定主题

学前儿童的建构活动往往是盲目、无意识地摆弄各种材料，缺乏稳定的建构主题。教师要关注学前儿童的经验，通过组织参观、谈话、绘画、作品展览等形式，拓宽学前儿童的思路。例如，教师在开展小班学前儿童拼插桌子前，首先要求学前儿童观察家里的桌子有几条腿，桌面是什么形状；接着教师带领学前儿童参观家具店，进一步了解各种造型的桌子；然后师生共同收集各种桌子的图片，布置在教室里，开阔学前儿童的视野。经过一个阶段的活动，学前儿童拼插出来的作品丰富多彩，体现出很强的创造性。教师可根据近期班级活动主题的需要，提议确定建构主题。例如，搭建飞机后可以建造飞机场；拼插动物后，教师可以用学前儿童的作品布置动物园，引导学前儿童从模拟建构中生成主题。当学前儿童有了初步的建构能力，他们在搭建的过程中就经常会突发奇想，形成简单的主题。

（2）关注学前儿童的想法，挖掘生成建构主题

《幼儿园教育指导纲要》中明确指出："教师应成为幼儿学习活动的支持者、合作者、引导者。"教师在游戏中应注意观察学前儿童的建构行为，关注他们的想法，结合生活经验，引导他们自由想象，挖掘、生成建构主题。例如，学前儿童围坐在老师的身边，聚精会神听《小猪盖房子》的故事，听完后，他们情不自禁地夸奖小花猪："真聪明，用砖头造房子，坚固又结实。"随后，在自由活动中，他们不停地讲造房子的事，许多学前儿童都提议："像小猪那样，我们也来造房子。"于是"造房子"这一建构主题就诞生了。

（3）教师启发引导，生成延伸建构主题

在结构游戏中，一个主题的产生比较容易，但如何在一段时间里稳定主题，并使主题得到发展，是个值得探讨的问题。通过教师的引导，启发学前儿童在原建构主题的基

础上生成新的主题内容，是一个被实践证明比较有效的办法。例如，在进行主题为"宾馆"的结构游戏时，学前儿童通过各种途径获得了许多宾馆建筑物的造型形象，但几次的建构活动一直停留在宾馆造型的修饰以及外形的细微变化上。教师针对这种情况及时引导，提出："怎样才能消除宾客的疲劳呢？如何增添他们游玩的内容呢？"学前儿童顿时灵感迸发，纷纷提出了各种设想和建议，先后在宾馆附近修建了大型的游乐场、雅致的咖啡馆、小巧的茶亭，还在宾馆外用彩纸拉了一条蜿蜒的河流，河流上架了一座九曲桥，桥头筑搭"姜太公钓鱼台"，又利用各种辅助材料陆续修建了彩灯喷泉、绿化林、假山等。在深化游戏主题的基础上，生成了新的建构主题，也使学前儿童的想象力得到了极大的发展。

2. 丰富相关生活经验

由于缺乏生活经验，学前儿童建构作品一般以模仿教师提供的范例为主，容易产生千篇一律的造型。因此，教师在日常活动中要注意丰富学前儿童的生活经验，积极培养学前儿童仔细观察周围事物的习惯。从日常生活中经常接触的、熟悉的物品入手，引导学前儿童注意观察物体的主要特征，感受建筑中的造型美，感知物体和建筑物各部位的名称、形状、结构特征、组合关系与色彩特点。例如，在观察房子时，教师可以引导学前儿童观察房顶、墙面、门、窗的形状和颜色，门和窗的位置安排等。对周围物体和建筑物的形状、结构的观察与体验，不仅有利于学前儿童通过构造再现生活中的真实物体，还能促使学前儿童触类旁通地对物体进行加工创造。除此之外，教师可以与家长通过不同形式，带学前儿童实地参观，了解游乐园、小区等环境的具体布局，收集、整理有关模型、图片、录像，经常用谈话、绘画等方式丰富和加深学前儿童对物体和建筑物的印象。总之，学前儿童脑海中积累的感性物象越多，构造的表现力、创造力就越强。

3. 提供适宜的建构材料

学前儿童是建构活动的主体，教师只有了解学前儿童的兴趣点和需要，才能为学前儿童提供适宜的材料。结构玩具数量与学前儿童游戏的社会性互动水平成反比。玩具数量增多，社会性合作较少，攻击性行为就会减少；玩具数量减少，社会性接触、攻击性行为就会增多。

（1）认识建构材料，探索使用方法

①教师应引导学前儿童认识、了解建构材料的形状、颜色、大小等特征，熟悉材料的操作方法。②教师应深入探究已有材料的玩法，分析已有材料的特点，明确每种材料在培养学前儿童哪些方面的能力上作用更明显，进一步探索更多的新玩法。例如，雪花片可以用来拼插各种立体形象，也可以用来拼摆小路、地板等平面造型；拼字积木可以拼字、拼房子，也可用来作多米诺骨牌。③使学前儿童学会选用建构材料构造物体，会灵活使用建构材料。

（2）针对年龄特点，提供适宜材料

游戏活动材料的投放影响学前儿童的游戏水平，因此教师应充分利用现有的游戏条件，因地制宜地利用废旧物品，为学前儿童设计游戏材料。在结构游戏中，教师要关注学前儿童和材料，要有目的、有计划、有针对性地投放材料，且投放的结构材料的材质、规格要适度、丰富，以引发学前儿童的自主游戏。大、中型空心或软体的积木和积塑、沙、水等都是学前儿童喜欢且适宜的建构材料。材料的准备要体现不同的年龄特点及不同的游戏水平。

为了便于大家学习与理解，不同年龄班幼儿结构游戏材料投放，如表 5-1 所示。

表 5-1　各年龄班结构游戏材料投放

幼儿年龄班	材料投放说明
小班	幼儿的小肌肉灵活性稍欠，精细动作不太成熟，因此，在使用小型材料时比较吃力，如塑粒等，可以多为他们提供体积相对较大又较轻的材料，体积较小的材料可以少些，材料的种类不宜太多，让他们逐步认识不同的结构材料，如提供的材料种类太多，幼儿的注意力就集中在材料本身上了，很难专注在建构上，反而会不断地更换材料，因此种类不宜太多，但同种材料可以多份。适当地提供一些幼儿常见的、颜色鲜艳的辅助材料，帮助幼儿发展游戏主题，增加游戏兴趣
中班	幼儿的动作比小班有所发展，游戏的社会性合作和建构水平都在不断提高，因此，可以逐步增加材料的种类，如小型材料、橡皮泥、废旧物品等，大小材料都应准备。每种材料的数量也不宜太多，为幼儿的合作提供更多的机会。由于幼儿活动范围增大，生活经验增加，这时为幼儿提供的辅助材料种类也应相应增加
大班	幼儿的动作、建构水平、社会性合作水平都比小中班幼儿提高了不少，因此，为大班幼儿提供的建构材料和辅助性材料可更加丰富，如添加一些不规则的材料，提高幼儿的想象力和创造性

（3）师生共同讨论、收集建构材料

教师要关注学前儿童感兴趣的话题，与学前儿童共同讨论和准备所需材料。不同的搭建主题需要的辅助材料各不相同，教师通过讨论了解学前儿童对辅助材料的所需情况，能有效激发学前儿童参与准备辅助材料的积极性，增强学前儿童使用材料的目的性。在学前儿童积累了一定的搭建经验后，根据结构主题的发展及学前儿童的兴趣需求，师生共同讨论建构材料，一起收集建构材料并提供恰当的建筑辅助材料（如路灯、汽车、大树、桥面等），增强结构游戏的趣味性。

教师应为中班和大班提供丰富、有变化的游戏材料，并鼓励学前儿童参与材料的收集、设计和制作。这样既丰富了游戏主题，又能发挥学前儿童的主动性和创造性。学前儿童设计和制作游戏材料是游戏的一部分，如木板、纸板、纸棍、塑料、绳线、不规则且较精细的积木、积塑、火柴棒、塑料管、冰棒棍、糖纸、金属配件等都是学前儿童首选且百玩不厌的好材料。例如，当"车展"成为班中的热点话题时，教师发现这一契机，引导学前儿童将此内容定为近期搭建的主题，引导学前儿童讨论需要的辅助材料，鼓励学前儿童参与材料的准备工作。学前儿童从家里带来各种各样的玩具汽车，教师和学前儿童共同制作用于汽车展览的广告牌、汽车图片、休息椅等辅助材料，促进了结构游戏的发展。

4. 引导幼儿掌握基本建构技能

结构游戏活动需要一定的建构技能，幼儿只有掌握了必需的建构技能，才能够独立进行搭建，激发出他们的创造性和主动性。例如，教给学前儿童围合、加高、整体连接、端点连接、交叉连接等技巧，指导学前儿童练习并掌握一些几何图形和形体的拼插方法，为以后创造物象打好基础。组织模拟建构，应利用实物、玩具、图片、查找资料等形式收集物体造型的案例，分析造型的布局特点，注重指导学前儿童观察物体的造型特征，帮助学前儿童按照自己的构思进行创造。例如，学前儿童建构出各种房子的屋顶，"我设计的三角形屋顶，能防光照""我设计的圆形屋顶，就像美国白宫""我设计的圆桶形屋顶，就是大城堡"主题建构活动的指导重点在于不同的结构布局，教师要提供各种建筑主题的结构布局图，引导学前儿童观察、分析、总结几种布局特点，如建筑群的散点式布局，宫殿、寺庙的中心线式布局，街道、马路的对称式布局，广场、建筑群的圆心式布局等。

幼儿运用结构材料进行结构搭建的能力是随着年龄的增加而逐步发展起来的。有学者以积木为例，将这种发展历程归纳为几个阶段具体见表 5-2。

表 5-2　幼儿积木活动发展历程

序　号	阶　　段	主 要 特 点
1	搬弄（7~8 个月）	感知材料，无搭建目的
2	重复（2 岁左右）	平铺、堆高、推倒
3	搭建（3 岁左右）	连接、架空
4	围封	形成封闭空间
5	模型	利用对称或平衡造型
6	再现	为自己所建造的东西命名

（二）游戏中的指导

1. 激发学前儿童参与结构游戏的兴趣

学前儿童参加结构游戏，往往是从感兴趣开始的，一堆不起眼的积木能搭建出各种各样的房子，这在学前儿童眼中是多么新鲜、有趣和不可思议啊！他们对拼、插、搭产生了强烈的好奇心，个个都跃跃欲试。因此，教师应利用多种方法激起学前儿童的好奇心，激发学前儿童对构造活动的浓厚兴趣和创作欲望。

（1）创设活动情境

教师可以通过出示图片、幻灯片、模型教具、主题平面布局图等材料，在活动室里陈列学前儿童的结构作品，在墙上挂有关主题的图片，提供特定场景，渲染游戏气氛，让学前儿童自由参观、欣赏，丰富相关的知识经验，激发学前儿童设计建构主题、拓展建构思路，使学前儿童在活动环境的刺激下产生游戏的愿望，较快地进入游戏状态。

（2）欣赏范例作品

教师可事先构造出各种各样的结构艺术造型，展示给学前儿童，充分调动学前儿童的感官，记他们去感受、欣赏这些作品，了解结构材料和结构技能的丰富性与多样性，使他们产生参与活动的愿望。

（3）建构活动角色化

为了激发学前儿童对建构活动的兴趣，可以赋予结构活动多种角色，使结构游戏和角色游戏相结合。例如，要求扮演设计师、建筑工人的学前儿童戴上安全帽、穿上工作服，就会使单调的操作变得有趣。

2. 启发学前儿童设计建构活动

结构游戏是学前儿童自己动手操作的游戏，在游戏前，重点启发、指导学前儿童围绕"建造什么""怎么建造""用什么建造"进行讨论。这三个问题涉及学前儿童的认知能力、建构技能、材料工具，因此教师在组织结构游戏时，要注意启发、引导学前儿童设计建构活动。首先，利用模型、照片或图片，通过学前儿童的交流、介绍和共同欣赏，观察、发现建筑中的对称美与造型美；其次，根据搭建场所的位置、布局及大小，确定使用什么搭建，然后各自按商量的要求选择、采集建构材料；最后，投放建筑平面图及图示，帮助学前儿童形成搭建主题，引导、鼓励没形成新主题的学前儿童按图合作建构，使学前儿童按照小组分工，根据图纸的方案完成自己所负责的工程任务。小班若有图纸，教师应帮助学前儿童看懂图纸，并鼓励学前儿童向教师或同伴求助。

案例呈现

搭天桥

两个孩子在地毯两端分别搭了一座精致的楼房，教师说："你们搭得很漂亮，但要是能把这两座商店连起来，就更好了，那样顾客就不用总是上楼下楼那么累了。"经过引导，他们开始想办法在两座楼房之间搭了一个过街天桥，还在天桥两端用彩色积木搭出围栏，非常壮观。

分析：教师根据幼儿的拼搭水平进行巧妙的语言引导，使单独的物体搭建活动变成一个合作的主题建构活动，不仅提高了幼儿的搭建技能，还启发幼儿进行合作，建构出新的主题内容。

资料来源：陈春梅. 学前儿童游戏 [M]. 芜湖：安徽师范大学出版社，2018：126.

3. 指导协商分工合作建构

在学前儿童按意愿自主选择分工的基础上，教师可以引导学前儿童运用竞聘、轮流、猜拳等方法分组或协商分配搭建任务。分组的形式可根据主题搭建的需要开展，即可以一组搭建一种物体，也可以每组搭建一个小的主题建筑。例如，修建游乐园，可以一组负责修建大型摩天轮，一组负责搭围墙等；也可以两组在自己挑选的搭建场所各自建构一种游乐设施。小班学前儿童可在教师的带领下分组，一起协商；中班和大班学前儿童可以自主分工游戏。

4. 观察分析建构活动水平

观察是结构游戏指导的前提和基础，《3~6 岁儿童学习与发展指南》所提出的学习与发展目标以及这些目标的行为表现都是教师观察、分析学前儿童行为的抓手。由于学前儿童的社会经验和知识有限，建构的过程中会出现不少问题。教师应仔细观察，了解学前儿童各自的水平和需要，及时采取行之有效的指导方法。通过观察建构行为以及利用建构物开展象征性游戏，教师可以对学前儿童已有的经验进行评价，通过评价确定学前儿童所需要的帮助，计划自己下一步应该采取的指导行动，以扩展学前儿童的经验和思维。教师要对所看到的现象进行"为什么"的思考，以理解学前儿童的建构活动，然后分析：是否干预？采用什么方式干预？教师可以根据游戏的不同需要，实施不同层次的指导。

不同年龄班结构游戏观察的侧重点，如表 5-3 所示。

表 5-3　不同年龄班结构游戏观察的侧重点

小　班	中　班	大　班
• 幼儿是否有搭建兴趣； • 能否掌握简单的结构技能； • 能否根据搭建物的要求恰当选择材料； • 游戏时的安全与常规	• 能否根据需要选用多种不同材质和形状的结构材料； • 能否运用多种结构技能较正确地建构物体，会看平面图纸； • 能否在教师的鼓励下，大胆构思并进行有创造性的构造； • 能否和同伴合作共建一组主题建构物，会评议结构游戏的成果	• 能否对建造物进行整体的规划和设计； • 搭建物是否具有创造性； • 能否通过协商，分工合作进行搭建

5. 介入指导推进创造建构活动

教师应通过观察思考：指导游戏的动机和意义是什么？什么时候需要介入指导？如何在尊重学前儿童游戏意愿的前提下支持并推进学前儿童的发展？自己的介入是否能帮助学前儿童获得新的经验，提升游戏水平？学前儿童对自己的介入是否有积极的响应？教师在顺应学前儿童游戏意愿的前提下支持并推进游戏的开展，采用正效介入，可有效推动学前儿童游戏的发展。

（1）介入时机

当游戏处于低潮时，当学前儿童情绪不佳时，当学前儿童遇到技能障碍时，当学前儿童游离于游戏情境之外时，当延伸或扩展游戏内容有困难时，当学前儿童出现负面行为时，当环境中产生不安全因素时，教师都应自然介入，适度点拨，保证建构活动的顺利开展。

（2）指导方法

根据学前儿童的实际水平，采取不同的指导方法。一般来说，指导方法有整体建构、重点拼搭示范、环境刺激启发、介入共玩、语言启发、榜样暗示、图片范例提示等。

案例呈现

搭建停车场

小朋友们正在认真搭建"小区"，纯纯却在一旁玩汽车，边用汽车乱撞边大声喊叫，影响了其他小朋友。老师说："难怪这些汽车撞来撞去，原来是没有停车场。纯纯你来搭建个停车场吧，这样汽车就有地方停了。"纯纯的积极性马上被调动起来，开始搭建停车场。

分析：学前儿童在搭建过程中容易受到其他事物的影响而转移兴趣，教师应随机引导学前儿童参与建构活动。

资料来源：陈春梅.学前儿童游戏[M].芜湖：安徽师范大学出版社，2018：127.

（三）游戏后的评价

1. 作品的展示与讲评

学前儿童期待自己创作的成果得到特别的夸奖和赞美，并渴望与同伴分享成功的喜悦。在结构游戏结束后，教师应利用讲评和过渡环节，让学前儿童介绍自己作品的造型及辅助材料的应用并给作品取名。同时可引导学前儿童讨论"如果我是建筑师，我要搭什么，怎么搭"，充分调动学前儿童参与建构活动的积极性。

教师组织的讲评活动，可围绕学前儿童在建构作品、游戏规则、产生的创意和对成功经验的体验、协商合作能力等方面展开论述、讨论、分析，从而帮助学前儿童梳理经验，解决游戏中遇到的难题，为下次游戏的开展做好充分的准备，提高学前儿童的建构水平。

2. 作品的保留与欣赏

游戏后，让学前儿童和他们建构的作品合影，将搭建成果拍成照片，收集成册，供全班欣赏，这样可增强学前儿童的自信心，使他们获得成就感；让学前儿童观察作品中搭建得好的地方，同伴之间相互学习、借鉴，激发学前儿童的创造思维，开阔思路。同时，把未完成的建构作品放到建构区，让学前儿童在自由的建构区角活动中进行拼搭活动。

微课 5-2-1
结构游戏指导

二、不同年龄班结构游戏的特点及指导要点

在不同年龄班，针对幼儿特点有针对性地开展指导。教师应为幼儿创设平等、宽松、自主的心理环境。老师应以一颗童心来接纳每一个孩子，以与孩子平等的心态和孩子沟通，尊重幼儿的年龄特点和个性特点。提倡让幼儿自主选择结构材料，自主选择操作方式，自主选择场地，自主选择玩伴，自主选择游戏主题。

幼儿能做的、能想的让他们自己去做、去想；幼儿能探索的、发现的让他们自己去探索、发现；幼儿能计划、安排的，让他们自己去计划、去安排，幼儿能选择、判断的，让他们自己去选择、去判断；幼儿能获取的，让他们自己去获取，使他们成为游戏的主人。

（一）小班幼儿结构游戏的特点与指导要点

1. 小班幼儿结构游戏的特点

小班幼儿结构游戏的特点主要表现在：第一，材料选用的盲目性与简单性。小班幼儿在建构时没有明确的主题，选择材料比较盲目，不能意识到材料是用来搭建的，更多的是用材料嬉戏。例如，小班幼儿更多拿积木当作枪或汽车，有时把长短不一、形状大小不等的积木胡乱堆在一起，然后推倒。第二，建构技能水平较低，喜好模仿。小班幼儿具备更多垒高、平铺、延伸、堆高等低水平的建构技能，此时进行更多的是技能练习，没有主题，也不会出现其他有意识的搭建方法。第三，不专注，坚持性差。小班幼儿注意力水平低，常常受到别人或者其他事物的干扰而改变原来的活动。例如，有些幼儿开始说要搭建房子，可听到别的小朋友说要建汽车时，又会改变主意搭建汽车。

📖 拓展阅读

小班幼儿结构游戏的发展目标

（1）能认识各种建构材料，并且有运用材料开展结构游戏的兴趣。

（2）在自己的操作中探索学习建构技法，能独立地建构形状简单的物体，并能表现其主要特征，例如搭建门、桌子、床等。

（3）具备学习连接、延长、围合、加宽、垒高等主要构造技能，搭建简单的三维物体。例如，搭建马路、围墙等简单物体。

（4）能接受结构游戏的规则，例如轻拿轻放、不乱扔、玩后要收拾整理等，并学习收拾整理和保管材料的方法，养成爱护玩具材料的好习惯。

资料来源：叶小红.幼儿园游戏与指导[M].南京：江苏凤凰教育出版社，2014：153.

2. 小班结构游戏的指导要点

（1）针对小班幼儿爱模仿的特点，教师可以以身示范，引导幼儿认识建构材料，有意识地建构简单的物体供幼儿模仿。教师可以选择平行游戏指导策略帮幼儿积累建构经验，也可以让幼儿自由探索游戏材料的玩法。

（2）准备足够数量的结构材料。对于小班的幼儿要提供同一种类数量较多的游戏材料，避免幼儿因相互模仿而争抢玩具。大中型空心或软体积木、积塑、沙、水等都是幼儿喜欢的建构材料。

（3）帮助幼儿掌握基本的建构技能。教师可以通过示范、讲解、练习、语言提示和启发等方法，帮助幼儿掌握这些基本的结构知识与技能。

（4）建立规则意识。教育幼儿不抢别人的玩具，学会整理和保管玩具材料的最简单方法，养成爱护玩具材料的好习惯。

案例呈现

从小花到电风扇

嘟嘟是一个性格内向的孩子，他做事认真，但思维不够活跃、缺乏变化。最近几天，嘟嘟一直在建构区玩雪花片，每天都在拼小花。我要求孩子们充分发挥自己的想象，用雪花片搭出更多以前没有搭过的东西。可我发现一连两天嘟嘟在区角活动时还是选择了搭雪花片，每天都搭小花。于是，我来到他的身边："嘟嘟，今天你又搭小花了？""这不是小花，是电风扇。"看得出嘟嘟非常兴奋。"怎么我看上去还是像小花一样？你看电风扇放在桌上好像站不住，你再想想办法让它站稳。"过了一会儿。我再去看嘟嘟，只见他在搭一个四方的底座，这是他在搭小花时已有的经验，他已经知道可以把电风扇固定在底座上。看到他在连接电风扇时遇到了困难，我适时给予帮助。"嘟嘟，你看电风扇站稳了，现在要打开电扇了，怎么开呢？""这里按一下。""哪里按一下？我看不清，你是否可以做个开关？"最后嘟嘟终于拼出了雪花片电风扇，他特别高兴。

资料来源：刘燕琳.从小花到电风扇[J].幼儿教育，2012（6）.

（二）中班幼儿结构游戏的特点与指导要点

1. 中班幼儿结构游戏的特点

中班幼儿结构游戏特点主要表现在：①建构目的性有所增强，有了初步的、简单的建构计划。②能通过建构物体的特性来选择材料，能把积木的形状与日常生活所积累的经验结合，考虑建构的逼真性。③在建构技能方面，扩大了搭建的规模，但创新性不强。④同伴互助多，坚持性增强。在建构过程中，幼儿间的交流、讨论甚至争执较多，搭建不容易中断，坚持性有所增强。⑤对操作过程、操作结果都感兴趣，具有独立整理建构玩具的能力。

拓展阅读

中班幼儿结构游戏的发展目标

（1）能选择高低、宽窄、厚薄、长短不一的材料搭建不同的物体。

（2）具备架空、覆盖、桥式和塔式等建构技能，形成里外空间的概念。

（3）能根据作品构造图搭建作品。

（4）能有目的、有计划、有顺序地搭建，学习与同伴合作，共同完成一个物体的搭建，并能相互评议建构成果。

资料来源：叶小红.幼儿园游戏与指导[M].南京：江苏凤凰教育出版社，2014：154.

2. 中班结构游戏的指导要点

（1）丰富中班幼儿的生活经验，加深幼儿对物体的感性认识。教师通过带幼儿外出散步、自由活动等机会，引导幼儿反复观察，然后说出物体各部分名称、形状和结构特点。

（2）提供多种结构材料，学习相应的结构技能。引导幼儿掌握连接、拼插、围合等较为复杂的建构技能，引导幼儿把平面造型变成立体造型。

（3）提供给中班幼儿的材料应丰富，可为幼儿选择种类各异的有一定难度需一定力度操作的材料。如可提供大、中、小型积木，乐高积木，多增加低结构游戏材料。

（4）引导幼儿在建构前构思，让幼儿自由选材独立构造，培养幼儿的想象力和创造力。

（5）引导幼儿具有初步的合作意识，自由结伴，联合游戏，并能完成构建任务，体验合作快乐，培养幼儿的集体观念。

案例呈现

建设"高架轨道"

这天，晖晖反复拿长短一样的彩色积木来支撑轨道积木，嘴里还嘟嘟囔着："我要让弹珠从高处滚落下来。"他模拟墙上的高架轨道图片进行搭建，结果发现弹珠躺在同样高的平行轨道中没有滚动。一旁的明明建议道："我给你几块不一样的积木吧，有高有低才行。"明明的建议激发了晖晖的灵感。于是，晖晖和明明利用长短不一的积木搭建了一条"高架轨道"，弹珠很快从高处沿着倾斜的坡面滚落到有圆凹槽的积木中。兴奋的孩子们轮流把弹珠放到最高处的轨道积木中，然后聚精会神地看着弹珠从高往低不断滚动至圆凹槽积木中。

在随后的一段日子里，孩子们更加热衷于建构各种高架轨道，并自然形成了几个合作小组。每个小组合作建构的高架轨道都有很大差异，主要表现为：弹珠进错的轨道数量不同，高架轨道的高低不同，组合轨道的方法不同（有弯弯曲曲的、梯状的、环形的、多入口式的等）。为了让弹珠滚动的过程变得更加有趣，孩子们乐此不疲地探索着，不断体验着创新的乐趣。

资料来源：褚红宇.区域活动中的有效互动[J].幼儿教育，2010（8）.

（三）大班幼儿结构游戏的特点与指导要点

1. 大班幼儿结构游戏的特点

大班幼儿结构游戏的特点主要表现在：第一，目的性、计划性和持久性较中班明显增强；第二，建构内容丰富，使用材料增多，有一定的独立构造能力；第三，愿意与同伴互动和分工合作，能几个人在一起合作建构一样东西；第四，搭建物品的形象更逼真、形象，且构思新颖、富有创造性。第五，主题比较明确，能围绕一个主题进行较复杂的建构。

拓展阅读

大班幼儿结构游戏的发展目标

（1）具备转向、穿过、平式联结和交叉联结等建构技能，可搭建复杂的三维物体。例如，搭建立交桥、拱形门等。

（2）掌握整齐对称、平衡的构造技巧，尝试整体布局，学习选择使用辅助材料。例如，在公园里搭建相呼应的前门和后门，在住宅区里搭建左右对称的凉亭、路边的花草等。

（3）能在搭建前学习商讨、分工，进行一定的设想和规划，通过分工、合作完成一件较为复杂的工程。

（4）能完成有一定主题和情节发展的、结构复杂、装饰精巧的建构作品。例如，根据绘本《母鸡萝丝去散步》主题情节的发展，搭建池塘、磨坊、鸡舍、篱笆以及蜜蜂房等。

资料来源：叶小红.幼儿园游戏与指导[M].南京：江苏凤凰教育出版社，2014：153.

2．大班幼儿结构游戏的指导要点

（1）丰富结构造型知识和生活印象，引导大班幼儿为结构活动收集素材。

（2）指导大班幼儿学习表现物体的细节和特征，使他们能准确地表现游戏的构思和内容，引导他们使用结构材料和辅助材料美化构造物。

（3）指导大班幼儿学会制定计划（协商确定主题、商量结构步骤及方法、分工合作、确定结构规则）。

（4）重点指导大班幼儿掌握新的技能，帮助他们应用新的技能去实现自己的构思。

（5）教育大班幼儿重视构建结果，欣赏自己及同伴的作品，发展他们的自我评价和分析评价能力。

（6）引导大班幼儿开展参加人数多、持续时间长的大型结构活动。在活动过程中，教师不断鼓励他们进行创造性思维并为他们提供材料，帮助他们克服困难。教师也可以加入他们的活动，共同完成建构任务。

案例呈现

我们的小区

有一次，在我带孩子们进行拼插"我们的小区"这个大型的游戏活动时，我提供了很多材料。由于第一次拼插这种大型的建筑物，孩子们对材料的选择仅仅局限于我们以前曾用过的大型雪花片和积木，他们觉得用这个材料足以拼出"我们的小区"。拼的时候，他们只拿雪花片和积木，其他材料他们一动不动，甚至连看都不看一眼。看到这个现象，我就开始带孩子们观察材料，认识材料，然后商量这些材料的用处。当我拿出牙膏盒时就问：

"你在小区里看到了什么？""你们觉得牙膏盒可以拼插'我们的小区'里的什么东西呢？"
当问题提出以后，孩子们就七嘴八舌地说，"牙膏盒可以当砖头砌墙""牙膏盒可以做小区
里的小桥"。老师的这一声问话激起了孩子们一连串的联想，他们开始学着利用这些材料
进行拼插了。经过短时间的引导，孩子们终于用提供的材料拼出了大型作品。当作品展现
在眼前时，他们都非常兴奋。

资料来源：徐咏梅. 浅谈在结构游戏中对幼儿的引导 [J]. 成功（教育），2008（10）.

真题在线

（1）几个幼儿正在玩游戏，他们把竹片连接起来，想让乒乓球从一头开始沿竹槽滚动，
然后落在一定距离外的竹筒里，游戏过程中，他们遇到了很多困难，如球从竹片间掉落
（图5-7）；竹片连成的"桥"太陡，球怎么也落不到竹筒里（图5-8）他们通过不断努力，
终于让球滚到了竹筒里。

图 5-7 球掉在竹片间

图 5-8 陡桥

问题：幼儿可以从上述活动中获得哪些经验？请结合材料分析说明。

（2）大班幼儿在玩积木时，出现了自发探究行为，其探究过程与结果如图5-9、图5-10
所示。

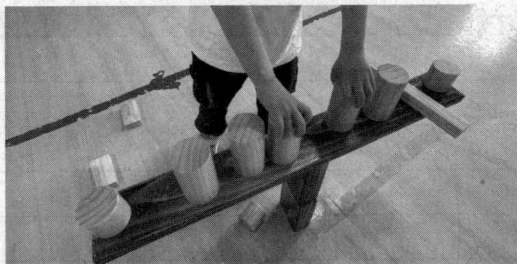

图 5-9 自主探究

图 5-10 探究结果

问题：

（1）图5-9中的幼儿在搭建中可能会遇到什么问题？

（2）在解决问题的过程中幼儿能获得哪些学习经验？

（3）该游戏中的材料有什么特点？这些特点对幼儿的学习活动有什么影响？

项目三　结构游戏设计与组织能力实训

一、结构游戏观察记录

（一）实训目标

（1）知道幼儿进行结构游戏的基本流程。

（2）能够设计出结构游戏观察记录表，提高观察记录、分析评价幼儿结构游戏行为的能力。

（二）实训完成形式

个人独立完成。

（三）实训指导书

设计结构游戏观察记录表，如表 5-4、表 5-5 所示。

表 5-4　文字描述式结构游戏观察记录表

班级		观察时间	
区域名称		观察者	
观察重点	（1）材料的运用、建构的形式 （2）主体目的性、情绪专注力 （3）社会性水平、常规、创造表现力		
幼儿活动情况			
幼儿活动存在的问题			
教师指导行为分析			

表 5-5　检查清单式结构游戏观察记录表

姓名	使 用 材 料				
	积　木	积　塑	积　竹	辅助材料	……
幼儿 1					
幼儿 2					
幼儿 3					
幼儿 4					
……					

（四）实训评价

评价学生结构游戏观察记录表设计的合理性，评价体系由学生自评、小组内评、教师评价三部分构成，按学生自评 20%、组内评价 30%、教师评价 50% 的比例确定最终成绩。

结构游戏观察记录表实训评价表如表 5-6 所示。

表 5-6 结构游戏观察记录表实训评价表

姓名：_____ 班级：_____ 学号：_____ 组名：_____

评价主体 / 评价内容	学生自评	组内评价	教师评价	评分理由	总　分
观察线索设定					
表格绘制形式					
语言表达方面					
知识运用能力					
记录与评析能力					

二、结构游戏活动设计

（一）实训目标

根据幼儿年龄特点设计结构游戏活动方案，并进行现场展示。

（二）实训完成形式

小组合作完成。

（三）实训指导书

结构游戏活动设计实训指导书如表 5-7 所示。

微课 5-3-1
结构游戏设计

表 5-7 结构游戏活动设计实训指导书

姓名：_____ 班级：_____ 学号：_____ 组名：_____

活动名称	
活动目标	
活动准备	
活动过程	

范例参考

中班模拟建构游戏：各式各样的车

一、活动目标

（1）学习运用拼、插等技能模拟建构车辆的主要特征和简单造型。

（2）学习共同使用玩具，爱护自己的建构成果。

二、活动准备

（1）知识准备：学前儿童较熟悉雪花片的拼插方法；已学会拼插长方体、正方体、圆形的技能。

（2）物质准备：雪花片、《泉州街道》的课件、各种车辆的照片、炮筒积塑等。

（3）场地布置：用泡沫垫铺成道路场景。

三、活动过程

1. 出示各种车辆的照片让学前儿童进行观察，感知各种车辆的主要特征和简单造型。

提问：这是什么？你认识这些车吗？它们是由哪些形状组成的？

2. 教师出示范例，启发思考。

提问：怎样拼自己喜欢的车，用什么材料拼？

引导学前儿童说一说怎么拼自己喜欢的车。

提问：如果让你拼，你会先拼什么形状再拼什么形状，最后怎么连接？

3. 提出要求。

（1）大胆表现"我"喜欢的车的主要特征和简单造型。

（2）选择搭配颜色，注意拼插衔接部位是否牢固。

（3）爱护自己和同伴的劳动成果，拼好后放在展览台上。

4. 学前儿童游戏，教师指导。

（1）指导能力强的学前儿童拼插出大型车的主要外形特征，提醒他们将作品拼牢。

（2）鼓励部分学前儿童选择材料的颜色，有规律地进行拼插。

（3）引导学前儿童将拼好的作品摆放在相应的地方。

5. 展示作品，组织学前儿童欣赏作品。

（1）教师与学前儿童一起把他们建构的各种各样的车布置成街道场景。

（2）引导学前儿童欣赏并说出自己喜欢哪一辆车，并说明原因。重点围绕车的造型特征、衔接的牢固性、颜色搭配等方面进行讲评。

资料来源：陈春梅. 学前儿童游戏 [M]. 芜湖：安徽师范大学出版社，2018：132.

（四）实训评价

教师与学生共同商议实训任务"结构游戏活动设计"完成标准，评价体系由学生自评、组内评价、教师评价三部分构成，按学生自评 20%、组内互评 30%、教师评价 50% 的比例确定最终成绩。

结构游戏活动设计实训评价表如表 5-8 所示。

表 5-8　结构游戏活动设计实训评价表

姓名：＿＿＿＿＿＿　班级：＿＿＿＿＿＿＿＿　学号：＿＿＿＿＿＿＿＿　组名：＿＿＿＿＿

评价内容 ＼ 评价主体	学生自评	组内评价	教师评价	评分理由	总　分
活动名称					
活动目标					
活动准备					
活动过程					
语言表达能力					
组织能力					
团队合作					
参与评析能力					

思考与练习

1. 什么是结构游戏？结构游戏有哪些特点？

2. 结构游戏的作用有哪些？

3. 论述不同年龄班幼儿结构游戏的特点和指导要点。

4. 小班下学期，幼儿正在玩建构游戏，教室里有六张桌子，每张桌子上都放有两筐彩色的雪花片和一个搭好的雪花片作品，有花篮、圆球、圆环、花、鸭子等，桌边的橱柜上还贴有雪花片作品的图示。教师让幼儿自选座位，进行搭建。不一会儿，只见桌上、地上、椅子上到处可以看到雪花片。教师不停地提醒幼儿："把地上的雪花片拾起来""仔细看样子""颜色看清楚，不要乱搭"除了一两名幼儿在低头努力照教师的要求拼插外，其他幼儿几乎没有听见教师的提醒，继续做自己的事。有的一片一片连接着，做成一根长棍，两个男孩一人一根，对打着；有的一片一片叠起来又推倒；有的干脆一把抓起雪花片，"哗"撒了一地；有的说搭了房子，一会又改说搭了电视机……

问题：请分析上述案例中幼儿结构游戏的特点，并提出指导建议。

实践与运用

1. 请与同伴一起选定一个主题开展结构游戏，创设好游戏环境并选择适宜的结构材料，并用视频的方式呈现游戏过程。

2. 自选主题，为大班设计一个结构游戏活动。

3. 利用设计好的结构游戏观察记录表开展幼儿结构游戏观察，分析幼儿游戏水平并有针对性地提出指导建议。

主题六 智力游戏

✦ **学习目标**

知识目标

1. 掌握智力游戏的含义、特点、结构、类型以及作用；

2. 掌握智力游戏设计的基本任务；

3. 掌握智力游戏指导的基本任务及不同年龄班智力游戏的特点和指导要点。

能力目标

1. 能设计智力游戏的观察记录表；

2. 能根据幼儿的年龄特点设计智力游戏；

3. 能依据幼儿年龄特点编写智力游戏活动方案。

素质目标

1. 感受中国传统智力游戏的价值与魅力，增强文化自信；

2. 体会专业融合的重要性以及精益求精的劳动精神。

知识导图

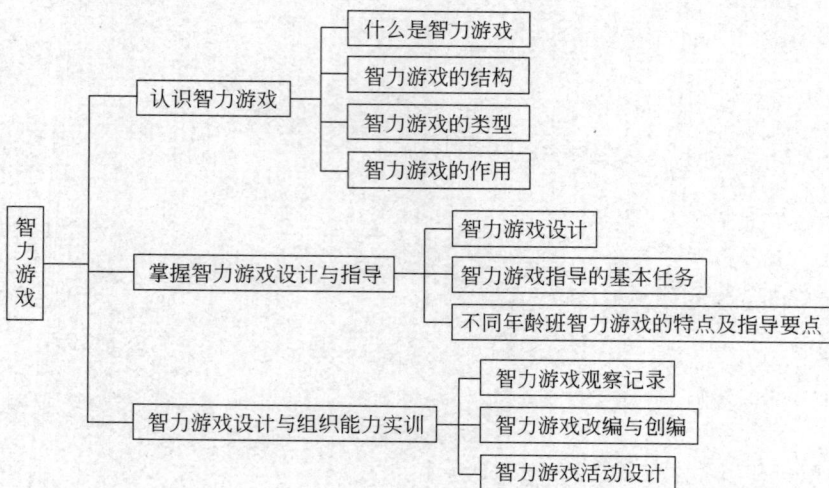

问题导入

大班教师，设计了一款游戏，名为"拍电报"。游戏玩法是教师小声地将电报数字号码告诉每组的第一个幼儿，不能让其他的幼儿知道，然后听信号拍电报。第一个小朋友用右手在第二个小朋友左手手心按老师说的数目点几下（如电报数字是 5 就用手指轻轻点 5 下），依次往下进行。由最后一个小朋友报出电报的号码，看看哪组的电报拍得快、拍得准确。游戏规则是当老师发口令后，各组幼儿按传递的指令，开始拍电报。最后一个幼儿得到电报后要举手，并把数字写在纸条上。

问题：该游戏能发展幼儿哪些方面的能力？

项目一 认识智力游戏

一、什么是智力游戏

（一）智力游戏的含义

1. 智力

智力一词在生活中很常用，我们经常会说某某小朋友真聪明，其实这就是对智力的评价。那到底什么是智力？不同的心理学家有不同的看法。英国心理学家斯皮尔曼提出智力二因素说。他认为人的智力包含一般因素和特殊因素。美国心理学家瑟斯顿提出智力群因素说，认为智力包含词的理解力、语词运用能力、计算能力、空间知觉能力、记忆能力、知觉速度、推理能力七种因素。影响比较大的是美国心理学家加德纳提出的多元智能理论。他归纳了八种智力：语言智力、数理-逻辑智力、空间智力、音乐智力、身体-运动智力、社交智力、自我认知智力、自然观察者智力。后来，加德纳还假设了第九种可能的智力即"存在智力"。每种智力都与其他智力相对独立。我国心理学家大多认为，智力就是个体顺利完成某种活动所必需的各种认知能力的有机结合，是个人有目的地行动、合理地思考、有效应付环境的一种综合能力，包括观察力、注意力、记忆力、想象力、思维力、操作力等。

2. 智力游戏

智力游戏是为发展幼儿智力而设计的规则游戏。它根据一定的智育任务，以生动有趣的游戏形式，使幼儿在自愿和愉快的情绪中丰富经验、增长知识、提高幼儿的学习兴趣和学习效率。它将学习的因素和游戏的形式紧密结合起来，是发展幼儿智力的有效手段。

（二）智力游戏的特点

受学前儿童身心发展的制约，学前儿童智力游戏不同于其他年龄阶段的智力游戏，主要有以下几个特点。

1. 规则性

智力游戏是规则游戏的一种，规则在游戏中起着指导、组织、调整儿童行为的作用，幼儿遵守游戏规则是游戏开展的必要条件。通过规则，对玩游戏的要求和对游戏者游戏行为进行约束，对游戏中被允许或被禁止的动作进行规定，在遵守规则的过程中兼具培养幼儿的秩序感、自我意识等。

2. 益智性

智力游戏是以发展幼儿智力为目的的游戏。开发幼儿的智力因素，发掘幼儿的潜能，使每位幼儿都能得到发展，智力游戏的核心价值有利于促进幼儿智力发展。智力游戏设计时首先应考虑其益智性，如发展幼儿观察能力、记忆力、想象力、思维力等的游戏。

3. 趣味性

智力游戏具有一定的趣味性，它通过生动有趣的形式、科学合理的游戏目标吸引幼儿的注意力，调动幼儿的积极性，保持幼儿游戏的坚持性，这样才能完成智育任务。幼儿身心发展的特点决定了幼儿集中注意力的时间比较短，所以在游戏设计时要提供多样的游戏载体，丰富游戏材料，挖掘不同的游戏玩法，提高趣味性，否则，幼儿容易疲劳，很难坚持到游戏结束。

4. 挑战性

智力游戏的游戏目的明确，因为不同年龄段的智育任务不同，所以在设计游戏的时候要根据不同年龄阶段的幼儿设计不同难易程度的游戏，呈现一定的挑战性，这样才能激励幼儿在完成游戏后有继续探索的愿望和兴趣。另外，有的时候同一个游戏也可以根据游戏对象的不同，设计出不同的游戏要求和游戏任务，这样幼儿可以根据自己的情况自行进行选择。

拓展阅读

中国传统的六种益智游戏

（1）七巧板也称"七巧图"，是中国著名的拼图玩具。因设计科学，构思巧妙，变化无穷，能活跃形象思维，特别是启发儿童智慧，所以深受欢迎。传到国外后，风行世界，号称"唐图"，意即"中国的图板"（图6-1）。

（2）孔明锁（鲁班锁）也是中国传统的智力玩具，相传由三国时期的诸葛亮发明。这种三维的拼插玩具内部的凹凸部分啮合，十分巧妙。孔明锁类玩具比较多，形状和内部的构造各不相同，一般都是易拆难装（图6-2）。

微课 6-1-1
七巧板

图6-1 七巧板

图6-2 孔明锁

（3）九连环起源于古代民间，在明代得到普及，直至清代，上至士大夫下至妇孺童叟都喜欢玩九连环。九连环被西方认为是人类发明的最奥妙的玩具之一，引人之处在于游戏过程中环环相扣的连续性（图6-3）。

（4）华容道是一个古老的智力游戏，由于该游戏变化多端，精深莫测，具有百玩不厌等特点，被称为世界"智力游戏界的三大不可思议的游戏"之一（图6-4）。

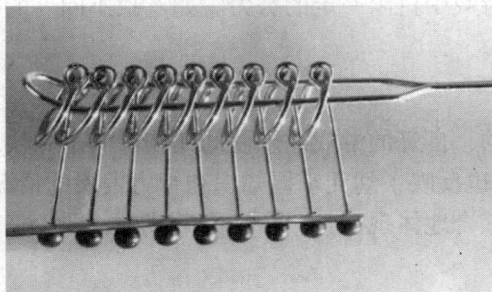

图6-3 九连环

图6-4 华容道

（5）中国象棋。战国时期，已经有了关于象棋的正式记载。经过近百年的实践，象棋于北宋末定型成近代模式：32枚棋子，黑、红棋各有将（帅）1个，车、马、炮、象（相）、士（仕）各2个，卒（兵）5个（图6-5）。

（6）围棋是中华民族传统文化中的瑰宝，它体现了中华民族对智慧的追求，古人常以"琴棋书画"论及一个人的才华和修养，其中的棋指的就是围棋（图6-6）。

图6-5 中国象棋

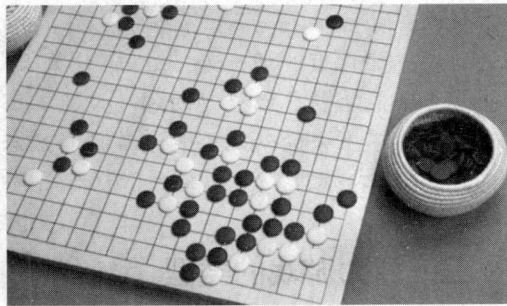

图6-6 围棋

二、智力游戏的结构

构成智力游戏一般包括游戏任务、游戏玩法、游戏规则和游戏结果四个因素。

1. 游戏任务

游戏任务旨在游戏中增进幼儿的知识和发展智力，如训练感官能力的游戏"找不同"、训练记忆力的游戏"谁不见了"、训练综合思维能力的游戏"飞行棋"等。

2. 游戏玩法

游戏玩法是根据游戏的目的和特点设计的，是对幼儿在游戏中的动作与活动提出的要求。智力游戏的玩法由多种多样的与智力活动有关的动作组成，如看看、听听、找找、猜猜、想想等。如"找不同"的玩法就是将两幅图里的不同点找出来。玩法要紧密围绕和服从游戏的任务，并且要具有一定的吸引力，以引起幼儿的兴趣，使他们愿意进行游戏。

3. 游戏规则

游戏规则是对玩法的要求和约束，是关于动作顺序以及在游戏中被允许的或被禁止的活动的规定，规则可提高趣味性，促使幼儿在游戏中付出一定的努力。如"找不同"的规则就是要在 15 秒内找到两幅图的 5 个不同点。

4. 游戏结果

游戏结果是幼儿在游戏中要努力达到的目的，良好的游戏结果使幼儿获得满足和快乐并能激发幼儿继续玩游戏的积极性，游戏的结果也反映了幼儿掌握知识和智力发展的情况。

以上四个部分是互相联系、互相配合的，综合地体现在每一个智力游戏中，缺少任何一个，都不是智力游戏。

案例呈现

词 语 接 龙

目标：进行词语接龙，丰富幼儿的词汇量。

玩法：2~5 人玩为宜。第一个幼儿说出任意一个词，第二名幼儿用这个词的最后一个字作为开头另说一个词语，第三名幼儿用第二个幼儿所说词语的最后一个字再说一个词，以此类推，直到最后一名幼儿，无错误者为胜。

规则：

（1）不能说重叠词，如"娃娃""天天"。

（2）不能重复已经接过的词。

（3）接不上来的幼儿要表演节目，然后由他起头，往下再接。

资料来源：董旭华.幼儿园游戏 [M].北京：科学出版社，2009：113.

三、智力游戏的类型

智力游戏的分类没有统一的标准。按照游戏的实践形态分为猜猜类、拼图类、迷宫类、棋牌类等游戏；也有按照智力的内容分为观察力游戏、记忆力游戏、想象力游戏、思维力游戏等。后者比较常见，具体内容如下。

（一）观察力游戏

这类游戏主要包含发展视觉、听觉、触觉、嗅觉、味觉的游戏。这些游戏可以让幼儿通过感觉参与游戏，获得感知能力的发展。大家都知道，感知觉是人类认识外部世界的重要通道，感知能力的发展可以帮助幼儿更好地获取外界信息，从而帮助幼儿更好地处理信息、加工信息、发展智力。

1. 视觉游戏

视觉游戏是根据视觉的特征设计的游戏，主要是训练幼儿分辨颜色、分辨形状、分辨空间的能力，如图 6-7 所示。

例如，分辨颜色的游戏就可以让幼儿按颜色将积木进行分类或者让幼儿拿出指定颜色的玩具。

　　分辨形状的游戏包括分辨几何图形和分辨美术图形。游戏的内容包括数图形、找图形、找相同、找不同、找错误等，如图6-8～图6-13所示。

图 6-7　分辨颜色的游戏

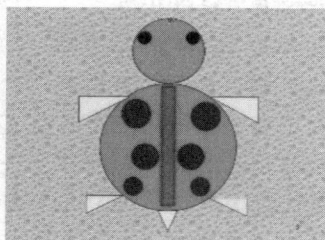

图 6-8　分辨几何图形

图 6-9　隐藏的老人

图 6-10　隐藏的五角星

图 6-11　找不同

图 6-12　找相同

　　分辨空间的游戏主要训练幼儿的目测力，形成准确的空间概念。游戏可就大小、远近、粗细、前后等单项概念进行识别，也可综合起来进行分辨。如图6-14所示。

图 6-13　找错误

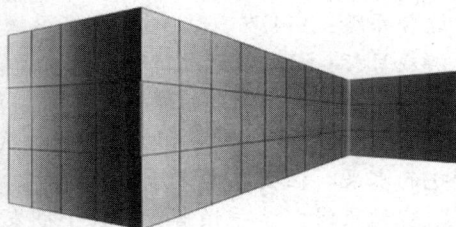

图 6-14　分辨长短

案例呈现

案例呈现

游戏名称：我说你走。

适合年龄：5~6岁

游戏目标：发展空间知觉。

游戏准备：在场地上画两条直线，间隔5~10米，塑料空瓶若干只。

游戏方法：幼儿两人一组，一名幼儿用布蒙住眼睛。每组幼儿的前面由近及远地放置3~4个塑料的小瓶，各间隔1.5~2米。老师发出口令后，蒙眼的幼儿按照另一名幼儿的语言指示（向左或向右），绕过面前的障碍物，到达彼岸。以速度最快且安全到达彼岸（不碰倒塑料小瓶）的小组取胜。

游戏规则：一名幼儿必须蒙上眼睛，不能用眼睛看。另一名幼儿只能用语言进行指示。

指导建议：设置的障碍物可逐渐增多，各障碍物之间的距离可逐渐缩短。

2. 听觉游戏

听觉游戏主要是训练幼儿分辨各种声音、区别声音的性质、判断声音的方位。

例如"听觉游戏——发音的盒子"：在相同的盒子里，装上一些不同的东西，使其两两成对，请幼儿摇动盒子，根据发出声音的相同与不同找出成对的盒子。

3. 触觉游戏

触觉游戏以"摸一摸"为主要构思，加深幼儿对物体的大—小、长—短、圆—多角、光滑—粗糙、软—硬、冷—热等性质的触觉认识，提高幼儿通过这些性质特征来识别物体的能力。在触摸辨物的基础上，可以进一步设计触摸分类游戏、触摸动作游戏。

如"百宝箱"游戏，在盒子里放不同的水果，让幼儿蒙上眼睛，通过摸说出水果的名字。如"模仿秀"游戏中，两名幼儿一组，一名模仿者，一名模特，模仿者蒙眼，模特任意摆一个造型，模仿者通过触摸模特造型，然后摆出和模特一样的造型。

4. 嗅味觉游戏

嗅味觉游戏以"尝一尝"和"闻一闻"为主要构思。通过尝一尝，区别不同物质的甜、酸、咸、苦等；通过闻一闻，可使幼儿从各种不同的物体所发出的特殊气味中来识别物体。如在"小鼻子真灵"游戏中，给幼儿提供3杯透明的液体——水、酒精、醋，让幼儿通过闻，说出它们分别是什么。

案例呈现

游戏名称：我的嘴巴真厉害。

适合年龄：3~4岁。

游戏目标：游戏时能通过味觉区分苹果、香蕉、西瓜、橘子和梨。

游戏准备：事先准备好苹果、香蕉、西瓜、橘子和梨。

游戏方法：准备时不让幼儿看见，然后对小朋友说："今天请小朋友扮演盲人，尝一些好吃的水果。但要在尝完后说出是什么水果。"接着，就用手帕蒙住幼儿的眼睛。

游戏结束时，将手帕解开，让小朋友看看尝过的水果，并再说一次是什么水果？是什么味道？

（二）记忆力游戏

记忆力游戏是一种主要依赖于幼儿记忆力来完成、并能对幼儿的记忆进行锻炼、增强幼儿记忆力、促进幼儿智力发展的游戏。例如，把6样东西按先后次序排列在桌上，让孩子看上几十秒钟，然后遮起来，要求孩子凭记忆依次说出这6样东西的名称。

案例呈现

游戏名称：我是小侦探。

适合年龄：4~5岁。

游戏目标：发展小朋友的观察力和记忆力。

游戏方法：

（1）全体幼儿坐在椅子上，选出一名幼儿扮演侦探，观察大家的座位后，暂时离开集体。然后让一名幼儿与另一名幼儿换下位置，再请侦探回来，继续观察大家的座位后，说出谁的位置变了。

（2）请一名幼儿扮演侦探，观察大家的服饰后，暂时离开，请一名幼儿脱下外衣随意的给另一名幼儿穿，再请侦探回来，继续观察大家的服饰后，说出谁的外衣不见了，谁穿的不是自己的外衣。

指导建议：游戏中除让幼儿调换外衣外，也可以调换鞋子，冬天可调换帽子、围巾、手套等用品。

（三）想象力游戏

想象力属于创造性智力。幼儿想象力的发展，在成长过程中非常重要。想象力游戏是促进幼儿想象力发展的有效途径。想象一般从内容上可分为再造想象和创造想象，因此，根据想象类型的不同，可将想象力游戏分为再造想象游戏和创造想象游戏。

1. 再造想象游戏

再造想象游戏是发展幼儿再造想象为主的游戏，适合小、中班幼儿，因为他们的想象常常依赖于成人的言语描述，缺少独立性。游戏内容主要包括猜谜游戏、补缺游戏、拼图游戏、听描述做动作游戏、空间想象游戏等。如图6-15~图6-18所示。

图6-15　补缺游戏

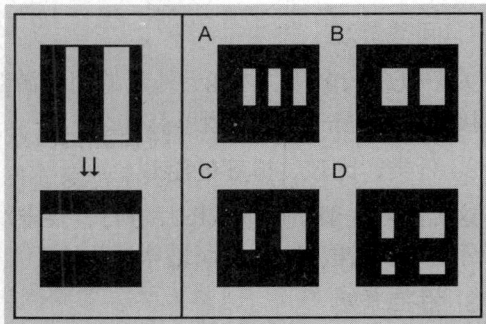

图6-16　拼图游戏

图 6-17 数积木游戏

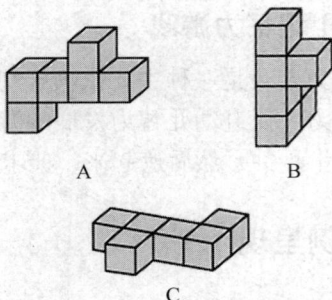

图 6-18 哪两个积木相同

![案例呈现图标] **案例呈现**

谜　语

头戴大红花，身穿什锦衣，好像当家人，一早催人起。（打一动物）

谜底：公鸡。

2. 创造想象游戏

大班幼儿创造想象开始发展，他们的想象活动开始出现一些创造性因素，能根据自己的想象进行加工。创造想象游戏要求游戏者针对一定的事物展开有目的的积极联想活动，其特点是具有开放性，没有固定的标准答案，鼓励幼儿思维的创新求异。例如，可以提供某一简单的图形，让幼儿尽可能多地想象出一切可能的物品（图 6-19）；也可提供一组关系很远的事物，让幼儿将其联系起来；或者提供一个结尾的故事，让幼儿根据自己的理解，继续编故事。

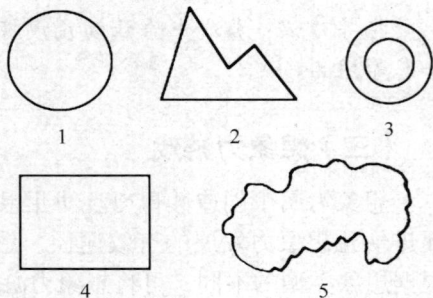

图 6-19 它们像什么

（四）思维力游戏

思维能力是智力的核心部分。幼儿期是培养和提高思维能力的关键期，通过思维力游戏可以有效促进幼儿思维力的发展。

1. 问答游戏

关于概念的名称、内涵、外延的问答游戏，能有效地提高幼儿理解概念的能力。例如，问答接龙游戏——"水果园里有什么"。

2. 分类、比较、排序的游戏

这类游戏一般用实物或图片进行，要求幼儿能够按照事物的用途、颜色、形状、大小等进行分类或比较或排序。从而培养幼儿的思维概括能力和逻辑思维能力。例如，垃圾分类游戏。

3. 推理游戏

推理能力是逻辑思维的一种表现。对 3~6 岁的幼儿来说，他们需要通过直观形象来理解抽象概念，例如，在学习数学时借助手指头的帮助。所以设计推理游戏时，需要以图片或实物为基础。如图 6-20 所示。

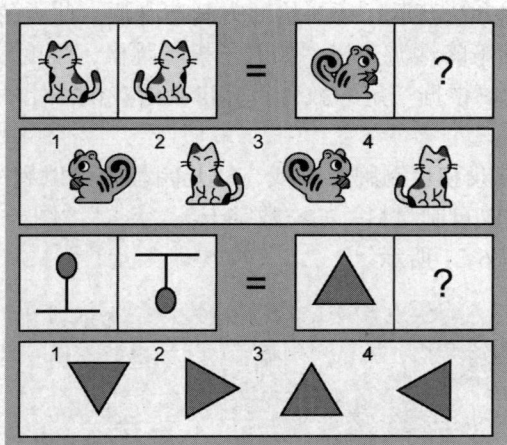

图 6-20 推理游戏

案例呈现

游戏名称：瓶盖乐。

适合年龄：5~6 岁。

游戏目标：

（1）在玩的过程中进行按规律排列，比较 10 以内数的大小，体验玩瓶盖的乐趣。

（2）培养合作意识，养成遵守规则的好习惯。

游戏准备：

（1）用卡纸画好一幅格子图。

（2）收集黄、红两种颜色的饮料瓶盖，在瓶盖的正面分别贴上打印好的 10 以内的数字。

（3）将黄、红两种颜色的瓶盖分别放在操作盒里。

游戏过程：

（1）两人合作玩游戏，自主选择一种颜色瓶盖，用间隔排列的方法，在格子图上将红盖子布满，注意瓶盖反面朝上。

（2）两人分别将自己的瓶盖翻开，正面朝上，每次翻一个盖子，按瓶盖上的数字进行"比大小"游戏，大吃小，最后手中瓶盖多者为胜。

（3）玩几次后，可根据幼儿情况适当加大难度，如在瓶盖上贴上点子卡或 10 以内加法的算式，然后再进行"比大小"游戏。

（4）利用格子图还可玩围棋、五子棋等游戏。

指导要点：这个活动既要求幼儿依据颜色进行排序，又要求其对数字大小的掌握，还可以提示幼儿将瓶盖按颜色间隔排列，鼓励幼儿想出多种排列方法。鼓励幼儿利用格子图玩围棋、五子棋等棋类游戏，并可与同伴一起制定游戏规则。

资料来源：刘曲，王区区 . 学前儿童游戏 [M]. 南京：南京大学出版社，2018：127.

4. 棋牌类游戏

棋类游戏可以培养幼儿的观察力、记忆力、空间知觉能力、逻辑反应力、数理能力等，在下棋的过程中不仅要想办法获胜，还要给对方制造麻烦，此类游戏对幼儿综合思维能力发展价值较大。主要包括策略性游戏棋，如五子棋、跳棋，难度较高；趣味性游戏棋，如飞行棋，难度较低；还可以根据一定的教育目标自制游戏棋，让幼儿在有趣的下棋游戏中学习知识。

牌类游戏分为品牌游戏和自制牌类游戏，幼儿园教师可以利用成品扑克牌进行计算、排列、配对等游戏，还可以自制材料，如"数字卡""字卡""图卡"等，提高幼儿的逻辑、分类、计数等能力。如图 6-21 所示。

图 6-21　自制游戏棋

5. 迷宫游戏

迷宫是幼儿比较喜欢的一种游戏形式，除了提升幼儿的专注力，还能发展观察力、思维力、推理能力、操作能力等。迷宫利用各种长长短短、曲直不同的线条或图案围隔成一定的格局图，有的还有特定的情节和背景，如图 6-22、图 6-23 所示。迷宫图一般包括起点和终点、复杂的路径、障碍物、相关的背景和主题。幼儿的迷宫游戏要有趣味性，难度适中并且循序渐进。一般都给迷宫配上情景，例如，请帮小兔子、小乌龟找到它们爱吃的食物，或者选择幼儿感兴趣的造型，如水果、动物轮廓的迷宫。

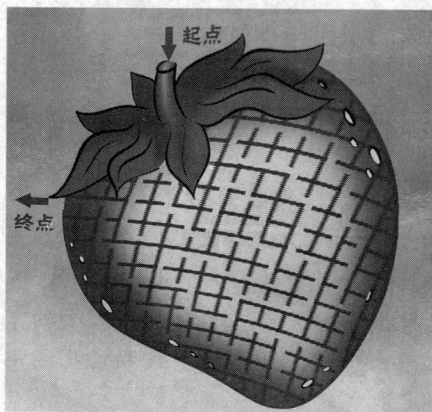

图 6-22　迷宫图（一）

图 6-23　迷宫图（二）

拓展阅读

万花阵原名黄花阵（图 6-24），是仿照欧洲的迷宫而建的花园，建于清朝乾隆年间，是圆明园内一座中西结合的迷宫。它的主要特点是：用四尺高的雕花砖墙，中间是一座白色西洋凉亭。方阵南北长 89 米，东西宽 59 米，阵墙总长 1600 余米，墙高约 1.2 米。它由阵墙、中心圆亭、碧花楼和后花园组成，曾是封建帝王的游乐场所。盛时，每当中秋之夜，清帝坐在阵中心的中式凉亭里，宫女们手持黄色彩绸扎成的莲花灯，寻径飞跑，先到者便可领到皇帝的赏物。所以也叫黄花阵或黄花灯。虽然从入口到中心亭的直径距离不过 30 余米，但因为此阵易进难出，容易走入死胡同，清帝坐在高处，四望莲花灯东流西奔，引为乐事。

图 6-24 万花阵

四、智力游戏的作用

智力游戏对幼儿的认知能力、社会性、动作等的发展等都起到至关重要的作用。

1. 促进幼儿认知能力的发展

益智游戏按照一定的智育任务设计，使幼儿在主动游戏中，获得记忆力、注意力、想象力等各方面能力的发展。

例如，在"飞行棋"游戏中，幼儿通过掷色子，"跳"格数发展幼儿识数和计数的能力；在"谁不见了"游戏中，幼儿要在一定时间内记住所呈现的物品，发展了幼儿的记忆能力。

2. 促进幼儿社会性的发展

智力游戏的显著特点就是规则性。在游戏过程中幼儿对游戏规则的遵守、幼儿之间的交流和互动很好地发展了幼儿的社会性。益智游戏需要两两一组或多人一组进行游戏，在轮流游戏的过程中幼儿懂得了协助、合作。

例如，在"穿针引线"的游戏中，幼儿两人一组，分成若干组，一人拿纸板，一人拿线，间隔 30 厘米，拿线的人将线穿过针孔，谁先穿过，谁的小组获胜。该游戏就需要两个幼儿的合作。

3. 促进语言和身体动作的发展

在智力游戏中，幼儿需要说明游戏规则，碰到问题需要协商解决，这些都能够发展幼儿的语言理解能力和表达能力。

　　智力游戏经常与动作发展相结合，例如"小动物找家"的游戏，动物宝宝蒙着眼睛通过听动物妈妈的叫声找到自己的家，这需要幼儿具有一定的平衡能力；另外迷宫类游戏，幼儿需要具备比较好的精细动作才能完成。

　　此外，智力游戏任务的完成，要求幼儿努力、机智地去思考，因而有助于培养他们的耐心、细心和持之以恒等心理品质。通过自己努力达到目标，幼儿获得满足感，产生良好的情绪体验。

微课 6-1-2
智力游戏概述

项目二　掌握智力游戏设计与指导

一、智力游戏设计

　　智力游戏的结构包括游戏任务、游戏玩法、游戏规则和游戏结果。所以在设计幼儿智力游戏时，需要围绕智力游戏的四个要素进行，具体来说，需要完成以下任务。

1. 游戏目的要明确，有针对性

　　智力游戏有训练感官能力、记忆力、思维力等不同种类，在编选时切忌拿来就用，一定要根据训练的目的按类择取或设计。设计这个游戏是要解决是发展孩子的观察力，还是想象力的问题。是让孩子分辨颜色还是图形？要做到心中有数，这是创编设计游戏的根本。同时，智力游戏的针对性很强，适应面较窄，因而编选和设计智力游戏时，应充分考虑幼儿的生活经验与接受能力，要符合幼儿智力发展的水平，照顾幼儿智力发展的个体差异，使尽可能多的幼儿都能适应游戏。

2. 游戏形式要有趣味性

　　在设计智力游戏时，教师要尽可能提高游戏本身的趣味性和吸引力，使幼儿乐意参与游戏。

　　例如，在智力游戏"摄影师"中，小朋友任意摆出各种表情和动作，笑可以、哭也可以，故意做鬼脸也行，手脚也可以随意做动作，让摄影师观察后模仿小朋友们的表情和动作。这样的游戏形式能增加游戏的趣味性，能有效调动幼儿参与游戏的积极性。

3. 游戏内容要有挑战性

　　根据幼儿年龄的特点，智力游戏的内容应具有一定的挑战性。游戏内容超过孩子的智力水平会让孩子失去信心，达不到游戏的目的；同样，内容低于孩子的智力水平会让孩子失去兴趣。因此将智力游戏的难度控制在幼儿经过一定的努力能够达到成功的程度，即幼儿的最近发展区。当幼儿克服困难完成一定的游戏任务时，其自信心会受到鼓舞，自我效能感也会提到提升，游戏的积极性也会更加高涨。

　　例如，在智力游戏"你演我猜"中，教师可出示一些比较难于表演的词。如"元旦""巧克力"等，让幼儿竭尽所能想出表演的动作以完成游戏任务，满足幼儿求知的需求。

4. 游戏材料要适当简单并且符合渐进性原则

　　在内容、目的明确的基础上，应选择与游戏目的最接近，最有利于完成任务的材料。如分辨颜色，可以用大小形状一样但不同颜色的积木，也可以用不同的色卡，还可以用身穿各种颜色衣服的娃娃。这时选择哪一种更有利于任务的完成呢？显然是形状、大小一样但颜色不同的积木，因为这种材料最有利于达到游戏的目的。

另外，智力游戏材料的投放，一定要遵循由浅入深、由易到难的顺序。比如，在投放迷宫类的游戏材料时，一开始可以投放一些岔路少，只有一点通路，难度小一点的迷宫，随着幼儿对迷宫规则和玩法的掌握，慢慢加大难度，可以投放有情节，道路更加复杂的迷宫，到后面可以投放立体感的迷宫，增加游戏的挑战性和难度。

除了以上四个任务以外，还需确定一个合适的游戏名称，游戏的名称既要反应游戏的具体内容，又要简明、有吸引力，便于幼儿理解记忆。一般而言，智力游戏的名称一般要反应游戏的玩法和目标，如"听声辨人""抽牌凑数"，也可以围绕设置的游戏情节或者主题来定，如"拍电报""传话筒"。

总之，一个好的智力游戏应该是：智力训练的目的任务明确，玩法新颖，内容多变并逐步复杂化，规则简单易行，能够激起幼儿积极的心理活动。

拓展阅读

智力游戏的设计

1. 触觉游戏设计

触摸游戏有四种：一是触摸辨物游戏，幼儿可以通过"百宝袋"进行触摸、辨别事物属性。这类游戏也有三个不同的层次，支持不同发展水平的幼儿。二是触摸分类游戏，触摸分类建立在辨物的基础上，可以给幼儿提供相应材料，让幼儿根据一定的分类标准进行触摸、分辨、分类。三是触摸造型游戏，此类游戏的重点是分辨各类造型的特征，发展幼儿的图形认知能力。一种设计思路是通过触摸辨别图形及图形的边的特征进行镶嵌的游戏，另一种是提供触摸图形及其相互关系特征进行排列的游戏。四是触摸动作游戏，通过触摸辨别动作造型。

2. 嗅味觉游戏设计

一种是通过闻一闻来辨别不同气味。瓶子里装有不同气味的液体，可以设计游戏让幼儿通过闻一闻进行辨别；另一种是在同样的瓶子中装入不同浓度的糖水，让幼儿辨别甜度，这种游戏能够训练幼儿味觉的灵敏度；此外，还可以将不同水果分割成大小相同的部分，让幼儿先闻一闻，再尝一尝进行辨别，这是一种嗅味觉综合训练游戏。

3. 注意力游戏的设计

设计注意力游戏时可以从视觉、听觉、触觉等多个感觉渠道入手，以看、听、想作为游戏的主要活动形式。一是发展注意稳定性的游戏，注意的稳定性是有意注意极为重要的品质，教师可以在游戏中要求幼儿将注意力较长时间地维持在同一事物上，从而提高他们的注意稳定性。二是扩大注意范围，提高注意的分配和转移能力的游戏。例如，"谁能看得清"这种游戏能帮助幼儿扩大注意的范围。游戏时教师手里随意拿5个以内的黑棋子，摊开手掌1秒钟左右收回，请幼儿说出棋子是几颗。一定时间内，幼儿能看清的棋子越多，其注意的范围也就越大。教师还可加入一些白棋子，要求幼儿说出黑、白棋子数来提高游戏的刺激性。

4. 分类、比较、序列化能力游戏

一是分类和归类游戏。这类游戏一般用实物或图片进行。要求幼儿能够按照事物的性质、用途、材料以及声音、颜色、形状、高矮、时间、地点等进行分类或归类，从而培养幼儿的逻辑思维能力。例如，"玩具分类"游戏，给孩子一堆玩具，让他们按照玩具的一定特征进行分类，当然幼儿也可以自主协商制定分类标准。二是比较游戏。比较游戏重点引导幼儿善于发现近似事物中的不同点和不同事物中的相同点，既要求有敏锐的观察力，又要求有综合概括能力。这类游戏有两种设计思路：一种设计是图形寻异。游戏题由一系列图形组成，要求幼儿从这些图形中找出与众不同的图形。另一种是图形填充。游戏题常常有几行图案，其中的某一行图案有一个位置空缺，这就构成子问题图，答案图中用全图形作为选择项，要求幼儿根据整幅大图案的总体特征，选择一个合适的图形填上。三是排列游戏。序列化观念是建立在比较的基础上的。经常让幼儿用一些可以排列的实物和图片，按某种特征（如大小、高矮、长短、厚薄等）做顺序排列游戏，并从中引导幼儿掌握它们之间的序列传递关系，可以发展孩子的序列化能力。

资料来源：杨枫.学前儿童游戏 [M].北京：高等教育出版社，2006.

二、智力游戏指导的基本任务

智力游戏是发展儿童智力的规则游戏，应该以趣味性为主线，发展性为目的，给每个儿童参与游戏、选择游戏、商讨规则、体会合作、获得成功等机会，而不是一味地追求成功，破坏游戏的快乐体验和成功体验。所以，教师的指导必不可少。智力游戏的指导工作，主要围绕游戏前、游戏中和游戏后三个阶段展开。

（一）游戏前的指导

游戏活动前，教师应该选择适合儿童发展的游戏，写好游戏活动方案、设计好游戏的目标、玩法和规则，准备好游戏的材料、场地和保证充足的游戏时间。具体来说有以下任务。

1. 设计好游戏

根据智力游戏的结构，在设计游戏时，首先游戏目标应根据不同年龄特点及儿童需要来设置，目标阐述要明确，具体并且要有一定的操作性。其次讲清楚游戏玩法和规则，游戏的玩法需讲清楚应该怎么玩、游戏如何开始、如何进行等，游戏规则应该明确在玩游戏的时候能做什么、不能做什么等。

2. 做好丰富游戏材料及幼儿经验的准备

提供给儿童的游戏材料，首先要保证科学性，只有科学性的游戏材料才能更好地促进儿童认知的发展；其次材料还应具备趣味性、多样性和丰富性，满足儿童探索、操作的需要；最后材料还需一定的层次性，满足不同发展水平孩子的需求，做到促进每个孩子的发展。另外，有些游戏需要孩子的精细运动能力、理解能力和一定知识作为基础，应该在游戏前进行一定的引导和提升。

3. 明确游戏观察策略及讲评标准

教师在活动前应明确游戏观察策略及讲评标准，这样在接下来的游戏过程中教师能够更好地利用观察评价工具指导、支持幼儿游戏。

（二）游戏过程中的指导

游戏活动中，教师应做好游戏的指导工作，在幼儿游戏中教师应尽量不干扰幼儿游戏，当幼儿有需要时，给予适时适度的指导。同时，教师在幼儿游戏过程中应该实时进行观察、记录，这样可以为游戏结束后的游戏分享、总结、评价环节积累素材。游戏过程中，教师的主要任务有以下几个。

1. 帮助幼儿建立规则意识

教师可以用简明生动的语言做示范、讲解，帮助儿童掌握玩法和规则，当然对于不同年龄段的儿童，指导方式不同。如小班孩子，教师可以在游戏开始前讲解游戏规则并示范游戏玩法，但在孩子游戏过程中出现问题的时候介入指导，也可以作为同伴的身份和幼儿一起参与游戏。中班幼儿的主动性、自主性、语言的理解能力不断加强，教师只需讲解游戏规则，并在游戏中做好督促即可，中班幼儿能够在游戏中慢慢构建游戏规则并自觉遵守。大班幼儿的主体性更强，教师在游戏活动中只需简单地讲解规则，幼儿就能比较顺利地开展游戏，同时教师应鼓励创造新的游戏玩法，制定新的游戏规则，并及时给予幼儿开展自主游戏方面的支持。

2. 细致观察游戏，有针对性地指导

观察是进行游戏指导的前提，教师应该关注儿童游戏的动态和发展情况，把握和捕捉教育的时机，有针对性的指导。小班的智力游戏，趣味性大于操作性，启发性大于知识性，教师应引导幼儿选择简单、趣味性强的游戏，着重让幼儿熟悉游戏的目的、规则和感受游戏的趣味。中班智力游戏知识性大于娱乐性，趣味性和操作性并重，方法和规则复杂多样。因此，教师应注重激发幼儿积极性和坚持性，循序渐进地培养幼儿的动手动脑能力。大班智力游戏知识性大于娱乐性，创造性增强，任务较复杂，玩法难度大，可与幼儿协商制定规则。对于大班幼儿的游戏指导则需选取游戏内容有一定难度的趣味性游戏，教师主要依靠语言讲解引导，督促幼儿遵守规则并鼓励幼儿和伙伴创造新的玩法和制定新的规则。

（三）游戏活动后的工作

1. 整理材料

教师要引导幼儿有序归还游戏材料，同时结合智力游戏各类材料的不同，引导幼儿根据不同功能、类型正确且有序地整理材料。不同的年龄班要有不同的要求，小班主要培养整理的意识，教师可以邀请幼儿一起整理；中班培养整理的能力，以幼儿为主，教师在需要帮助的时候给予帮助；大班幼儿要独立完成整理工作。

2. 讲评、总结游戏

（1）评价的内容

智力游戏讲评的内容包括对游戏能力的评价，例如，是否完成游戏任务、是否遵守游戏规则、是否运用游戏策略的情况等；也包括对幼儿非智力因素的评价，比如幼儿的情感体验。

（2）评价的原则

注重结果评价应与过程评价相结合。结果评价是在游戏活动结束之后进行的总结性和

概括性的评价，这种评价方式有利于教师掌握本班幼儿的整体游戏水平，并据此来调整下次游戏的目标、计划、材料的投放以及游戏指导策略等。过程评价是在幼儿游戏过程中持续地进行的评价方式，这种评价方式基于教师的仔细观察。结果评价具有历时性和整体性的特点，而过程评价具有即时性和个别性的特点，两者优势互补。教师应将这两种评价方式有机结合起来，并贯穿于整个结构游戏的过程之中。

注重教师评价应与幼儿自我评价相结合。教师评价是一种自上而下的单向性评价，是教师对幼儿在游戏中的表现进行总结、指出问题、给予表扬或批评等，这种评价方式具有较强的教育功能。幼儿自我评价强调评价过程中幼儿的参与性和自主性，其形式一般是教师引导幼儿就开展的游戏进行讲述、讨论和分析，这种自我评价的过程不仅为下一次游戏提供准备的依据，也是提高幼儿自我认识水平和获得进一步发展的途径。通过教师评价与幼儿自我评价相结合，既能发挥教师的主导作用，又能凸显幼儿的主体地位。

另外，在讲评过程中还应注意以下几点。

（1）教师提问以开放性问题为主，使幼儿有讨论的话题而且有话可说。

（2）在讲评过程中，应该以幼儿为主体。

（3）讲评要具体，要肯定幼儿的优点，指出幼儿的问题，并给幼儿一定的点拨。

微课 6-2-2
智力游戏指导

三、不同年龄班智力游戏的特点及指导要点

（一）小班幼儿智力游戏的特点与指导要点

1. 小班幼儿智力游戏的特点

小班幼儿的智力游戏任务容易理解，比较简单，易于完成，侧重感知能力发展，多在实物材料的操作中进行，游戏动作趣味性大于实际操作性，启发性大于知识性；游戏方法明确具体；游戏规则要求低，通常为一个规则；注意幼儿的兴趣性及参与意识的培养，激发幼儿学习知识的愿望。

2. 小班幼儿智力游戏的指导要点

小班幼儿的智力游戏多是利用玩具进行，所以教师在指导时，应多为幼儿提供颜色鲜明、直观形象的游戏材料，同时品种不宜过多，这样更加有利于幼儿专注地开展游戏。在教游戏时，教师应以自己的兴趣影响幼儿，讲解力求生动 简单、形象，过多的解释会转移幼儿的注意力，使幼儿失去游戏的兴趣；有些讲解可与示范动作相结合。在游戏中，要提醒幼儿遵守规则，适度地给予指导。但值得注意的是规则在小班中使游戏更"好玩"，所以可以允许幼儿做适度的改变。

案例呈现

游戏名称：百宝袋。

适合年龄：3~4 岁。

游戏目标：发展幼儿的触摸能力。

游戏准备：苹果、香蕉、梨、火龙果、橘子、草莓等水果模型。

游戏方法：

（1）先告诉幼儿，老师今天带来了很多水果，给幼儿展示一下。

（2）将水果模型放进袋子里，告知幼儿，现在老师将这些水果放进百宝袋，请小朋友们蒙上眼睛，用手摸出一个水果，然后告诉我们你拿出来的是什么水果。

（3）请幼儿依次从百宝袋里取出水果并说出水果的名字。

指导意见：教师可以替换百宝袋的东西，比如可以是不同形状的积木、不同材质的玩具等，提高幼儿游戏的兴趣。

（二）中班幼儿智力游戏的特点与指导要点

1. 中班幼儿智力游戏的特点

中班幼儿的智力游戏相对于小班而言，有一定的难度，任务知识性大于娱乐性，注重趣味性及幼儿实际操作能力的培养，游戏任务侧重思维能力、观察力和想象力的发展，除运用实物玩具和材料外，增加了语言游戏的成分；游戏方法复杂多样；游戏规则带有更多控制性，要求相对提高。注重幼儿在完成游戏任务的同时，遵守规则，并在游戏中给幼儿一定的知识概念，增加竞赛因素。

2. 中班幼儿智力游戏的指导要点

中班幼儿随着能力发展不断增强，在游戏指导时应更加关注幼儿游戏的自主性，注重同伴互助，要更多地给予幼儿游戏空间、适时介入并支持幼儿主动探索。具体来说在要使幼儿在智力游戏中产生愉快的情绪，注意激发幼儿学习的积极性，努力完成任务的坚持性以及思维的敏捷性和灵活性；注意培养幼儿动手动脑的习惯；在为幼儿选择智力游戏时，游戏难度适当，要循序渐进，由易到难，激发幼儿思考。对中班的幼儿，仍需要示范和讲解游戏的玩法和规则，游戏中要检查他们对游戏玩法的掌握与执行规则的情况。对遵守规则的幼儿给予鼓励使幼儿明确只有严格遵守规则游戏才有趣味，要鼓励幼儿关心并努力争取好的游戏结果。

案例呈现

游戏名称：奇妙的纽扣。

适合年龄：4~5岁。

游戏目标：

（1）知道纽扣大小、颜色、形状的不同。

（2）能够根据不同特征进行分类。

游戏准备：不同颜色、大小和形状的纽扣；颜色、大小、形状各异的标记卡。

游戏方法：教师先让幼儿看一看、玩一玩各种各样的纽扣，然后对幼儿说："小纽扣都有自己的家，请你帮帮忙，让每个纽扣都回到自己的家。"教师出示相应的标记卡，帮助幼儿把同一属性的纽扣放在一个集合圈内。

指导意见：还可让幼儿用纽扣按规律进行拼摆。

资料来源：莫云娟，任婕.幼儿园游戏活动指导[M].长沙：湖南师范大学出版社，2021：178.（有改动）

（三）大班幼儿智力游戏的特点与指导要点

1. 大班幼儿智力游戏的特点

大班幼儿的智力游戏要求幼儿在智力上做出一定的努力，但又以生动有趣的游戏形式进行，让幼儿在愉快的活动中增进知识，发展智力。游戏侧重思维的有意性、各种智力品质和创造力的发展，知识性大于娱乐性，提高幼儿创造性；游戏任务较为复杂，有时一则游戏有多项任务；游戏方法多且难度较大；游戏规则更加严格，复杂要求可以改变，幼儿可以在活动中通过协商，制定新的规则。

2. 大班幼儿智力游戏的指导要点

大班教师在选择智力游戏内容时，一方面，要注意游戏需要有一定的难度，因为有难度所以更应注意游戏本身的趣味性和吸引力，使幼儿愿意参加游戏。另一方面，在游戏材料与玩法方面也应适度增加挑战度。游戏的指导主要靠语言进行，要求幼儿独立开展游戏，培养幼儿独立思考的能力，教师对幼儿游戏的引导应多于指导。游戏过程中要求幼儿严格遵守游戏规则，争取最好的游戏结果，同时允许幼儿制定新规则。

案例呈现

中班智力游戏接反话改成

游戏名称：纸牌游戏——谁会被吃掉。

适合年龄：5~6岁。

游戏目标：知道1~10的大小。

游戏准备：1~10的数字牌，各2份。

游戏方法：两人一组，随机发牌，每人10张牌。每次每人出一张牌，比一比谁手上的牌的数字大。

若两张牌的数字一样大，就各自收回，并放在手上牌的最后。若两张牌的数字不一样大，那么数字大的牌就可以把数字小的牌"吃掉"，牌大的就可以把两张牌收走并把牌放在手上牌的最后。手上牌多者取胜。

项目三　智力游戏设计与组织能力实训

一、智力游戏观察记录

（一）实训目标

能够设计出表演游戏观察记录表，提高观察记录、分析评价幼儿智力游戏行为的能力。

（二）实训完成形式

个人独立完成。

（三）实训指导书

设计智力游戏观察记录表，如表6-1所示。

表 6-1 智力游戏观察记录表

游戏名称：_____ 班级：_____ 指导老师：_____ 观察者：_____ 观察时间：_____

观察指标	具 体 内 容	非常符合	比较符合	一般符合	不太符合	很不符合
幼儿的兴趣	在游戏中情绪状态良好					
	积极、主动地参与					
游戏玩法	按照游戏玩法进行游戏					
	创造性改变玩法					
规则遵守	能遵守规则并有一定的自我管理能力					
	能协商制定新规则并遵守					
社会交往	与同伴互助、协商完成任务					
	与人沟通交流信息					
游戏结果	顺利完成游戏目标					
游戏环境创设与教师的指导						
游戏评析						

（四）实训评价

评价学生智力游戏观察记录表设计的合理性，评价体系由学生自评、组内评价、教师评价三部分构成，按学生自评 20%、组内评价 30%、教师评价 50% 的比例确定最终成绩。

智力游戏观察记录表实训评价表如表 6-2 所示。

表 6-2 智力游戏观察记录表实训评价表

姓名：_____ 班级：_____ 学号：_____ 组名：_____

评价内容 ＼ 评价主体	学生自评	组内评价	教师评价	评分理由	总 分
观察线索设定					
表格绘制形式					
语言表达方面					
知识运用能力					
记录与评析能力					

二、智力游戏改编与创编

（一）实训目标

（1）掌握各种智力游戏的玩法及基本任务。

（2）能根据幼儿特点改编与创编智力游戏。

（3）培养创造性设计水平和团结合作的能力。

（二）实训完成形式

小组合作完成。

（三）实训指导书

智力游戏改编与创编实训指导书如表 6-3 所示。

表 6-3　智力游戏改编与创编实训指导书

班级：_____　组名：_____　小组成员：_____

项　　目	智力游戏	
任　　务	智力游戏设计	
任务内容	任务条件	任务要求
观察力游戏	自行准备游戏材料	根据幼儿年龄特点，设计发展幼儿观察力的游戏 写明游戏名称、游戏玩法、游戏规则
记忆力游戏	自行准备游戏材料	根据幼儿年龄特点，设计发展幼儿记忆力的游戏 写明游戏名称、游戏玩法、游戏规则
想象力游戏	自行准备游戏材料	根据幼儿年龄特点，设计发展幼儿想象力的游戏 写明游戏名称、游戏玩法、游戏规则
思维力游戏	自行准备游戏材料	根据幼儿年龄特点，设计发展幼儿思维力的游戏 写明游戏名称、游戏玩法、游戏规则

（四）实训评价

教师与学生共同商议实训任务"智力游戏改编与创编"完成标准，评价体系由学生自评、小组互评、教师评价三部分构成，按学生自评 20%、小组互评 30%、教师评价 50% 的比例确定最终成绩。

评价学生智力游戏改编与创编实训评价表如表 6-4 所示。

表 6-4　智力游戏改编与创编实训评价表

姓名：_____　班级：_____　学号：_____　组名：_____

评价内容 ＼ 评价主体	学生自评	小组评价	教师评价	评分理由	总　　分
结构完整					
目标适宜					
游戏名称					
游戏玩法					
游戏规则					
游戏准备					
组织能力					
知识运用能力					
语言表达能力					
团队协作能力					
创造创新能力					
参与评析能力					

三、智力游戏活动设计

（一）实训目标

（1）根据幼儿年龄特点设计智力游戏活动方案并按一定的格式编写智力游戏活动设计方案。

（2）能根据设计的活动方案进行模拟教学。

（二）实训完成形式

小组合作完成。

（三）实训指导书

智力游戏活动设计实训指导书如表6-5所示。

表6-5　智力游戏活动设计实训指导书

姓名：＿＿＿＿＿＿＿＿　班级：＿＿＿＿＿＿＿＿　学号：＿＿＿＿＿＿＿＿　组名：＿＿＿＿＿＿＿＿

活动名称	
活动目标	
活动准备	
活动过程	

🔍 范例参考

大班智力游戏走迷宫
浙江台州市黄岩区机关幼儿园　卢琪 / 设计

一、设计意图

走迷宫能有效提高幼儿的有意注意和空间智能，帮助幼儿学会整体观察、全方位思考，培养幼儿逆向思维能力及沉着冷静、敢于挑战的品质等。我班幼儿对走迷宫有一定经验，但能力参差不齐。有的幼儿能迅速判断并选择通畅的路径走出迷宫；有的幼儿很容易迷失方向，多次"碰壁"后才能走出迷宫；有的幼儿急于求成，缺乏一定的耐心；等等。基于此，我们设计了这个活动，将数学学习融入走迷宫游戏中，让幼儿在轻松愉快又富有挑战的情境中，提升经验，形成策略，巩固走迷宫的方法。

二、活动目标

（1）掌握走迷宫的一般方法（从进口走向出口；遇到岔路口选路线；遇到死胡同回岔路口换条路线走等），学会反向检查（即从出口走向进口）。

（2）喜欢走迷宫，体验探究成功的喜悦。

三、活动准备

（1）幼儿会认读数字1~10，知道数序。

（2）教具：计算机课件或图片"走迷宫"一套 [大鱼迷宫（图6-25）、数字迷宫（图6-26）、公园迷宫（图6-27）]。

（3）学具：第1组，"菠萝迷宫"图（图6-28）、盒子、笔；第2组，"灰熊迷宫"图

（图6-29）、盒子、笔；第3组，"到海边去"图（图6-30）、盒子、笔；第4组，"去吃汉堡"图（图6-31）、盒子、笔；第5组，"送花给妈妈"图（图6-32）、盒子、笔。

（4）每个幼儿胸前挂一个夹子。

（5）在数学角投放多种已塑封的迷宫图，水彩笔，抹布。

图 6-25　大鱼迷宫

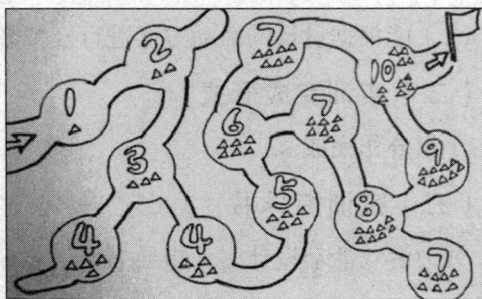
图 6-26　数字迷宫

图 6-27　公园迷宫

图 6-28　菠萝迷宫

图 6-29　灰熊迷宫

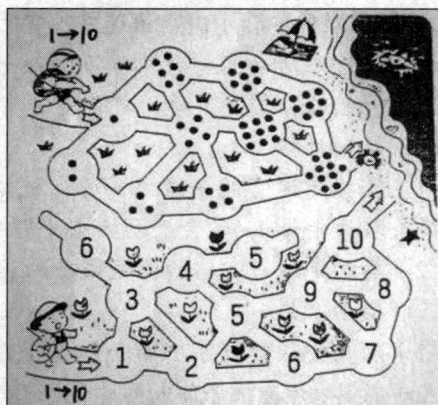
图 6-30　到海边去

图 6-31 去吃汉堡

图 6-32 送花给妈妈

四、活动过程

（一）感知了解

1. 揭示课题，引发兴趣

师（操作课件或图片）：欢迎来到迷宫王国。今天，我们要在迷宫王国里玩闯关游戏。有没有信心获胜？

2. 引导幼儿了解走迷宫的方法

（1）出示"大鱼迷宫"图。

① 感知线条迷宫的结构，了解走迷宫的方法。

师：这是什么迷宫？这个箭头表示什么？（迷宫的进口。）那个箭头又表示什么？（迷宫的出口。）

师：谁知道迷宫一般是怎么走的？（幼儿自由回答。）

师幼（小结）：迷宫图，拿到手，先找进口和出口，沿着进口通道走，最后顺利到出口。

② 个别幼儿尝试。

师：谁会走"大鱼迷宫"？（先请个别幼儿上来"行走"，然后师幼一起分析如何快速找到出口和进口，最后请一位幼儿用水彩笔在迷宫上画出路线。）

③ 验证路径是否正确。

师：迷宫中进口与出口的路是相通的，我们可以用一种简单的方法来检查走的路线（径）对不对，即从出口走到进口。如果能走通就是对的，如果不能走通就要仔细检查哪里走错了，这个方法叫反向检查。反向检查很重要，大家千万不要忘。（幼儿集体用手比画，进行反向检查。）

（2）出示"数字迷宫"图。

① 了解走数字迷宫的要求。

师：第二关是"数字迷宫"。要顺利闯关，第一步该怎么做？（先找进口和出口。）进口在哪里？出口呢？这次必须按照从 1~10 的顺序走过迷宫，才能得到红旗。

② 个别幼儿尝试。

师：谁会走？（请个别幼儿上来"行走"一遍。）

③ 分析遇到岔路口如何选择路线。

师：到了岔路口，该选哪条路走呢？（幼儿自由回答，教师引导幼儿分析。）

师（小结）：岔路口，停一停，找找哪条是正路。死胡同，走不通，调头回到岔路口，换个方向继续走，顺顺利利到出口。

④ 请一位幼儿上来在迷宫图上画出路线。

⑤ 验证路径是否正确。

师：这个数字迷宫是按照从1~10的顺序走的，我们进行反向检查应该按什么顺序呢？（幼儿集体边数边用手比画，进行反向检查。）

（3）出示"公园迷宫"图。

① 了解走"公园迷宫"的要求。

师：第三关是"公园迷宫"。第一步怎么做？（先找进口和出口。）进口在哪里？出口呢？

② 个别幼儿尝试。

师：谁会走？（请个别幼儿上来"行走"一遍。）

③ 分析如何判断上桥和钻洞的路线。

师（小结）：岔路口，停一停，上桥钻洞看清楚。

④ 请一位幼儿上来在迷宫图上画出路线。

⑤ 验证路径是否正确。（幼儿集体用手比画，进行反向检查。）

（二）分组操作

（1）教师介绍活动内容，讲解玩法。

师：迷宫王国里有许多游戏，我们一起来看看：第一组——菠萝迷宫，第二组——灰熊迷宫，第三组——到海边去，第四组——去吃汉堡，第五组——送花给妈妈。

闯关要求是：每次从盒子里拿出一张迷宫图，先找出进口和出口，接着空手走一次，再画出路线，最后进行反向检查。画错了可用抹布擦掉重新画。玩好后请把迷宫图夹在自己胸前，可一组一组玩过去。另外，数学角还有许多好玩的迷宫游戏，胜利闯过五关的小朋友可以到那儿挑战更难的迷宫游戏。好，迷宫大闯关，等你来挑战！你准备好了吗？开始！

（2）幼儿分组操作，教师巡回指导。

教师重点指导第三、四、五小组的活动，观察哪些幼儿能独立做到整体观察、全盘考虑（看三走一）、看清楚上桥钻洞路线、进行反向检查，哪些幼儿需要提醒才能做到。鼓励幼儿边玩边说。

（三）交流归纳

（1）师：今天，你们在迷宫王国玩得开心吗？五关都试过的小朋友请举手。

（2）展示结果，互相交流、检查。

① 放大展示各组个别幼儿的作业单。

② 集体反向检查，发现错误，讨论修正。

（3）讨论、归纳：怎样才能又快又顺利地从进口走到出口？

（4）欣赏儿歌《走迷宫》，帮助幼儿提升经验，形成策略。

走 迷 宫

迷宫图，拿到手，先找进口和出口。

沿着通道开始走，上桥钻洞看清楚。

岔路口，停一停，找找哪条是正路。

死胡同，走不通，调头回到岔路口，

换个方向继续走，顺顺利利到出口。

反向检查很重要，大家千万不要忘。

迷宫游戏真好玩，眼观六路走四方。

（四）延伸活动

（1）在数学角投放各种连线图、迷宫图让幼儿练习。

（2）在游戏中和幼儿一起搭建大型迷宫。

（3）在美工区让幼儿自行设计迷宫图。

资料来源：卢琪，高美婷.走迷宫（大班）[J].幼儿教育，2011（31）：26-27.

（四）实训评价

教师与学生共同商议实训任务"智力游戏活动设计"完成标准，评价体系由学生自评、小组互评、教师评价三部分构成，按学生自评20%、小组互评30%、教师评价50%的比例确定最终成绩。

智力游戏活动设计实训评价表如表6-6所示。

表6-6　智力游戏活动设计实训评价表

姓名：＿＿＿＿＿　班级：＿＿＿＿＿　学号：＿＿＿＿＿　组名：＿＿＿＿＿

评价内容＼评价主体	学生自评	小组互评	教师评价	评分理由	总　分
活动名称					
活动目标					
活动准备					
活动过程					
语言表达能力					
仪表仪态					
组织能力					
团队合作					
游戏趣味性					
参与评析能力					

思考与练习

1. 简述智力游戏的特点。

2. 论述智力游戏的指导任务。

3. 论述不同年龄班幼儿智力游戏的特点和指导要点。

4. 区域活动开始了，孩子们根据自己的喜好自由选择不同的游戏区域，李老师发现益智区一个人也没有。李老师说："益智区谁愿意去玩啊？"没有幼儿回应。李老师又提高了嗓门："今天谁愿意去玩迷宫、棋子和拼图啊？"这时，小凯举手说："我去吧。"又有几名幼儿也陆续的响应了。

　　益智区游戏进行到一半，李老师发现益智区里乱成一团。玩棋子的在堆高，玩拼图的正在玩撒雪花的游戏。幼儿看到老师来了，又赶紧玩起来了，嘴里却不停地说一点儿都不好玩。

　　问题：请从游戏的指导策略的角度分析案例，如果你是这位老师，将如何改进和完善游戏活动？

实践与运用

　　1. 以"超市游戏棋"为主题，设计一节大班智力游戏活动。要求：写好活动设计并制作游戏道具。

　　2. 到幼儿园观察幼儿的智力游戏，利用自己设计好的游戏观察记录表，进行游戏记录与分析并提出有针对性的指导建议。

主题七　体育游戏

✦ 学习目标

知识目标

1. 掌握体育游戏的含义、特点、种类以及作用；
2. 掌握体育游戏指导的基本任务及指导要点。

能力目标

1. 能够依据幼儿的年龄特点设计一节完整的体育活动方案。
2. 能合理、有效地组织体育活动，初步掌握体育活动指导技能。

素质目标

1. 通过学习体育的理论知识，提高爱国情怀、专业性、学识性等；
2. 通过小组讨论、设计创编各年龄班的体育游戏，提高敬业精神、合作能力等。

知识导图

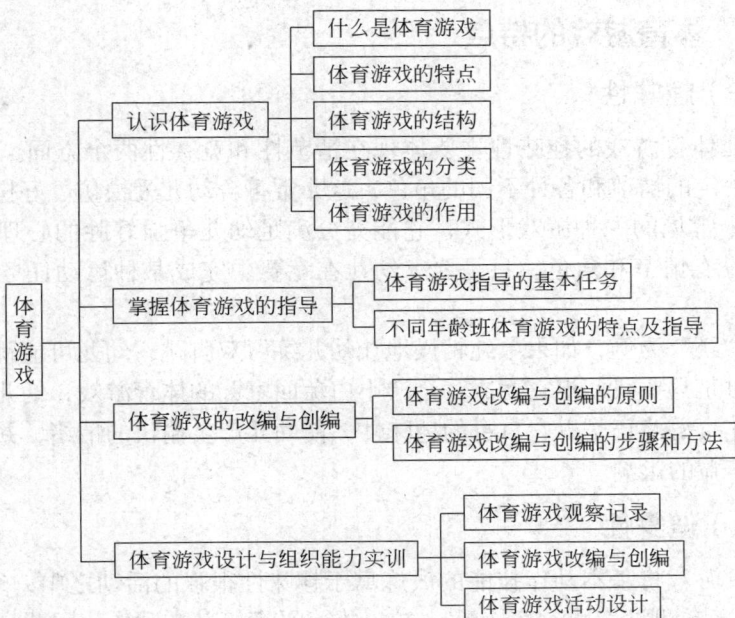

问题导入

有一次，杨老师在户外组织体育游戏"青蛙跳跳"。刚开始第一轮游戏中，小朋友都表现出了极大的兴趣，一个个争先恐后地玩起了游戏，先用单脚的方式跳在荷叶上，教师则在一边观察幼儿的行为，其中会出现有2个小朋友因为速度和跳跃距离相同而跳在同一片荷叶上的问题。教师看到这一问题后，说："老师看到有时会有两个小朋友同时踩在一个荷叶上，那么小朋友应该怎么避免这种情况呢？"幼儿回答："按顺序一个一个来。"第二轮游戏中，教师提议："刚才小朋友们用单脚跳的方式踩着荷叶跳过了小河，现在我们试试用双脚跳的方式来看看这回有什么变化。"随后，小朋友们开始用双脚跳的方式踩着荷叶跳过小河，甚至有的小朋友还模仿青蛙的叫声，嘴里"呱、呱"地叫着。游戏进行好几轮，最后大家都玩得非常开心。

问题：

（1）你认为这位老师此次游戏组织的怎么样？为什么？

（2）教师应该如何组织和指导幼儿的体育游戏？

项目一　认识体育游戏

一、什么是体育游戏

体育游戏又称为运动游戏，是根据一定的体育任务设计的，由身体动作、情节、角色和规则组成的一种活动性游戏，是幼儿体育活动的一种主要形式。它内容丰富有趣，形式多样，易于激发幼儿参加体育活动的兴趣和愿望，对幼儿具有极大的吸引力。

二、体育游戏的特点

（一）趣味性

幼儿体育游戏的趣味性主要体现在情节性和竞赛性两个方面。大多数幼儿体育游戏都带有一定的情节和各种不同的角色，这非常符合幼儿爱模仿、好扮演的特点。竞赛是体育游戏中常见的一种游戏形式，它能充分满足幼儿争强好胜的心理，因此，虽然有的体育游戏没有情节和角色，只是要求幼儿在竞赛中完成某种运动任务，也同样深受幼儿的喜爱。

以"跳"为例，如果单纯枯燥地让幼儿练习双脚跳，幼儿可能跳不了几下，就不感兴趣了。可是只要我们把它变成一个"小白兔回家"的体育游戏，幼儿便会兴趣盎然地跳个不停。体育游戏正是以它自身的趣味性，使幼儿产生愉快的情绪，并给他们的身心健康带来多种有益的影响。

（二）健身性

体育游戏将基本动作技能的锻炼寓于趣味性很强的活动之中，幼儿在游戏中完成走、跑、跳、钻、爬、投掷、滚、吊、拉、推、平衡等基本动作。因此，体育游戏对于激发幼儿的体育活动兴趣，促进其以体能为主的各方面的发展具有独特作用。

（三）教育性

《纲要》指出："幼儿园要开展丰富多彩的户外游戏活动和体育活动，培养幼儿参加体育活动的兴趣和习惯，增强体质，提高对环境的适应能力。"体育游戏是幼儿园户外体育活动的主要形式，是完成幼儿园体育工作的主要途径之一。体育游戏能有效提高幼儿对身体锻炼的兴趣，让幼儿掌握各种基本动作的技能技巧，全面发展幼儿的身心，促进幼儿身体的健康发展。

三、体育游戏的结构

幼儿体育游戏是由游戏动作、活动方式、游戏情节和活动条件构成的。

（一）游戏动作

幼儿体育游戏主要由五类动作组成。第一，发展基础运动能力的动作，包括走、跑、跳跃、投掷等基本动作和提高身体素质的动作。第二，简单的运动技术。如拍球、体操等运动项目的技术。第三，体育游戏本身所特有的动作。如跳、踢毽子、跳皮筋等游戏中的特有动作。第四，模拟动作和简单舞蹈动作。第五，生活动作，如穿衣、背物等动作。

（二）活动方式

活动方式是指游戏的组织活动和练习方法，它是实现游戏教育任务的途径。

1. 组织活动

体育游戏的组织活动包括游戏队形、分队和分配角色、启动和结束活动。游戏队形是游戏者在游戏时根据场地、器械条件、人数、动作、玩法、指导等需要所形成的队形；分队和分配角色是由分配人、决定分配人的方法和分配角色的方式等因素构成；启动活动由发出信号人、启动信号、接收信号人等成分构成（其中启动信号可以是听觉信号、视觉信号、触觉信号、综合信号，也可以是语言文字信号等）；结束活动则是由结束信号和游戏者结束活动构成。

2. 练习方法

练习方法由重复做规定动作的活动和有一定教育目的的附加措施构成，是决定游戏效果的重要因素。常用的练习方法有：模拟法、竞赛法、条件练习法、循环练习法等。练习的顺序可采用同时练习或相继练习（包括依次和随机两种）。

（三）游戏情节

体育游戏情节是根据游戏的动作和活动方式的特点而构思的，在游戏中主要起到增加游戏趣味性的作用，是个很活跃的结构成分。比如，游戏中有双脚跳这一动作，我们就可以构思小青蛙找朋友、小袋鼠找妈妈等情节，使单调的动作变成让人兴趣盎然的游戏。同一个游戏可以采用多种情节，由某一动作或活动方式而构成的游戏也可以采用多种情节。

（四）活动条件

活动条件是指体育游戏赖以进行的物质条件，包括玩具、场地、器械等。其中，玩具在体育游戏中具有双重性质，它既是物质条件，又是动作对象。游戏场地是游戏活动的必要条件，它对锻炼身体的效果、动作性质和活动方式都有着直接的影响。

四、体育游戏的分类

体育游戏以多种形式呈现，按照不同的标准划分为不同类型。

（一）按照游戏组织形式进行划分

根据游戏组织形式的不同，体育游戏可分为自主性体育游戏和体育教学游戏两种。

自主性体育游戏是以幼儿为主，幼儿自定运动形式、自选运动器械、自由组合玩伴的自主性游戏活动。

体育教学游戏则是以教师为主，为完成一定的教学目标而组织的教学性游戏活动。

（二）按照游戏有无情节进行划分

根据体育游戏有无情节之别，可分为主题游戏和无主题游戏。

主题游戏是以假定的形式反映生活中的一个片段和童话故事中的情节等，如推碾子。

无主题游戏则没有一定的情节和角色，它或是包含了幼儿感兴趣的动作内容，或是包含了竞赛性因素，如接力、捕捉等游戏。

（三）按照游戏活动的形式分类

根据游戏活动的形式，体育游戏可分为接力游戏、追拍游戏、争夺游戏、角力游戏和猜摸游戏。

1. 接力游戏

接力游戏是指以接力的活动形式进行的各种走、跑、跳、爬等分组竞赛游戏，如小马过河。

2. 追拍游戏

追拍游戏是指游戏者追拍其他游戏者或球类，训练幼儿奔跑及反应力的竞争游戏，如老狼老狼几点了。

3. 争夺游戏

争夺游戏是指为争夺一定的物品或位置而进行的一种斗志比速游戏，如图 7-1 所示。

4. 角力游戏

角力游戏是指游戏者相互比较力量，斗智斗勇的对抗性游戏，有双人角力和多人分组角力等，如图 7-2 所示。

图 7-1　争夺游戏

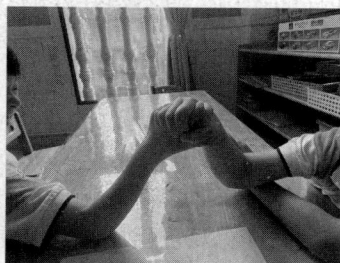

图 7-2　角力游戏

5. 猜摸游戏

猜摸游戏是指蒙住游戏者的眼睛，利用听觉、触觉和平衡感来进行运动和猜物的游戏，发展幼儿的感官和协调性，如蒙眼摸人游戏。

（四）按游戏活动的内容分类

按游戏活动的内容可将游戏分为走跑游戏、跳钻游戏、投掷游戏、攀爬游戏、平衡游戏、球类游戏等。走的游戏如过独木桥；跑的游戏如跑步等；跳的游戏如袋鼠跳等；钻的游戏如钻呼啦圈等；投掷的游戏如套圈等；攀爬的游戏如攀爬墙等。

（五）按游戏对提高身体素质作用分类

体育游戏按照游戏对提高身体素质的作用可以分为速度性游戏、力量性游戏、灵敏性游戏、柔韧性游戏、耐力性游戏。速度性游戏如跑步，力量性游戏如举重等，灵敏性游戏如追逐跑等。

（六）按游戏场地分类

体育游戏按照游戏活动的场地可将游戏分为户外游戏（图 7-3）和室内游戏（图 7-4）。

图 7-3 户外游戏

图 7-4 室内游戏

（七）按游戏器材分类

体育游戏按照游戏所使用的器械不同可将游戏分为持轻器械游戏和徒手游戏。

（八）按游戏人数分类

体育游戏按参加游戏的人数可将游戏分为单人游戏、双人游戏、集体游戏等。

体育游戏的种类十分丰富，不同类别的游戏对幼儿的发展作用不同，教师需要根据幼儿的年龄特点和能力水平选择适合的游戏，这样更能促进幼儿的发展。

五、体育游戏的作用

（一）促进幼儿的身体发育和动作发展

体育游戏锻炼了幼儿各器官系统的生理机能，促进了机体的新陈代谢，增强了幼儿的体质。幼儿通过反复练习，其各项基本动作得到进一步发展和完善，基本活动能力得到进一步的提高。此外，体育游戏多在户外进行，使得幼儿充分地接触新鲜的空气和阳光，提高了他们对外界环境适应能力，增强了身体的抵抗力。

（二）有利于幼儿智力的发展

体育游戏通过身体活动加快血液循环，促进了脑部的发育，为幼儿智力的发展提供了更好的物质基础。体育游戏培养了幼儿的思维能力、创造能力和竞争能力。在张弛结合的体育游戏中，幼儿神经系统的灵活性和均衡性得到了改善。

（三）有利于幼儿意志品质的培养

首先，体育游戏的规则要求幼儿必须学会控制自己的行为，遵守游戏规则，以保证游戏顺利进行。其次，体育游戏能培养幼儿习惯集体活动，并能关心集体，相互协作，自觉遵守规则，锻炼幼儿在完成游戏任务时克服自私自利情感和情绪的能力。最后，体育游戏有助于培养幼儿勇敢、机智灵活、不屈不挠、克服困难等优良品质，还可以培养和增强他们的责任感和互助互爱的精神，以及活泼开朗、乐观向上的性格。

（四）有利于培养幼儿的美感

许多体育游戏都有赖于早先获得的动作技能，体现幼儿达到的准确性、协调一致性和灵活性，不论是其内容还是形式，都不失为一种表现美的活动。在体育游戏中，所有的幼儿都感到兴奋，这给游戏活动增加了感情色彩，同时，通过游戏使幼儿从动作过程本身得到一种满足，产生良好的情绪体验。

在游戏中，各种队列要求幼儿动作准确，姿势优美，精神集中，从而发展他们的美感；整齐划一的活动形式，很大程度上表现游戏场面的美，是参加者本人可以感受到的；体育游戏中还要求许多感情色彩鲜明、语言优美、富有节奏感的儿歌和对话，配以音乐、摆放有序的器材标志、地上色彩鲜艳的线条图案，这无疑也大大地丰富了游戏的美学特征，可以借此培养幼儿的美感。

另外，通过游戏的规则、角色、情节以及幼儿之间的相互关系，还可以培养幼儿的心灵美。

微课 7-1-1
幼儿体育游戏概述

项目二　掌握体育游戏的指导

一、体育游戏指导的基本任务

幼儿体育游戏的组织形式包括由教师直接组织的集体游戏、幼儿独立进行的小组游戏、个人游戏等。

（一）自由体育游戏

自由体育游戏的顺利开展，需要老师把握三大任务：游戏前的准备、游戏中的指导以及游戏后的评价。

1. 游戏前的准备

（1）提供适合的玩具，并帮助幼儿建立规则意识

滑滑梯、摇椅、跷跷板等大型器械都是孩子最喜欢的大型器械，除了固定的器材外，

教师还可以投放一些比较有趣的运动器材，如投掷器材（图7-5）、板鞋（图7-6）等，还可以让幼儿一起参与共同自制体育器材，如赛龙舟、梅花桩等，增强游戏的趣味性，满足幼儿的游戏需要。

图7-5　投掷器材

图7-6　板鞋

（2）帮助幼儿建立规则意识

俗话说，无规则不成方圆。自由游戏也需要规则，教师不能对幼儿的自由游戏做太多的限制，但是要帮助幼儿建立规则意识，并在游戏之中自觉遵守。如踢足球时，要轮流守门和踢球。玩滑滑梯时，要引导幼儿按照秩序轮流进行；玩玩具不能争抢，要和别人商量。

2. 游戏中的指导

观察幼儿游戏，适时介入指导。观察的目的是了解幼儿的运动能力及幼儿在游戏中遇到的问题。在观察中，教师要知道哪些是孩子共有的问题，哪些是个人问题。在观察的基础上，在体现幼儿自主的前提下，为幼儿提供适时的帮助和指导。

3. 游戏后的评价

可以在集体中进行，请幼儿围绕着体育游戏说说自己的体验，针对游戏中出现的问题，幼儿同伴可以评价和想一些方法和对策，教师可以进行总结评价，以免下次出现同样的问题。

拓展阅读

安吉游戏印象

幼儿走出教室，在操场的各个角落里安静、有序地摆弄着各种梯子、玩沙的小铲子、油桶、轮胎，每个孩子都可以根据自己的意愿选择游戏材料、玩伴（图7-7），而在游戏过程中，教师就像摄像头一样注视着孩子们。只要不出现危险状况，教师绝不轻易干预孩子的游戏行为和冲突。在教师的默默陪伴中，幼儿全身心地专注于自己感兴趣的游戏活动，幼儿可以自己随便玩，也可以和其他幼儿发生冲突并自己解决冲突。真正专注于自己游戏活动的孩子是不在意其他人是否关注自己的，在这种游戏中孩子真正地成为他自己，体验到此时此

图7-7　幼儿玩伴

地的快乐，领会着彼此的存在，并对自己的存在有所作为。游戏中的儿童不需要大棒式的惩罚，也不需要小红花的引诱，因为与自己的存在相比较，他们对这些东西都不在意。

在日常的游戏活动中，并不是每一个环节都精彩纷呈，也并不是每时每刻孩子都能够表现出最有才智的一面。如果以孩子日常生活中的平淡无奇来否认游戏的价值，那么就真的不公平。我们知道所有能力都是需要练习的，游戏才能的形成也不例外，正是一个个平淡无奇的瞬间才磨炼出孩子对于问题的兴趣与执着，使得他们在自己执着的问题上爆发出才华，形成了内在的、真正的自我。一个人的精神力量——抵挡以后面对艰难生活的核心力量就是在这种日常生活中统整起来的。只有自己精神上人格的完善，才能对自己的灵魂招兵买马，将各种内外部力量统一起来。看似闹哄哄的游戏场面，其实是散而不乱，每个孩子都关注于自己的活动，以自己的节奏有序地进行游戏活动。

最令我感动的场景是游戏结束的时候，幼儿收拾游戏场地的画面。教师播放活动结束的音乐，有的孩子用力拖着木头梯子，有的孩子合作抬着玩具放在架子上，整个过程有条不紊，而教师依旧一言不发地看着孩子的整个收拾过程。王振宇教授说："夕阳西下，幼儿教师像沉默的司令一样看着自己的孩子收拾玩具，这或许是世界上最美丽的画面。"有的孩子边收拾道具边玩耍，也有个别孩子继续在角落里玩而不参与整个收拾过程。孩子努力、专注、费力地收拾道具，然后再摆放好游戏材料的过程，真的就像打扫战场的战士一样。幼儿在游戏过程中是严肃的，也是欢乐的，有教育家将儿童游戏称为"严肃的快乐"。儿童为了继续玩游戏，会努力克服自己的局限，在努力的过程中能力和心智得到了发展。游戏像了解儿童的教师一样，不断引导幼儿向更高水平发展，不断抬高幼儿可能发展的最高水平，用苏联心理学家维果茨基的说法就是"游戏不断创造儿童的最近发展区"。

我们最大的感受是安吉的孩子不压抑，他们纯真、自然、开朗、活泼。不论是晨间接待、过渡环节，还是户外自主游戏时间，教师都不轻易干预儿童的活动，儿童都可以自然地展现自己最真实的一面。在这些活动和环节中，儿童都在自然地释放自己的主体性。

资料来源：周桂讯．安吉游戏印象[J]．早期教育（教育教学版），2018（6）：22-23．

（二）教学性体育游戏的指导

教学性体育游戏的顺利开展，需要老师把握六大环节：选择游戏、游戏教学活动设计、游戏前的准备、游戏中的组织与教学、游戏中的指导、结束游戏。

1. 选择游戏

（1）要根据幼儿的年龄特点、实际水平，选择适合的游戏，确定游戏的时间、运动量。小班幼儿身体素质比较差，大肌肉群发展不够完善，所以，对于各个动作尚未完全掌握，动作缺乏协调性和准确度，我们应为幼儿选择游戏动作和情节设置比较简单、角色较少、有利于幼儿模仿的游戏，如你追我赶、踩高跷、袋鼠跳、老鹰捉小鸡等游戏。中班幼儿体力和动作都有所提高，能够集中注意力，比较自觉遵守游戏规则，他们更喜欢有情节的游戏，因此可以为其选择有情节的体育游戏，如小青蛙捉害虫、能干的小兔子。大班的幼儿身体更加强壮，体力更加充沛，可以在游戏中增加一些竞争性，如夹球跳接力赛、好玩的坦克等。

（2）在选择游戏时，还应该注意新授内容和复习交替进行，前、后游戏之间要相互联系，循序渐进，由浅入深，由易到难，由简到繁。

（3）应重视幼儿的全面发展。人体是一个有机统一的整体，任何局部器官功能的落后、改善与提高，必然影响其他部位器官功能的发展。要选择不同内容、不同动作、不同效果的游戏，尽量避免身体锻炼的片面性和不平衡性。

2. 游戏教学活动设计

游戏教学活动设计的具体方法和要求如下。

（1）应分清体育游戏教学活动的类型。幼儿体育游戏教学活动一般有两种类型：一种是新授活动，即以学习新教材，并把新教材作为身体锻炼活动的主要内容而展开的教学活动（活动的要求和锻炼的方式等可适当改变）。另一种是幼儿园最基本、最普遍采用的体育游戏教学活动的类型是综合教学活动。它包含两层含义，一是活动的内容既有新的，又有已经学习过的，即新、旧内容的综合。二是活动中多种类型的活动内容综合，既包括基本体操（含队列队形），又包括模仿性活动，游戏（基本动作游戏、身体素质练习游戏等）、运动技能练习等。

（2）明确体育游戏教学活动的结构。根据人体生理机能能力变化规律和动作技能形成规律，在设计幼儿体育游戏教学活动的过程中，各部分的任务、内容和时间安排如下。

① 开始部分

任务：组织幼儿，集中幼儿的注意力；使幼儿明确活动的内容和要求，激发他们参与身体锻炼活动的兴趣；通过身体活动，克服各器官、组织的惰性，提高其活动能力、发展主要肌群；根据基本部分的内容，做一些有针对性的准备活动，为下面活动奠定基础。

内容：排队和队列队形练习；向幼儿说明活动的要求和主要内容；做一些基本体操或模仿活动；开展一些运动负荷小、有利于发展幼儿体能的游戏；也可进行一些简单的舞蹈和律动等。

时间：一般占总时间的 10%~20%。

② 练习部分

任务：学习新的或较难的活动内容，巩固和提高已学过的各类练习和游戏等，通过幼儿自身的身体练习，从中提高幼儿的身体素质，发展幼儿能力，培养幼儿良好的心理品质等。

内容：发展基本动作和体能的游戏等。一次活动一般安排 1~2 项活动内容，并注意新旧搭配，急缓结合，全面锻炼幼儿的身体。

时间：一般占总时间的 70%~80%。

③ 整理部分

任务：降低幼儿大脑的兴奋性；使幼儿的身体由运动时的紧张状态逐渐恢复到相对安静、肢体放松的状态；合理地小结评价，有组织地结束活动；收拾和整理器材。

内容：轻松自然地走步；模仿性动作、徒步放松肢体；简单、轻松的体操或律动、舞蹈；活动量较小较安静的游戏等。

时间：一般占总时间的 10%~20%。

（3）能准确地表述设计方案。幼儿园体育游戏教学活动设计方案的表述，一般包括以下几个部分，这几个部分既可以采用文字叙述式，也可以采用表格式，需包括活动名称、活动目标、活动准备、活动过程、活动延伸和活动评价或建议等。

3. 游戏前的准备

教师如果想要上好一节体育课，就要做好充足的准备，这些准备包括了解全班幼儿的情况，熟悉游戏，认真备课，同时，要引导幼儿学习与游戏相关的儿歌，准备好游戏相关的器械、玩具或教具，检查器械是否牢固、安全，数量是否准备充足，是否需要准备头饰，注意观察幼儿的服装是否适合运动，以及幼儿是否做好游戏的准备。

4. 游戏中的组织与教学

（1）集合

要组织幼儿玩游戏，教师应用一定的方法使幼儿有兴趣地集合起来，在游戏现场排好所需的队形。常用的集合方法有：①铃鼓、响铃、哨声或者其他信号来集合幼儿；②也可以用儿歌来集合幼儿，这种方法适合大班的幼儿，也需要较长时间训练；③也可以用过渡性游戏来集合。

（2）讲解和示范

讲解主要是教师向幼儿介绍游戏的名称、方法、动作要求、交替信号和规则等，目的是为了引起幼儿对游戏的注意和兴趣，帮助幼儿建立初步的游戏概念，了解游戏的方法。教师讲解的语言要生动形象，简单明了，富有感染力，同时讲解一般要结合示范动作进行，对于比较难的动作可以做慢动作示范。

（3）分队、分角色

分组竞赛各队的人数应合理，力量搭配要相当。新游戏一般多用指定法分配角色，小班可先由老师担任主要角色，在较大年龄班可根据具体情况有目的地分配角色。

5. 游戏中的指导

做好游戏的指导需要做好以下四个方面：把握运动量、提醒幼儿遵守游戏的规则、注意幼儿身体姿势和动作的正确性、注意安全。

（1）把握运动量

一般根据幼儿在游戏中的精神情绪和完成动作的情况来判断运动量的大小，并根据幼儿游戏的具体情况来选择调节活动量的方法。调节游戏活动量的方法：一是增加或减少游戏的组数和参加活动的人数；二是扩大或缩小游戏的场地范围；三是延长或缩短游戏的时间和休息时间。

（2）提醒幼儿遵守游戏的规则

教师在介绍游戏的玩法时，应强调游戏的规则，并作为评定胜负的重要条件。在游戏不熟练的情况下，教师特别要注意提醒幼儿遵守规则。

下面我们来看下面几个游戏的规则。

小班"坐火车去旅行"的游戏规则："小车厢"一个搭着一个跟着"轰隆隆"的节奏慢走和快走，提高了腿部的肌肉力量和身体的协调性。

中班"快乐的滑板"的游戏规则：在滑板冲浪的游戏中，练习腹部紧贴滑板，双手支撑地面向前滑行的动作，听信号到达指定标志点，提高平衡能力和动作协调性。

大班"切西瓜"的游戏规则：按照儿歌的节奏"切"西瓜，在念到"来"时切开西瓜双向奔跑，在迎面时注意躲闪，提升奔跑的速度，也提高自我保护能力。

（3）注意幼儿身体姿势和动作的正确性

不论进行什么游戏活动，都应使幼儿的身体姿势保持正确的姿态。教师应用语言提示或中止练习，及时予以纠正，使幼儿加深正确动作的印象。如图7-8、图7-9所示，教师通过示范走、爬等动作，通过语言、动作引导幼儿，保持身体姿势和动作的规范性。

图 7-8　教师示范

图 7-9　教师指导

（4）注意安全

在游戏过程中，教师应该既要让幼儿玩得尽兴，又要保证安全。教师要随时检查场地器械是否安全，查看幼儿使用器械是否正确，同时活动场地要有一定的范围和路线，组织工作要严密，做到既生动活泼又有秩序。此外，教师要在游戏中给幼儿必要的保护与帮助，尤其对体弱、胆小和动作迟缓的幼儿，更要加强保护和帮助。

6. 结束游戏

把握好体育游戏的结束时机是关键。结束游戏的最佳时机应是幼儿虽未感到充分满足，但已有适度疲劳，或虽未产生适度疲劳，但幼儿已感到满足。结束体育游戏时，应及时讲评，公布游戏结果，肯定优点，指出存在问题和改进意见，提出希望。

案例呈现

中班体育活动《快乐的小老鼠》

一、活动目标

（1）了解手膝着地行进爬的方法，发展动作的协调性与灵活性。

（2）通过同伴间的相互学习、游戏情境等方式，学习手脚协调快速向前爬的方法。

（3）喜欢和同伴一起游戏，体验爬行游戏的乐趣。

二、活动准备

小老鼠和猫的头饰各1个，气球伞1个，筐4个，酸奶瓶若干，护手、护腕、护膝若干。

三、活动过程

1. 激发兴趣，活跃情绪

师：今天小朋友当小老鼠，老师当老鼠妈妈，让我们一起到花园里去玩玩吧！

（1）师幼走进场地。

（2）做热身运动，活动身体各部分。

师：小老鼠好，我们一起听音乐活动活动身体吧！

在《小老鼠上灯台》的音乐中，模仿老鼠走路（双手放在胸前，两脚轻轻踮起）——老鼠爬（蹲下一下一下向前爬）——吃食物（双手举过头顶抓食物）——猫来了躲起来（双手快速绕圈，蹲下来）。

2.学习手膝着地爬的基本动作

（1）幼儿自由练习爬行，教师运用语言创设游戏情境。

师：小老鼠门，这里有好多玉米，我们爬过去吃点吧！天气越来越冷了，我们储藏一些玉米过冬。

①幼儿自由练习。

②个别幼儿示范后，师生讨论手膝着地快速爬的动作要领：手和膝盖快速交替向前爬，跪下时要轻轻地，保护好小膝盖。

③幼儿练习听信号向指定方向手膝着地快速爬。

师：小老鼠们，我们一起去小蚂蚁家做客吧！（场地的一端）看谁先到哦。

（2）游戏：快乐的小老鼠

①教师讲解游戏方法：这里有一把彩虹伞，是小老鼠的彩虹乐园。请每个小老鼠站在一个颜色前，当"老鼠妈妈"发出指令后，小老鼠要快速爬到气球伞的中间取出一瓶奶爬回来，然后跑着送到前面的筐子里。

②幼儿游戏。

③幼儿完整游戏。

师：小老鼠们玩得开心极了，这时候一只大黑猫醒了要过来，小老鼠们赶紧躲进气球伞里啊！

3.稳定情绪，放松身心

师：今天我们玩了小老鼠的游戏，小朋友开心吗？让我们一起听音乐放松一下吧！

资料来源：朱清，侯金萍.幼儿园优秀体育活动设计99例[M].北京：中国轻工业出版社，2015.

拓展阅读

幼儿园开展体育游戏教学的策略研究

1.创新体育游戏教学模式

在对幼儿进行体育游戏教学之前，教师要向幼儿传播"身体是革命的本钱"的思想，讲述体育的重要性，让幼儿从内心开始重视体育锻炼。传统的体育游戏教学不能引起幼儿的兴趣，让幼儿积极主动地参与体育锻炼之中，这就要求教师在进行教学时要学会创新，打破传统的教学方式，采用新的教学理念。例如，开展一些小活动，像开展运动会、评选体育小达人等活动，让幼儿主动加入锻炼之中。在参加活动的过程中慢慢地培养幼儿体育锻炼的习惯，增强幼儿对体育锻炼的兴趣，逐渐增强幼儿的身体素质。采用游戏法和比赛法的方式，让幼儿积极参与到体育锻炼中，游戏法能够让幼儿在轻松愉悦的氛围中进行体育锻炼。比赛法能够激发幼儿的荣誉感，让幼儿主动进行体育锻炼。

2. 开展早操体育运动

早操在很多年级都有所体现，当然幼儿园也是如此，教师可以开展早操，让幼儿进行少量的锻炼。开展早操不但能够帮助教师缓解枯燥无味的课堂氛围，也能达到锻炼身体的效果。使幼儿从小养成早晨锻炼的习惯，帮助幼儿从早晨就拥有一个朝气蓬勃的精神状态，从而更好地进行接下来的学习。早操也属于体育游戏的一种，对于幼儿的身体健康十分有利，不但有助于幼儿的文化学习，也能在一定程度上增加幼儿的运动量，使其拥有一个良好的体魄。

3. 设立一定的比赛项目

因为传统体育游戏古板枯燥，不能激发幼儿的参与意识。教师要懂得创新，开展的比赛项目要具有一定的现实意义，让幼儿产生想要参与的欲望。此外，比赛的体育形式也能在一定程度上激起幼儿的胜负欲，使幼儿积极主动地参与到体育游戏的锻炼之中。比赛会有一定的奖励措施，这也能够让幼儿产生一定的自信心和荣誉感。例如，教师可以设立一场小组比赛，以团队接力的形式分为三组，采取三局两胜的比赛规则，让幼儿自行组队参与游戏。首先这种比赛对于幼儿来说本身就存在一定的吸引力，幼儿想要得到比赛冠军，在参与过程中就要懂得团队之间的团结合作，并采用合理的战术，这样才能获得比赛最终的胜利。这些比赛项目既能在一定程度上开发幼儿的运动细胞和竞争意识，也能在团队比赛中锻炼幼儿的团结协作能力。这样的比赛形式属于一种创新，使得体育游戏教学能够顺利进行，又能够帮助幼儿积极地参与其中，符合现代社会的教学理念。

4. 实现多元化体育游戏课堂

每个幼儿所处的环境不同，自然而然都有不同的兴趣爱好。而这些不同组成了一个多元化的环境，这种多元化能够使幼儿学到更多的知识。在体育游戏的教学课堂上也是如此，每个人喜欢的体育游戏都是不一样的，教师要尽量考虑到每一个人的需求，进行多元化的体育游戏教学，使课堂充满趣味性，让幼儿爱上体育锻炼。例如，教师在进行体育游戏教学时，可以将幼儿喜欢的体育游戏项目写在卡片上，教师每次上课之前随意抽取一张卡片来决定今天课堂的主题，促使幼儿产生体育游戏锻炼的积极性。这种方式既新颖，又能满足幼儿对体育游戏课的期待，在一定程度上也能够使幼儿产生体育锻炼的积极性，主动加入体育游戏的锻炼之中。同时这种多元化的课堂符合现代的教学方向，打破了传统的体育教学，使幼儿成为课堂的主体，产生对体育游戏的喜爱。

5. 提高幼儿的体育参与意识

教师在进行教学时可以了解家长的意见，开展班会共同讨论体育游戏教学，同时也要改变家长错误的观念。此外，教师也可以与家长共同进行体育游戏的教学工作，如开展亲子游戏活动，让家长与幼儿共同参与体育游戏之中，为幼儿营造一个良好的体育氛围。家长的参与使得体育游戏教学既具有特色，又能够在一定程度上改变家长错误的思想观念，让家长明白体育锻炼的重要性。通过家长和教师共同的努力，提高幼儿体育锻炼意识，增强幼儿参与体育游戏活动的积极性与主动性。

资料来源：董玉良.幼儿园开展体育游戏教学的策略研究[J].基础教育论坛，2021（33）：25-26.

二、不同年龄班体育游戏的特点及指导要点

（一）不同年龄班体育游戏的特点

不同年龄班的体育游戏呈现不同的特点如表 7-1 所示。

表 7-1　不同年龄班体育游戏的特点

项　　目	小　　班	中　　班	大　　班
身体和心理	体质较弱，各项基本动作没有正确掌握，不协调，不准确，平衡能力差，注意力不集中	体力有所发展，动作较协调、灵活，平衡能力有所提高，空间知觉控制力有所增强，注意力较集中	身体更加壮实，体力更充沛，动作更加协调有力、灵活自如。观察分析和理解能力显著提高，责任感增强
内容和动作	内容简单，动作少，活动量较小，喜爱模拟自然现象或动物的活动	内容开始复杂，喜欢有情节的游戏和追逐性的游戏，活动量增大	动作增多，难度增大，喜欢竞赛性的游戏和内容丰富，将体力与智力相配合的游戏，活动量较大
情节	简单	复杂性增加，增加了无情节的游戏	较复杂
角色	少，多为幼儿熟悉的角色（1~2 种）	增多	较多，与情节的关系复杂
规则	简单，不带有限制性	增多	较复杂
结果	幼儿不太注意	幼儿有所注意	喜欢有胜负结果
活动方式	常是集体做同一动作或共同完成一两项任务	出现两三人合作的游戏	合作性游戏增多，增加了组与组的合作

（二）不同年龄班体育游戏的指导要点

1. 小班体育游戏的指导要点

（1）为小班初期的幼儿选择动作简单、活动量小、规则简单、有角色扮演、易于理解和模仿的游戏。例如，"老猫睡着了，小猫再出去；老猫醒了一叫，小猫就回来"，这是游戏的内容，也是游戏的规则。

（2）以游戏伙伴的身份与幼儿共同游戏，以积极的情绪感染幼儿。

（3）以动作示范为主带领和帮助幼儿学习游戏。

（4）注意发现幼儿的游戏兴趣，及时调整游戏内容，或增加游戏情节以维持幼儿的兴趣。

（5）游戏评价应当注意肯定幼儿在游戏中积极的表现，总结游戏中的新玩法，帮助幼儿积累必要的游戏经验。

2. 中班体育游戏的指导要点

（1）引导幼儿去探索和获得各种运动经验，可适当增加游戏动作的难度。

（2）注意加强幼儿的规则意识和对游戏规则的理解，通过示范、讲解，帮助幼儿掌握游戏的玩法、理解规则，帮助幼儿学习解决游戏中的简单问题。

（3）可多给幼儿选择和介绍互补性的规则游戏，如追逐游戏。

3. 大班体育游戏的指导要点

（1）以游戏者的身份向幼儿讲解游戏，大班幼儿的个性已经初具成形，他们看起来略有"主见"。在体育游戏讲解时，教师要保持民主、平等的姿态，把自己变成一个共同游戏者，营造一种宽松、自由的游戏氛围，运用民主、平等的语言，拉近教师与幼儿之间的距离。

微课 7-2-2
幼儿体育游戏
的指导要点

（2）以简明生动的语言、适当的示范，帮助幼儿了解游戏的玩法，理解游戏规则。

（3）逐渐向幼儿介绍运动技能的质量标准，对幼儿的身体运动活动加以有计划、有目的的指导。

（4）对不同性格和能力的幼儿采取不同的指导方法。

项目三 体育游戏的改编与创编

一、体育游戏改编与创编的原则

幼儿阶段是儿童身体发育和机能发展极为迅速的时期，也是幼儿形成安全感和乐观态度的重要时期。在设计游戏的时候，应该考虑不同年龄段幼儿的生理特点，合理安排运动时间，切忌时间过长，与此同时，还要考虑幼儿的认知、个性、人格等心理方面特点，让幼儿在玩中学，在学中玩。

在设计体育游戏时，应考虑以下原则。

（一）目的性原则

体育游戏不同于一般性游戏（如角色游戏、智力游戏），它应该突出"体"，即要以增强幼儿的体质为主要目标。因此，在创编体育游戏时，应考虑两点：①要有某些基本动作；②要有一定的运动负荷量。

（二）趣味性原则

体育游戏的趣味性，是体育游戏具有生命力的重要因素。因此，教师在教学实践中，要根据幼儿的身心发展需要，选择幼儿熟悉和喜爱的角色，安排简单有趣的情节，使幼儿对体育游戏感兴趣；要不断收集游戏素材，通过各种角色的吸引，以及游戏方法和规则的推陈出新，创编出丰富多彩、新颖有趣的体育游戏。

（三）教育性原则

创编的游戏应有明确的教育任务，而体育游戏的主要任务是促进幼儿身体和基本动作、技能、素质的发展，同时还具备智育和德育的任务。因此，体育游戏的内容及开展体育游戏的过程，要使幼儿的认知能力得到发展；并要不断培养幼儿服从集体、遵守规则、团结合作的意识和行为。

（四）安全性原则

由于幼儿控制自己行为的能力比较弱，容易受无关因素的影响而发生事故。因此，在设计和创编幼儿体育游戏时，要考虑内容安排、活动范围、场地安排、路线、器械等安全因素，做到防患于未然。

二、体育游戏改编与创编的步骤和方法

要组织好每一个幼儿体育游戏，就要做好体育游戏的设计方案。体育游戏方案的设计，可以使体育游戏过程更加顺利，以达到体育游戏的效果。体育游戏的具体设计步骤如下。

（一）确定游戏名称

游戏名称既要反映游戏的具体内容，又要能吸引幼儿。可以根据游戏动作和活动方式定名，如"听鼓声变速走"；也可以根据游戏情节或主题特点定名，如"猫捉老鼠"。

确定游戏的名称具体要求如下：生动、形象、直观，符合幼儿的认知水平，突出体育的特征。例如，中班体育游戏"小刺猬背枣枣""小刺猬"是幼儿比较熟知的动物，"背"就是所要做的动作（侧身滚），"枣枣"就是"小刺猬"要背回家的食物。

（二）明确游戏目标

每一个游戏都必须有一定的针对性和目的性。在创编幼儿体育游戏时应根据幼儿年龄特点、运动能力发展水平、教学要求和条件，使每个游戏都有锻炼的侧重点，并兼顾德育、智育和美育的目的。

在设计游戏目标时，要注意以下几点：第一，要明确设计体育游戏针对的是哪个年龄班，了解该年龄段幼儿的体能、身体发展素质；第二，要跳出体育游戏"只姓体"的概念，除了考虑身体发展外，也要结合情绪情感、心理及社会性的发展，注重教育性；第三，应简洁清晰、准确具体、重点突出；第四，具有可操作性。

例如，中班体育游戏"打地鼠"的游戏目标可设计如下。

（1）通过"打地鼠"的游戏，提高躲闪跳能力。

（2）能快速发现"地鼠"，敏捷地去打"地鼠"。

（3）体验与同伴一起合作游戏的乐趣。

（三）做好游戏的准备

游戏前的准备工作是体育游戏顺利开展的前提和有效保障。面对年纪尚小、各方面能力水平还处于较低水平的幼儿，更要对游戏前的前期准备工作给予高度的重视。因此，我们在设计体育游戏时，也应该将游戏的准备纳入其中。

游戏准备包括两个方面：一方面是物质条件和环境准备，主要包括游戏场地，以及游戏所需要的器械、教具等；另一方面是幼儿已有的经验，即幼儿是否玩过相关类似的游戏。

（四）构思游戏的玩法

构思游戏的玩法主要是构思游戏的情节和设计游戏的活动方式。构思设计时要从幼儿的兴趣与认知特点出发，使活动方案充分满足体育游戏的趣味和锻炼兼重的要求，同时兼顾安全和教育等因素。

1. 构思体育游戏的情节

不同年龄班的幼儿有着不同的身体发展水平和兴趣爱好。构思体育游戏情节时，应从

幼儿的身心发展特点出发，结合现实生活中幼儿感兴趣的事件和元素，围绕着一个切入点展开设计。常用的构思方法有事件提炼法、器械相关法、故事借鉴法、角色衍生法、知识模拟法和主题串联法。

（1）事件提炼法是从现实生活中提炼游戏主题素材构思游戏情节的方法。幼儿感兴趣的事物是我们构思游戏情节的重要线索。我们要注意观察幼儿感兴趣的事物，从而构思相应的游戏情节，如司机开汽车，奥运运动员进场等。

（2）器械相关法是根据游戏使用器械的特点来构思游戏情节的方法。在体育游戏中，常用的器械有：球、平衡木、木块、绳子等，利用这些道具的特点构思游戏的情节，如"运西瓜""走钢丝"等。

（3）故事借鉴法是根据故事内容来构思游戏情节，以故事表演为游戏表现形式的方法。运用故事借鉴法构思游戏情节有两种情况：一种是直接借鉴于现有的故事，如"黑猫警长"；另一种是为游戏而创编某些故事情节，如"小兔子采蘑菇"等。

（4）知识模拟法是根据一定的社会与自然知识，用模拟知识点的手法构思游戏的情节，让幼儿通过游戏活动掌握相关知识的方法，如"小心触电""红绿灯"等。

（5）角色衍生法是根据游戏动作和活动方式特点，选择相关或相似的事物作为游戏角色，从而衍生出某种游戏情节的方法。例如，设计以双脚跳动作为主的游戏，可以根据双脚跳的特点，考虑选用"小白兔""小青蛙""小袋鼠"等作为游戏角色。

（6）主题串联法是幼儿园教育教学常用的活动形式，它围绕某一既定的主题构思游戏情节，通过与主题相关的多个活动，将多种游戏动作整合在一起，从而达到幼儿全面发展的教育目的，如"小小坦克兵"等。

2. 设计游戏活动方式

不同的游戏内容和活动方式有着不同的作用，同一活动内容采用不同的组织方法也能达到不同的效果。竞赛法是体育游戏中较多运用的一种练习法，常用的竞赛法有接力法、捕捉法和争夺法。

接力法是体育游戏最常见的竞赛形式，有回转式、穿梭式和周围式三种主要方式。

捕捉法是一种游戏者直接对抗的竞赛活动形式，有五种主要方式：①从捕捉双方的关系切入。常用的有以下三种。第一种是一方追捕，另一方逃避，如"贴人"等；第二种是互相追捕，如"踩影子"等；第三种是增加救助者，如"帮助朋友"等。②从捕捉双方的人数切入。有的游戏对抗双方人数相等，如"黄河、长江"等；有的游戏对抗双方人数悬殊，如"老狼老狼几点了"等；有的游戏捕捉人数则是不断变化着的，如"我们邀请一个人"等。③从捕捉活动的目标切入。有的游戏捕捉目标是人；有的是人体的某一部位；有的则是游戏者携带的某一物品，如"揪尾巴"等。④从捕捉活动的条件切入。有活动场地和使用工具两个方面的因素，如"捕鱼"等。⑤从捕捉活动的解救措施切入。可以设置安全区，如安全线、安全物等；设置解救人；设置安全信号，如"人、枪、冰棍"等。

争夺法根据争夺的内容不同，分成两种争夺游戏。一种是通过各种活动争名次、分输赢（可用时间指标，比速度；用数量指标，比达标的人数或动作质量），如"斗鸡"等；另一种是围绕争夺某一物品、某个区域或位置展开的竞赛活动，如"抢位置"等。

（五）设计游戏的细节

要想游戏情节和活动方式框架构思好，就要对游戏方案的细节进行设计。例如，游戏采用什么集合方式，采用什么方法进行分组和角色分配，采用什么起动信号，如何进行讲解、示范，等等，体育游戏还要编配儿歌。

（1）体育游戏启动信号的设计

怎么科学、合理地启动体育游戏，有以下几种方法：①发令法。教师或主要角色发出启动信号，启动信号可以是语言、口笛，也可以是手势等。②问答法。由游戏者之间的问答来发出启动信号，如在游戏"老狼老狼几点了"中，幼儿不断询问老狼几点钟，老狼回答"天黑了"时，就发出了启动信号。③儿歌法。例如，大家一起唱儿歌，儿歌结束就是启动信号。④猜拳法。双方通过猜拳确定角色，猜拳的结束也是启动的信号，如胜者跑，负者追等。⑤乐曲法。某种乐曲的出现、停止或变调，都可以作为游戏者开始或变化活动内容的启动信号。

（2）体育游戏分队和分配的方法

如何进行分队和分配，有以下几种方法：指定法（由教师指定或游戏者指定）、民主法（游戏者民主推选主要角色）、随机法（一是分队报数，报数相同为一队；二是进行抽签；三是借用一些能随机产生角色的小游戏作为分配游戏角色的方法）、猜拳法（如"石头、剪刀、布"）、轮流法（游戏者轮流当主要角色）。

（3）体育游戏儿歌的编写

体育游戏的儿歌要能体现体育游戏的特点。儿歌包括游戏动作方法、游戏活动内容，以及对游戏情节和游戏活动本身的描述等。儿歌要求内容健康、浅显易懂，节奏明快，能够表现游戏的特点，又有反映游戏的成分。

案例呈现

游戏"找朋友"的儿歌

走走走，走走走，走来走去找朋友。
找找找，找找找，快快快找个好朋友。

（六）制定游戏的规则

游戏规则是指导如何玩游戏时必须遵守的要求，是游戏顺利进行的必要条件。制定游戏规则应力求简单、具体、明确，有利于游戏顺利开展，如在"贪吃蛇"游戏中，当幼儿的队伍断开时，需要本组全体幼儿停下来，队伍重新连接好才可以继续前进。

制定游戏规则时要注意：①明确合理与犯规的界限；②明确对犯规者（或犯规队）的处理方法；③应有利于维护游戏的安全；④应力求简单、具体、明确，有利于游戏的开展与进行。

（七）提出游戏的建议

说明游戏的适用范围，即游戏适用的活动场地、所需的材料等，考虑游戏中可能出现的安全问题，针对这些问题提出注意事项，提出游戏的其他玩法等。

（八）体育游戏创编的基本内容

（1）游戏名称（年龄班）。

微课　7-3-1
幼儿体育游戏的设计方法

（2）游戏目的。

（3）游戏准备（包括场地示意图）。

（4）游戏玩法。

（5）游戏规则。

（6）游戏建议或注意事项。

案例呈现

动物会（中班）

一、游戏目标：

（1）增强对小动物形象的了解。

（2）提高肢体协调能力和反应速度。

（3）体验与同伴一起合作的快乐。

游戏准备：各种小动物的头饰。

二、游戏玩法：每个小朋友以个人为单位，按照口号，比如说"小鱼游，小鱼游，小鱼游完小猫叫"的形式指定另外一个小朋友做动作。

三、游戏规则：被指定的那个人必须在最短的时间内做出跟自己头饰相应的小动物的动作，而且口号不能喊错；如有一处发生错误，则需要接受惩罚。

资料来源：杨枫.学前儿童游戏.爱课程平台课，2012-11-23.

小小搬运工（大班）

一、游戏目标：

（1）学习用轮胎做多种动作，提高动作的协调性和灵敏性；

（2）培养团结友爱的精神及集体荣誉感。

二、游戏准备：旧轮胎每人一个（轮胎大小、轻重以幼儿双手能抬动为准），小旗六面。

三、游戏玩法：将幼儿分成人数相等的六组（或若干组），教师发令后，每组的第一名幼儿立即跨进自己面前摆好的轮胎内，双手抬起轮胎向前跑，持轮胎滚过"小木桥"（平衡木），然后用绳子捆住轮胎拖着走，到小旗边将轮胎放下，并立即挥动小旗，最后站在终点处将轮胎叠起。游戏将依次进行，最先到达终点并叠起轮胎的组为优胜组。

四、游戏规则：在搬运轮胎的过程中，轮胎落地或滚出线要重新开始。

五、游戏建议：

（1）轮胎叠起的方法可随幼儿创造。

（2）搬运的方法可前后更换，在搬运的过程中可曲线跑。

资料来源：梁周全，尚玉芳.幼儿游戏与指导[M].北京：北京师范大学出版社，2011.

拓展阅读

废旧轮胎在体育游戏创编中的应用

体育游戏是实现幼儿园体育活动目标的有效途径，也是发展幼儿速度、力量、灵敏、平衡等多项身体素质的有效手段。在幼儿体育活动中，利用废旧轮胎创编的体育游戏能有效地发展幼儿的多项身体素质。

1. 用废旧轮胎创编平衡游戏

在发展幼儿平衡能力的游戏中，我们创编了"小熊过河"的游戏：将一定数量的轮胎平放在场地上，串联成各种"桥面"，并设置一些障碍。桥面设计的宽窄和障碍难度大小，取决于教师对幼儿整体能力水平的把握。中班幼儿年龄偏小，他们对游戏中容易出现的安全隐患往往缺乏认识。因此，有关"桥"的场景尽量由教师设计，而且难度不宜过大。否则，对于平衡能力相对较弱的中班幼儿而言，游戏难度过大无疑会大大增加他们的心理承受负荷，游戏非但没有起到发展平衡能力的作用，反而容易挫伤他们顺利完成游戏的信心。大班幼儿的运动能力较中班幼儿而言有了更好的发展，他们对游戏中某些可能发生的不安全因素具备了一定的认识和经验积累。而且，他们在个性上更独立自主，更渴望按照自己的意识和方式去游戏。因此，教师可放开手脚，在正确引导的基础上让幼儿自己创造性地设计适合的游戏场景。在游戏过程中，教师不要因为害怕出现教学事故而一味地阻止幼儿挑战自我的行为，而应在游戏存在安全隐患处做好保护与帮助，并时刻提醒幼儿要量力而行。

2. 用废旧轮胎创编灵敏游戏

较好的灵敏性可以降低幼儿在日常生活中发生伤害事故的概率，帮助幼儿更好地保护自己，同时也可以更好地促进幼儿在游戏中动作的协调发展。在发展幼儿灵敏性的游戏中，我们创编了"小鸟找窝"的游戏：将轮胎分散着摆放在场地四周，教师带领"小鸟"在场地中央"飞翔"，当有"老鹰"（由另外一名教师扮演）袭击时，"小鸟"迅速找"窝"躲避"老鹰"的追捕。在游戏中，幼儿通过变向奔跑来提高身体的灵敏性。

3. 用废旧轮胎创编力量游戏

力量是衡量身体素质的一项重要指标，科学合理地锻炼幼儿大肌肉群的力量，能有效地促进幼儿的生长发育。在发展幼儿上下肢力量的游戏中，我们创编了"我是小小搬运工""红绿灯""小小建筑师""过隧道"等游戏。例如，在"红绿灯"游戏中，幼儿扮演小司机，教师则扮演交警叔叔。"交警叔叔"在"马路"上做交通手势或者出示红绿灯道具，"小司机"则在"马路"上按照交通规则"驾驶轮胎"。通过"驾驶轮胎"，幼儿不仅使自己的大肌肉群力量得到充分的锻炼和发展，而且还掌握了一些交通安全规则，树立了交通安全意识。

不过，在利用废旧轮胎创编上述体育游戏时，教师一定要预先评估幼儿的能力水平，注意运动量的控制，防止因负荷过大而损害幼儿的身体健康。教师还应遵从科学的教育原则，既面向全体，又注意个体差异，对于操作困难或能力较弱的幼儿要给予适当的保护与帮助，避免出现意外伤害事故。

资料来源：代卫国. 废旧轮胎在体育游戏创编中的应用 [J]. 早期教育（教师版），2010（Z1），81.

真题在线

在大一班自由活动时间，个别幼儿将泡沫板（30厘米×30厘米）当滑板玩（图7-10、图7-11），许多幼儿也想玩，但有的幼儿滑不起来，有的只能滑一点点。请根据幼儿利用泡沫板滑行的兴趣，为大班幼儿设计一个体育活动。要求写出活动名称、活动目标、活动准备、活动过程和活动延伸。

图 7-10 儿童双脚踩一块泡沫板滑行

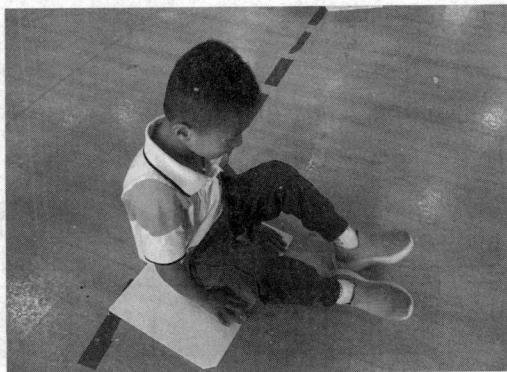

图 7-11 儿童坐在一块泡沫板上滑行

项目四 体育游戏设计与组织能力实训

一、体育游戏观察记录

（一）实训目标

（1）知道幼儿进行体育游戏的基本流程。

（2）能够设计出体育游戏观察记录表，提高观察记录、分析评价幼儿体育游戏行为的能力。

（二）实训完成形式

个人独立完成。

（三）实训指导书

设计体育游戏观察记录表，如表 7-2 所示。

表 7-2 体育游戏观察记录表

游戏名称：_____ 班级：_____ 指导老师：_____ 观察者：_____ 观察时间：_____

观 察 线 索	游 戏 名 称		
游戏名称确定			
器材、材料和教具的准备			
教师与幼儿互动			
幼儿状态（精神状态、注意力、投入度）			
游戏结构			
游戏时间			
游戏规则的遵守			
游戏目标是否达成			
游戏评析			

（四）实训评价

评价学生体育游戏观察记录表设计的合理性，评价体系由学生自评、组内评价、教师评价三部分构成，按学生自评 20%、组内评价 30%、教师评价 50% 的比例最终确定成绩。

体育游戏观察记录表实训评价表，如表 7-3 所示。

表 7-3　体育游戏观察记录表实训评价表

姓名：_____　班级：_____　学号：_____　组名：_____

评价内容＼评价主体	学生自评	组内评价	教师评价	评分理由	总　分
观察线索设定					
表格绘制形式					
语言表达方面					
知识运用能力					
记录与评析能力					

二、体育游戏设计

（一）实训目标

（1）掌握体育游戏的玩法及基本任务。

（2）能根据幼儿特点改编与创编体育游戏。

（3）培养创造性设计水平和团结合作的能力。

（二）实训完成形式

小组合作完成。

（三）实训指导书

体育游戏改编与创编实训指导书，如表 7-4 所示。

表 7-4　体育游戏改编与创编实训指导书

姓名：_____　班级：_____　学号：_____　组名：_____

活动名称	
活动目标	
活动准备	
活动方法	
活动过程	

范例参考

中班体育游戏：打地鼠

一、活动目标

（1）通过"打地鼠"的游戏，提高躲闪跳能力。

（2）能快速发现地鼠，敏捷地去打地鼠。

（3）体验与同伴一起玩游戏的乐趣。

二、活动准备

游戏场地、沙包。

三、活动方法

一共 8 个人通过抽签的方式分为两只小花猫和六只小老鼠。其中两只小猫站在场地的两端，两人互相投掷沙包，去击打被困在房间里的小老鼠。被打到的小老鼠变成小花猫的俘虏，就帮着小花猫一起击打中间的小老鼠；如果中间的小老鼠接到了沙包，那么那只小老鼠都有了一次机会；如果对面的小花猫接住了沙包，那么在场所有的小老鼠不能动，让小花猫击打。指导在场小老鼠打完为止，这样小花猫就胜利了。

四、游戏规则

小老鼠只能在有限的范围内奔跑，小花猫接到沙包后，在场小老鼠不可以乱动。

资料来源：杨枫．学前儿童游戏．爱课程平台课，2012-11-23.

（四）实训评价

教师与学生共同商议实训任务"体育游戏改编与创编"完成标准，评价体系由学生自评、小组互评、教师评价三部分构成，按学生自评 20%、小组互评 30%、教师评价 50%的比例确定最终成绩。

评价学生体育游戏改编与创编实训评价表，如表 7-5 所示。

表 7-5　体育游戏改编与创编实训评价表

姓名：_____　　班级：_____　　学号：_____　　组名：_____

评价内容 ＼ 评价主体	学生自评	小组互评	教师评价	评分理由	总　　分
结构完整					
目标适宜					
活动名称					
活动玩法					
活动规则					
活动准备					
组织能力					
知识运用能力					
语言表达能力					
团队协作能力					
创造创新能力					
参与评析能力					

三、体育游戏活动设计

（一）实训目标

（1）根据幼儿年龄特点设计智力游戏活动方案，并按一定的格式编写智力游戏活动设计方案。

（2）能根据设计的活动方案进行模拟教学。

（二）实训完成形式

小组合作完成。

（三）实训指导书

体育游戏活动设计实训指导书，如表7-6所示。

表7-6　体育游戏活动设计实训指导书

姓名：＿＿＿＿＿＿＿＿＿　班级：＿＿＿＿＿＿＿＿　学号：＿＿＿＿＿＿＿＿　组名：＿＿＿＿＿＿＿＿

活动名称	
活动目标	
活动准备	
活动方法	
活动过程	

范例参考

小班体育活动：快乐的小兔

一、活动目标

（1）学习双脚并拢跳，并会轻轻落地。

（2）初步养成遵守游戏规则的习惯，能按标志进行红、黄、绿三种颜色的分类。

（3）萌发参与体育活动的兴趣，体验合作游戏的快乐。

二、活动准备

（1）场地布置（随环节递进分为4个场地，设置均有所不同，各场地图示详见活动过程），场地材料构成如下：与幼儿人数相同的呼啦圈作为"小兔的家"，废旧蛋托和盒子若干作为"小山坡"，绑上铃铛的绳子作为"小河"，水果吊在绳上作为"果树"。

（2）大灰狼头饰1个，"蘑菇"若干，呼啦圈若干，绑上铃铛的绳子1条，挂着水果的绳子1条，废旧蛋托和盒子若干，贴有红、黄、绿标记的筐子3个。

三、活动过程

1. 开始部分

（1）教师扮演兔妈妈，幼儿扮演小兔子进入场地。

（2）准备运动："兔子舞"（《超人体操》的音乐伴奏）。

2. 基本部分

（1）幼儿尝试独立练习双脚并拢跳的动作。

①师："兔宝宝们，和妈妈一起散散步吧！"

②动作的示范与纠正：请动作正确的"小兔子"来示范，提醒"小兔子"注意双脚并拢跳的正确要领：双脚并拢一起向前跳，并轻轻落地。

③"小兔子"在家中自由练习平地双脚并拢跳的动作。（场地中摆放呼啦圈作为"小

兔子的家"，以调整幼儿间的活动距离。）

（2）游戏：过河采蘑菇。

① 跳过"小河"

教师讲解、示范跳过"小河"（拉好绑上铃铛的绳子作为"小河"）。重点提醒幼儿双脚并拢跳，前脚掌要先着地，才能做到轻轻落地。

a. 提示幼儿注意游戏规则。

师："宝宝们，我们一起去采蘑菇吧！现在看，路上有一条小河，我们双脚并拢、蹲蹲，用力跳过小河，轻轻落地。小心：大灰狼在小河边系上了铃铛，如果过河时碰到铃铛，铃铛响起，大灰狼就会来吃我们！看看哪个宝宝跳得最高、落地最轻，不让铃铛响起来。"

b. 幼儿分组进行练习

教师巡回指导，表扬动作正确的"小兔子"，请每组做得好的幼儿分别出来示范正确动作，鼓励组内幼儿相互帮助。

c. 小结跳"小河"动作要领：双脚并拢、蹲蹲，用力向前跳跳，落地要轻。

② 跳过有一定高度、宽度的"小山坡"

教师讲解、示范跳过"小山坡"（增加摆放废旧蛋托和盒子作为"小山坡"），幼儿独立练习（个别指导），引导幼儿双脚并拢向前跳，前脚掌轻轻落地。

（3）游戏：上山采蘑菇。

① 规则：幼儿每次采一个蘑菇回来，并根据蘑菇的颜色（红、绿、黄等）分别将其放到有相应颜色标志的筐子里。配班教师扮演大灰狼，等幼儿差不多采完蘑菇时，"大灰狼"出现，教师提醒幼儿快速跑回家。

② 师（出示篮子）："宝宝们，看看我们家的蘑菇都吃完了，用妈妈教的'双脚并拢、蹲蹲，用力向前跳跳，轻轻落地'的本领上山去采蘑菇吧！一次只能采一个，再把蘑菇放到和它颜色相同的篮子里。小心别让大灰狼知道了。如果大灰狼来了，马上跑回家，知道吗？"（以此提高游戏的趣味性和复杂性，同时训练幼儿反应的灵敏度和快速跑的能力。）

③ 幼儿游戏。

（4）游戏：小兔摘水果（挂上水果绳子）。

① 规则：在巩固前面动作基础上，引导幼儿尝试向上跳，每次摘一个水果，并根据水果的颜色（红、黄、绿）将其放在有相应颜色标志的筐子里。

② 师："宝宝们真棒，采了许多蘑菇回来，都没有给大灰狼捉住。明天小动物们要来家里做客，光有蘑菇可不够，我们还要去摘点水果回来。但水果长在树上，我们够不着，怎么办呢？"

③ 引导幼儿练习向上跳，鼓励"小兔子"摘到水果。

教师指导：对能力强的幼儿，在他们采完水果按颜色分类归放后，增加数水果等活动内容；对于能力弱的幼儿，在动作技能上引导其进一步完善。

3. 结束部分

在律动"小太阳"中做放松活动，自然结束活动。

师："今天宝宝们可真棒，采了那么多的蘑菇又摘了许多水果。让我们随着好听的音乐跳个舞庆祝一下吧！"

作者：广州市番禺祈福新邨学校幼儿园 阮汝敏

（四）实训评价

教师与学生共同商议实训任务"体育游戏活动设计"完成标准，评价体系由学生自评、小组互评、教师评价三部分构成，按学生自评 20%、小组互评 30%、教师评价 50% 的比例确定最终成绩。

体育游戏活动设计实训评价表，如表 7-7 所示。

表 7-7　体育游戏活动设计实训评价表

姓名：＿＿＿＿＿＿＿＿　班级：＿＿＿＿＿＿＿＿　学号：＿＿＿＿＿＿＿＿　组名：＿＿＿＿＿＿＿＿

评价主体＼评价内容	学生自评	小组互评	教师评价	评分理由	总　分
活动名称					
活动目标					
活动准备					
活动过程					
语言表达能力					
仪表仪态					
组织能力					
团队合作					
游戏趣味性					
参与评析能力					

📖 思考与练习

1. 什么是体育游戏？体育游戏有哪些特点？
2. 体育游戏的作用有哪些？

📋 实践与运用

1. 请与同伴共同合作，选定合适的体育游戏并进行开展，创设好游戏环境，制作器材和相关的教具，并用视频的方式呈现游戏过程。

2. 自选主题，为中班设计一个体育游戏活动。

3. 利用设计好的体育游戏评价表对幼儿体育游戏活动进行观摩，分析并提出针对性的指导建议。

主题八　音乐游戏

✦ 学习目标

知识目标

1. 了解音乐游戏的含义、特点、结构；

2. 掌握音乐游戏指导的基本任务及不同年龄班表演游戏的特点和指导要点；

3. 掌握音乐游戏创编的步骤、方法。

能力目标

1. 能根据幼儿身心发展特点设计与组织音乐游戏；

2. 能根据幼儿特点和音乐发展的要求创编音乐游戏；

3. 能按一定的格式编写音乐游戏活动设计。

素质目标

1. 喜爱音乐、乐于组织和指导各类音乐游戏；

2. 具备组织开展幼儿园音乐游戏活动的基本素质。

知识导图

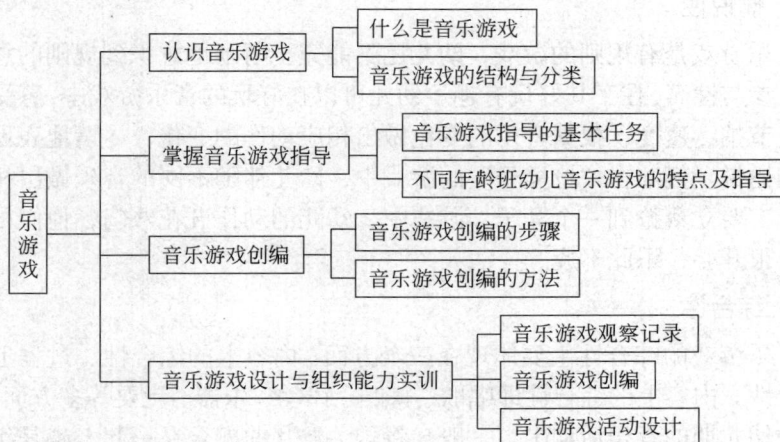

💻 问题导入

中班音乐游戏"伦敦桥要塌了"。两名幼儿相对站立，拉着双手举过头顶当桥。其他幼儿两两结对，伴随《伦敦桥要塌了》的背景音乐从桥下穿过，当音乐放到"伦敦桥要塌了"，扮演"桥洞"的幼儿扣下双手，被抓住的幼儿被淘汰。

问题：什么是音乐游戏？音乐游戏的特点是什么？

项目一　认识音乐游戏

一、什么是音乐游戏

（一）音乐游戏的含义

音乐游戏是在音乐伴奏或者歌曲伴唱下，按一定的规则和要求进行各种活动的游戏，具有音乐和动作相结合的特点，主要目的是发展幼儿的音乐感受能力和音乐表现能力。幼儿天性喜爱音乐，常伴随音乐手舞足蹈。音乐游戏活动有趣，表现力强，深受幼儿喜欢，因此可以多开展丰富的音乐游戏活动，使幼儿在游戏中潜移默化地学习音乐知识，学习感受美、表现美和创造美。音乐游戏是规则游戏，是幼儿园音乐教育的重要组成组分，也是实现幼儿园音乐教育目标的有效途径之一。

（二）音乐游戏的特点

音乐游戏区别于音乐教学主要有以下特点。

1. 音乐性

音乐游戏是规则游戏，音乐在游戏活动中起着指挥的作用。在音乐游戏中，幼儿的情绪、动作、唱法都要随音乐的性质和节奏而变化，游戏的玩法和规则也要围绕音乐教育的目标来制定。音乐是音乐游戏的灵魂，音乐游戏以音乐为基础，以游戏为形式，以培养幼儿的音乐素养为最终目的，忽略音乐特性的游戏不能称为音乐游戏。

2. 愉悦性

音乐游戏是有规则的游戏，幼儿还不能完全清晰地意识到规则的意义和作用，有些活动幼儿参与性高，在于其好玩有趣。幼儿可以在好玩的音乐游戏中，感受音乐的节奏、旋律、音色、节拍、速度，根据音乐的变化做出相应动作的变化，尽情地表现自己，使身心获得极大的愉悦。例如在"抢凳子"的游戏中，幼儿伴随不同的音乐做出相应的动作，当音乐结束时，要立刻抢到一个凳子，游戏中，幼儿的动作五花八门，他们尽情展示自己，每次都玩得很开心，乐此不疲。

3. 综合性

音乐游戏的综合性主要体现在三个方面：内容上的综合性、过程上的综合性、目的上的综合性。内容上的综合性即唱歌、舞蹈、律动、乐器、玩耍等多方面的内容综合于一体。在整个幼儿期的音乐活动中，一般会将乐、舞、曲融合在一起，越是年龄小的幼儿，越喜欢综合性音乐游戏，听到音乐便会不自觉地手舞足蹈、载歌载舞。过程上的综合性即创作、表演、欣赏综合为一体，在游戏过程中，幼儿既是"天才"作家，又是"天才"演员，还是"天才"观众。幼儿在音乐游戏中会不自觉地进行创作，如加入一些动作、表情等，全身心投入到自己的表演和创作中，而往往并不在意他人对自己的看法。目的上的综合性即音乐游戏既是"娱人"的也是"娱己"的。在音乐游戏中，一方面，幼儿全身心地投入其中，体验到快乐、满足、愉悦，学习到音乐知识和技能，是"娱己"的过程；另一方面，幼儿正是通过游戏展示自己，达到"娱人"的目的。

4. 形象性与情感性

音乐游戏还具有形象性与情感性的特点。形象性就是以生动、鲜明的音乐形象来感人，通过人的直接感知，给人以情绪体验。幼儿在音乐游戏中感受音乐的形象性同时将其以形象的动作表现出来。例如，在大班音乐游戏"贪吃的小熊"中，幼儿随着音乐进到蜂蜜屋，去探寻蜂蜜，品尝不同味道的蜂蜜，完成游戏。在品尝到不同味道的蜂蜜时，幼儿应该配合不同的表情和动作，表现出不同的小熊的形象。情感性就是以具体的形象激起情感共鸣，音乐教育不同于说教，它对幼儿的情绪影响较大，可以激起同歌曲或乐曲中的艺术形象相一致的情感，如《我上幼儿园》《国旗国旗真美丽》《我的好妈妈》等。

（三）音乐游戏的作用

1. 音乐游戏提升幼儿的审美情趣，促进其良好个性的发展

音乐是一种情感艺术，是一种对美的感受，幼儿只有在良好的音乐氛围中才能全身心地感受音乐中的情感。德国音乐家奥尔夫指出："在音乐教育中，音乐只是手段，教育人才是目的。"心理学家认为，音乐可以处理其他方式无法处理的心理问题，促进幼儿心理健康的发展。特别是在单独表演时，自我感觉良好的幼儿总会争先恐后地上台表演，这更是锻炼幼儿胆量和表现力的时候。在轻松、愉快的音乐氛围中，幼儿可以尽可能地张扬自己的个性，将动作在合理的范围内发挥到极致，尽情抒发自己的情感。音乐可以陶冶幼儿的情操，促进幼儿积极乐观、活泼开朗、自尊大胆品质的形成。

2. 音乐游戏愉悦幼儿的身心，促进其身心的健康发展

游戏是欢乐的，在音乐游戏中，欢快的音乐、有趣的游戏会缓解幼儿焦虑的情绪，使幼儿处于积极的状态。幼儿音乐游戏也离不开幼儿的身体，音乐游戏的实施与幼儿身体运动紧密相连。音乐游戏可以很好地锻炼幼儿自身的机体协调能力和控制能力。游戏开始后，幼儿能将全身的注意力迅速转移到游戏中，并处于"紧张"的状态。此外，幼儿会学会更好地运用身体，随着音乐旋律和乐器敲打节奏的变化而变换自己身体的动作。例如，在"一起去旅行"游戏中，幼儿根据音乐节奏的变化，模仿爬山的动作，提高了幼儿的机体协调能力，增强了幼儿在以后的生活和游戏中自我保护的能力。打击乐器游戏可以锻炼幼儿身体各个部位的肌肉、骨骼和韧带，提高幼儿神经系统的反应速度和协调控制能力，增强心肺等器官的耐受力。舞蹈游戏、律动游戏可促进幼儿健美体形、端正姿态的形成。歌唱游戏通过教师对幼儿发声的指导，对幼儿的声带等发音器官的发展起到一定的促进作用。总之，音乐游戏可以促进幼儿运动系统、神经系统、呼吸系统、循环系统等身体机能的发展。因此，音乐游戏对幼儿的身心健康发展有着积极的作用。

3. 音乐游戏巩固和丰富幼儿已有的经验和知识，促进其智力的发展

音乐游戏可促进幼儿想象力，感知力、记忆力、创造力等智力因素的发展。音乐游戏活动的开展是培养幼儿想象力的重要途径。带上小兔子的头饰，幼儿就会踏着节拍像小兔子一样蹦蹦跳跳；给幼儿一根木棍，幼儿就会将其想象成火车，伴着"咔咔咔"的节奏在

场地追逐；在"一起去旅行"游戏中，幼儿想象自己脚底确实有一座高山等待自己去翻越。音乐游戏活动的开展有利于幼儿感知力的发展，能够训练幼儿各种感官的敏感性。在倾听各种乐器发出的声音后，幼儿能够根据声音寻找声源，辨别是何种乐器发出的，如碰铃的声音是清脆的，大提琴的声音是低沉的，幼儿就会根据这些声音的特点判断乐器的种类，甚至张口模仿。音乐游戏中朗朗上口的歌词、简洁优美的舞姿、轻快欢乐的节奏锻炼了幼儿的记忆能力和语言表达能力，许多幼儿在音乐游戏中学会了日常生活中不会表达的词语。因为在游戏中幼儿是结合身体的动作来记忆歌词的，更加直观形象，如"拍拍踏踏"歌词："拍拍手，踏踏脚，拍拍手，踏踏脚，拍手踏脚，拍手踏脚，拍拍手，踏踏脚。"幼儿按歌词内容，一字一个动作，合拍地拍手踏脚，通过动作记忆歌词，并在理解的情况下，以边歌唱边表演的形式表现出来。因此，音乐游戏可以发展幼儿的语言运用能力和理解能力。

4. 音乐游戏给幼儿提供交往的机会，促进其社会性的发展

音乐游戏一般以集体形式开展，为幼儿提供了与伙伴、教师交往的机会。在游戏过程中，幼儿学会了与人合作、分享、协商。例如，在经典音乐游戏"找朋友"中，幼儿在唱儿歌的过程中，与熟悉的小朋友或不熟悉的小朋友纷纷握手交朋友，一些内向文静的孩子也大胆地伸出了自己的手，慢慢地融入到游戏中。

二、音乐游戏的结构与类型

（一）音乐游戏的结构

幼儿园音乐游戏属于规则游戏，由游戏的任务和目的、游戏的玩法、游戏的规则和游戏的结果组成。

1. 游戏的任务和目的

规则游戏应该有明确的任务或目的，不同年龄段、不同种类的规则游戏任务不同，指向幼儿的不同发展内容。音乐游戏的主要任务是促进幼儿音乐感受能力、音乐表达能力等音乐素质方面的发展。游戏的目的是成人想要通过游戏达到的某些教育方面的要求，直接指向游戏结果，是教师在选编游戏时，根据教育要求和游戏的类型决定的。

2. 游戏的玩法

游戏的玩法是对整个游戏的计划和构思，包括游戏的开始、过程和结束，也包括在游戏中要使用什么材料、做什么动作等，充分体现游戏性特征。游戏的玩法要容易引起幼儿对游戏的兴趣和积极性，引导幼儿主动地完成游戏中的任务。

3. 游戏的规则

音乐游成中的游戏规则是关于动作顺序及在游戏中被允许或禁止的活动规定，是外显的，是约定俗成的，是代代相传的，或者是由成人事先规定好的。游戏规则在音乐游戏中起着组织游戏者参加活动的作用，也发挥着评价游戏行为标准的作用，用于约束与调整幼儿游戏行为及其相互关系。例如，音乐游戏"听听谁在叫"的游戏规则：戴头饰的幼儿不能看头饰。其他幼儿只能模仿动物的叫声，不能说出动物的名称。

4. 游戏的结果

游戏结果是幼儿在游戏中追求的目的，是判断游戏任务是否完成的标志。它可以给予

游戏者成就感和满足感，保持幼儿对游戏的积极性。

案例呈现

小班音乐游戏——听听谁在叫

游戏任务：分辨几种动物的叫声。

游戏玩法：请一个幼儿站在前面，由教师给他戴上一个动物头饰，其余幼儿按照动物头饰发出该动物的叫声，由戴头饰的儿童猜自己头上戴的是什么动物头饰。

游戏规则：戴头饰的幼儿不能看头饰。其他动物只能发出动物的叫声，不能说出动物的名称。

游戏结果：猜对了得胜，可戴着头饰回到座位区。

资料来源：丁海东.学前游戏论[M].济南：山东人民出版社，2014.

（二）音乐游戏的类型

1. 音乐听觉游戏

音乐是听觉艺术，各种音乐活动都离不开听觉，音乐听觉能力是形成各种音乐能力的前提条件和基础。发展音乐听觉的游戏就是让幼儿用耳朵充分欣赏自然产生的和人创作的各种音响效果，从音响的旋律、音色、节奏等方面"触摸"音乐，感受音响之美。

音乐听觉游戏的开展应根据不同幼儿的年龄特点进行。对小班幼儿来说，可多采用直观的教具，通过游戏让幼儿辨别各种人、物体，以及简单打击乐器发出的声音，培养他们听辨声音的能力。对于中、大班幼儿，则多采用多种生动活泼的游戏形式，进一步培养幼儿辨别音量的大小、音乐的强弱，乐音的高低等音乐听觉能力，以及建立在音乐听觉基础上的感受音乐情绪、理解音乐的能力。

2. 节奏游戏

节奏是音乐构成的要素。节奏可以脱离旋律而存在，而旋律则必须依节奏生存。因此，培养节奏感是幼儿音乐教育中最重要的一项内容。节奏感是无法从符号学习中获得的，必须通过肌肉反应来感知，依靠身体高度协调的动作来感受。因此，节奏游戏更强调身体动作的节奏体验。

节奏游戏内容渐进的层次如下。

（1）体验稳定律动、感受节拍。节拍感和节奏感是节奏能力的两个基本要素，可以让幼儿边朗读儿歌边伴随拍手、拍腿、踏脚或用打击乐器伴奏。游戏中要注意保持节律动作的稳定和连续。

（2）感知节拍的强弱变化，理解节拍的特征。通过对重拍音的识别，帮助幼儿理解二拍子、三拍子的节拍特征。

（3）掌握音符节奏时值关系。游戏时不要强调节拍的单位时值，幼儿只要能正确感知节奏即可，通过形象的事物来帮助幼儿掌握音符节奏。

节奏能力的培养可结合各种音乐活动形式进行。

3. 歌唱游戏

歌唱游戏旨在通过游戏让幼儿享受歌唱的乐趣，培养其音乐感受力，发展幼儿运用嗓音进行艺术表演的能力。模仿是幼儿学习的主要特点。可以准备一些适宜的童声歌曲，如《粉刷匠》《数鸭歌》《小青蛙打呼噜》等，在幼儿玩耍时反复播放，让幼儿在耳熟能详的基础上自然而然地学会这些歌。注意掌握幼儿连续唱歌的时间：小班不超过 7 分钟，中、大班不超过 15 分钟。

4. 舞蹈游戏

幼儿舞蹈游戏主要是发展幼儿手舞足蹈的本领，提高身体动作的协调性，发展想象力和动作表现力。以身体为主的舞蹈游戏，要重视各个身体动作本身的协调，注意动作与音乐伴奏的充分协调。舞蹈是通过富有表情的韵律形体动作表现情感的，舞蹈游戏更注重动作和表情的相互协调配合，要求幼儿具有丰富的想象力。为此，可要求幼儿在模仿动作的基础上创造性地展开想象，使其通过夸张的表情和形体动作，用自己的方式来表达情感。

案例呈现

听觉游戏——什么乐器在唱歌（自编）

游戏目标：熟悉不同乐器的音色，能够辨别两种乐器同时敲击的声音。

游戏准备：沙蛋、串铃、响板、三脚架四种乐器及四张乐器图片三份。

游戏玩法：请幼儿分两次倾听沙蛋、串铃、响板、三脚架的声音。在幼儿面前敲击一次，在挡板后敲击一次，让幼儿熟悉不同乐器的音色。

玩法一：将四种乐器图片分别放到四个玩具筐里，代表不同乐器的家。请幼儿倾听教师在挡板后敲击的乐器，幼儿根据自己的判断站到相对的乐器旁，等幼儿站好后，教师出示敲击的乐器。

玩法二：将四张乐器图片不重复地两两分成一组，放在六个玩具筐里。教师在挡板同时敲击两种乐器，请幼儿根据自己的判断选出这两种乐器，等幼儿选择完，教师出示敲击的乐器。

游戏规则：选定乐器后，不可更改。

节奏游戏——身体拍拍拍（自编）

游戏目标：认识身体不同部位；感受音乐节奏，用身体动作表现相应的节奏。

游戏准备：儿歌《身体拍拍拍》。

游戏玩法：将幼儿分成三组，第一组负责拍小肩膀，第二组负责拍小肚子，第三组负责踏小脚，不同动作表现不同身体部位，待音乐响起，各个小组依次根据歌词内容和节奏做动作。

身体拍拍拍

小肩膀呀拍一拍，小肩膀呀拍一拍。小肩膀呀拍一拍，我们一起停下来，嘘！

小肚子呀拍一拍，小肚子呀拍一拍。小肚子呀拍一拍，我们一起停下来，嘘！

小脚丫呀踏一踏，小脚丫呀踏一踏。小脚丫呀拍一拍，我们一起停下来，嘘！

游戏规则：幼儿在听到自己所负责的身体部位的乐句时，做出正确的节奏动作。

歌唱游戏——夏天的雷雨（自编）

游戏目标：了解打雷下雨的声音，能用一问一答的形式演唱歌曲。

游戏准备：音乐《夏天的雷雨》，乐谱如图8-1所示。

游戏玩法：幼儿分成两组。第一组唱第一部分，进行提问；第二组唱第二部分进行回答，两组用一问一答的形式演唱歌曲，然后轮换角色再次演唱。

游戏规则：不同组唱相应的乐句。

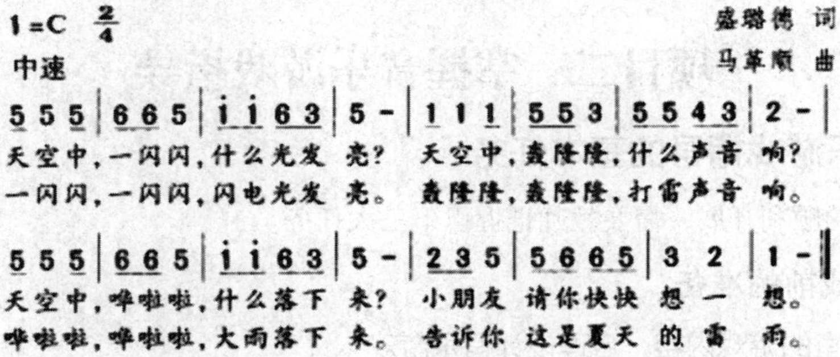

图 8-1　夏天的雷雨

舞蹈游戏——大家一起跳起来

游戏目标：在歌舞中感受三节拍的韵律感。

游戏准备：

（1）室内或室外较为宽敞、平坦的场地。

（2）音乐《大家一起跳起来》，乐谱如图8-2所示。

游戏玩法：幼儿两两分组。

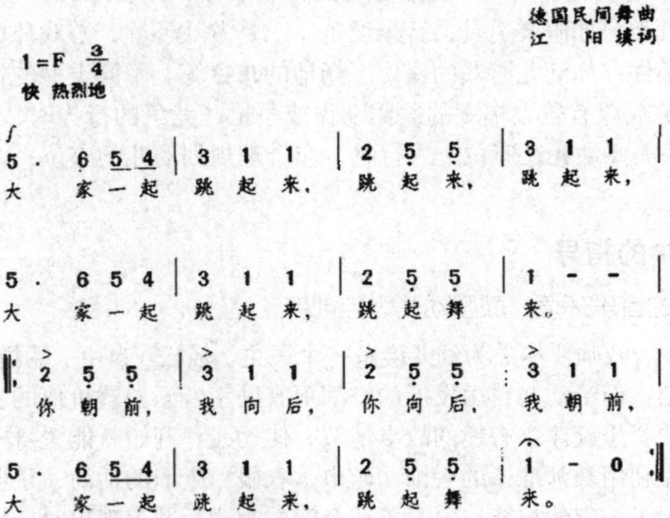

图 8-2　大家一起跳起来

a 乐句：同组两名幼儿面对面站立，拉住对方的手，用跳步自由旋转。

b 乐句：第一小节，幼 1 双手叉腰向前进一步；第二小节，幼 2 背手向后退一步；第三小节，幼 1 双手叉腰向后退一步；第四小节，幼 2 背手向前进一步。

注：a 乐句前 8 小节，b 乐句后 8 小节。

游戏规则：在相应的乐句做出准确的动作，不能踩对方的脚。

资料来源：王琦，翟理红. 幼儿游戏指导 [M]. 北京：北京师范大学出版社，2013.

项目二　掌握音乐游戏指导

一、音乐游戏指导的基本任务

音乐游戏的顺利开展，需要教师把握以下三大任务。

（一）游戏前的准备

1. 选择适宜的游戏内容，合理设计音乐游戏

游戏前，教师要了解幼儿音乐能力发展水平，如对音色的辨别、节奏的掌握等，结合幼儿的年龄特点，选择难度适宜、趣味性强的音乐。选择好音乐后，教师根据幼儿的发展和具体条件，设计音乐游戏，包括游戏目标、游戏准备、游戏玩法、游戏规则等。

在游戏前，教师可以让幼儿提前熟悉音乐旋律、结构、歌词、基本步法、材料，以及游戏的基本玩法等，使幼儿在思想上有所准备。

2. 准备游戏材料，创设游戏环境

适宜的游戏材料不仅可以创设良好的音乐游戏氛围，也可以展示教师的教育意图。不同的音乐游戏类型，所需的游戏材料也不同。音乐游戏材料大致分为三大类：一是乐器类，如沙锤、三脚架、响板、手鼓等，当然也可以自制乐器，如装水的杯子、装沙的音阶瓶、木块等。二是工具类，如服装道具，音乐设备。三是游戏环境，游戏环境是顺利开展音乐游戏必不可少的条件，如幼儿游戏的座位、场地的布置等。不同类型的音乐游戏需要的环境不同，当音乐游戏伴有较大幅度的肢体动作或争抢、竞争的行为时，游戏场地需平坦、宽敞；当音乐游戏需要幼儿在座位上进行时，应合理规划幼儿的座位，一般将座位排列成半圆形最佳。

（二）游戏中的指导

1. 创设丰富的音乐环境，鼓励幼儿大胆创新

在音乐游戏中，教师要尽量为幼儿准备一个民主、轻松、自由、愉悦的音乐游戏环境，游戏中虽然有规则，但给幼儿自由发展的空间更有助于音乐游戏价值的实现。教师要为幼儿选择一段优美的音乐旋律、有趣的故事情节，使幼儿一开始就能置身于音乐作品所要创设的意境中，并能利用教师准备的头饰、丝巾、衣服、废旧的话筒、乐器等投入到音乐游戏中。当幼儿掌握了一定的技能，熟悉了某个音乐游戏，并表现出对音乐游戏浓厚的兴趣时，教师就可以在为幼儿做好游戏准备工作后，请幼儿自己组织游戏，委派能力强的幼儿

分配角色、制定游戏规则。教师也可以以游戏者的身份，启发幼儿发展游戏，激发幼儿发挥自己的想象力和创造力。如果幼儿有了一定的音乐技能，还可以启发他们在游戏中开展创编歌曲、变换动作、延伸情节等活动。如果教师不给幼儿一些表现的机会，就会挫伤幼儿游戏的积极性和主动参与性，甚至会使他们游离于音乐游戏。

2. 引导幼儿多形式、多感官体验游戏

音乐游戏是伴随音乐开展的，充分感受、理解、领悟音乐对游戏的开展具有重大的促进作用。教师要引导幼儿从听、说、唱、演、动、想等多种形式感受音乐、体验音乐，陶冶情操，促进幼儿积极情感的发展。幼儿的身心发展、认知特点，以及学习方式决定了他们喜欢在玩中学，喜欢直接感受和可操作的具体实践活动。将音乐进行视觉化、形象化的转化有利于幼儿的音乐感知能力发展，如声势、图谱、打击乐、语言等形式可以使幼儿获得多层次、多感官的游戏体验。

3. 发挥教师的角色影响，充分观察，合理指导

幼儿通过观察来学习，教师就是幼儿学习的"活教具"，幼儿通过模仿教师的动作、表情、语言等渐渐地发展自己的能力，并在此基础上进行改造和创新。教师如果放不开，不善于表演，不好意思做一些夸张的表情和动作，就很难调动幼儿参与游戏的积极性。教师游戏化的语言、夸张的表情、丰富的肢体动作是吸引幼儿参与游戏的根本动力。此外，教师还应仔细观察幼儿的游戏过程，针对不同幼儿的游戏水平、个性特点等，适时地介入指导。音乐游戏"漫不经心"的游戏原则决定了教师的指导应该少之又少，最好以隐性指导为主。教师可以以游戏者的身份进入游戏中，这样不仅能有效支持幼儿游戏，提高幼儿游戏兴趣，而且幼儿也不会有被干涉的感觉。例如，在"找小猫"的游戏中，当小朋友们都不知道如何扮演猫妈妈时，教师如果运用语言提示的显性指导方式，效果肯定不明显了。教师可以先扮演猫妈妈，用夸张的动作和表情来进行表演，给幼儿做示范。当某个幼儿不愿意参与游戏时，教师也可以以游戏者的身份进行邀请，并表扬幼儿在游戏中的进步，激发其以后参与游戏的热情。但在幼儿能力不足、玩不下去、出现争执协商无果的情况下，教师可以直接介入指导。

（三）游戏后的评价

1. 分享与评价

游戏结束时，教师可引导幼儿进行自我评价、总结经验，或者说说自己在游戏中的趣事，为下次游戏奠定基础。游戏结束后，教师需进行总结评价，表扬幼儿在游戏中的良好表现，使其保持对音乐游戏的兴趣。

2. 整理游戏材料

游戏结束后整理场地、收拾玩具，既是为游戏的下次开展做准备，又是培养幼儿良好生活习惯的好机会，教师千万不能包办代替。

二、不同年龄班幼儿音乐游戏的特点及指导要点

各年龄班幼儿由于身心发展水平的不同，在参与音乐游戏时会具有一些不同的特点，因此教师应该针对幼儿的年龄特点进行针对性的指导。

（一）小班幼儿音乐游戏的特点及指导要点

小班幼儿音乐游戏的特点：音乐水平较低。爱模仿、不关心动作本身，关心动作所表现的熟悉事物。对游戏情节理解能力低、理解音乐形象水平不高。动作发展水平低，以简单、重复动作为主。规则意识淡薄，游戏中发现不了别人违规，自己也会破坏规则。

小班幼儿音乐游戏指导要点：游戏前，选择的音乐曲式以一段体为主；节拍多用 2/4 拍和 4/4 拍；音乐旋律简单易唱，歌词朗朗上口，有较多拟声词出现，音乐形象生动、鲜明、有趣。游戏中教师可采用交叉介入的形式，全程参与游戏，以角色或游戏者的身份介入游戏给予示范和指导。讲解简单、形象，注重讲解与示范相结合，注重在游戏中逐步提出游戏规则。

案例呈现

小班音乐游戏活动——小青蛙学唱歌

一、活动目标

（1）理解并掌握歌词，初步学唱歌曲。

（2）尝试用不同的节奏和声音演唱歌曲，体验演唱的乐趣。

（3）对音乐活动产生浓厚的兴趣，并愉快地参与活动。

二、活动准备

物质准备：幼儿人手一个青蛙头饰，钢琴、录音机。

经验准备：幼儿已基本了解青蛙的特征和本领，已学过歌曲《小青蛙练本领》。

三、活动过程

1. 情境导入，激发幼儿活动兴趣

（幼儿戴上青蛙头饰，变作青蛙宝宝。）

师：青蛙宝宝们，现在天亮了，我们要开始练本领了。我们青蛙有什么本领呀？（幼儿自由回答）

师：那我们现在跟着音乐一起跳到池塘边去吧，看看哪只小青蛙跳的本领练得好。

要求：幼儿伴随着《青蛙唱歌》的音乐旋律一蹦一跳到池塘边，音乐快就跳得快，音乐慢就跳得慢。

2. 鼓励幼儿用不同的速度和节奏表现青蛙的叫声

（1）引导幼儿尝试用不同节奏的叫声打招呼

师：哎呀，池塘里有这么多小青蛙，大家互相打个招呼吧！妈妈先来跟你们打招呼！呱呱！呱呱！你们见了面，会怎么打招呼呢？

（教师与幼儿即兴互动。）

要求：鼓励幼儿大胆表现，提示幼儿用语言节奏、声音的高低等方式大胆表现青蛙的叫声。

（2）练声：《小青蛙练本领》。

要求：幼儿按照老师弹奏的快慢、强弱等变化进行演唱。

3. 学唱歌曲《青蛙唱歌》

（1）创设故事情境，帮助幼儿掌握歌词。

师：你们知道吗，我们青蛙王国里也有一只小青蛙，特别喜欢唱歌，每次练本领都特别认真，所以它唱歌是最好听的。有一天它在池塘边唱张的时候，来了一只小白兔，小白兔问它："你是谁呀？唱歌真好听！"小青蛙看见新朋友可开心了，它要介绍自己了。

师：你们想想，它会怎么介绍自己呀？它长得什么样呀？

（小青蛙张开大嘴巴介绍自己：青蛙青蛙大嘴巴，唱起歌来呱呱呱，呱呱呱呱呱呱呱。呱呱呱呱呱呱呱，唱起歌来呱呱呱。）

师：小青蛙是怎样介绍自己的？

（引出歌词，引导幼儿掌握歌词。）

（2）激发幼儿学唱歌曲的兴趣，引导幼儿学唱歌曲。

师：小青蛙的本领可真大，它还能唱着介绍自己呢。你们来听听，它是怎么唱的！（老师清唱，引导幼儿理解歌词。）

师：你们想跟小青蛙一样练好这个本领，成为唱歌最好的小青蛙吗？那你们再仔细听一听是怎么唱的，马上我们就要来练本领了。

（老师弹唱，帮助幼儿熟悉歌曲旋律。）

要求：幼儿听老师的琴声，根据节奏快慢、音量大小等进行演唱。

（3）小动物来了，小青蛙用歌声介绍自己。

师：现在小鸭子、小乌龟、小鱼也来池塘里玩了，请小青蛙们用好听的歌声介绍自己。唱得好听，小动物们就会和小青蛙做朋友啦。

4.音乐游戏：小青蛙游游游

游戏玩法：小青蛙们边游边跟着音乐用好听的声音唱歌，当音乐停的时候，小青蛙就要马上躲在水底，音乐再响起时，小青蛙又开心地游起来、唱起来。

5.结束活动

师：小朋友们，你们练得可真认真！现在天快黑了，练了一天的本领，肚子也饿了，我们一起游回家，好好吃一顿大餐吧！

四、活动延伸

（1）将木鱼、双响筒、响板、铃鼓、沙球、串铃棒等打击乐器投放在音乐区，让幼儿边唱边演奏，巩固、练习歌曲的节奏。

（2）在表演区，让幼儿带着青蛙的头饰边唱歌边表演动作。

资料来源：裘指挥，王燕.幼儿园活动设计与经典案例分析[M].天津：南开大学出版社，2017：134-136.

（二）中班幼儿音乐游戏的特点及指导要点

中班幼儿音乐游戏的特点：感受音乐的能力有所增强，能够逐渐感受到乐曲中的结构，听出乐曲的乐段、乐句之间的重复，以及乐曲在情绪性质上的差异，能够基本理解音乐所表达的情绪、情感，并由此产生一定的想象、联想。喜欢有主题的音乐游戏，并且能够表现积极。逐渐能够在音乐游戏中开展联合游戏、合作游戏，有了竞赛意识，对活动的结果感兴趣，游戏自主性增强。能够理解一些较为复杂的规则和指令，有时会因关注结果而忽视规则；动作逐渐丰富，能够结合生活实践经验和想象，跟随音乐做出一定的复杂动作。

中班幼儿音乐游戏指导要点：教师可以选择有一定难度的音乐游戏，也可以开展一些带有竞赛性质的音乐游戏；可以选择音乐形象明确的乐曲，也可以适当增加回旋曲式乐曲的数量。中班幼儿在游戏的过程中对规则的坚持性仍需提高，教师要重点解说游戏规则与玩法，在游戏的过程中也需要对游戏规则进行多次强调；注意提高介入的质量，减少介入的次数。

案例呈现

中班音乐游戏活动——海浪

一、活动目标

（1）能根据音乐的变化，用身体动作表现不同形态的海浪。

（2）在游戏的情境中感受音乐活动的快乐。

二、活动准备

海浪视频、欢快的音乐、彩虹伞。

三、活动过程

1. 创设情境，导入活动

教师：小朋友们，老师请你们当神奇的小海军，保卫祖国的海疆，让我们一起跟着音乐去巡逻。（播放音乐，跟随音乐进入活动场地。）

2. 让幼儿分段观看视频，初步感受不同形态的海浪

教师：神奇的小海军们，请找位置坐下来吧，我们巡逻到了海边，我们一起看看海上会发生什么事情。

介绍不同形态的海浪并引导幼儿用肢体动作表现出来。

（1）风平浪静

教师：小海军们，你们看到了什么？（海鸥、游泳。）

教师：海水是怎么样的？（微微荡漾、海水轻轻晃动。）

教师：能不能用你的肢体动作来表现轻轻晃动的海浪呢？让你们的小小波浪跟着音乐动起来吧！

（2）小浪（播放视频）

教师：小海军们，注意啦！海上起风了，大海涨潮了，看看海上的浪是怎样的呢？（小波浪、小浪花。）

教师：谁能用身体动作表现一下涨潮时的小波浪？调皮的小浪花要跟着音乐来跳舞。（幼儿用身体动作表现小浪。）

（3）大浪

教师：小海军们，狂风吹来了，海面掀起了一个个大浪。去看看吧，大浪是什么样的呢？浪急的时候会出现什么？（幼儿用身体动作表现大浪和漩涡。）

（4）退潮

教师：风总算变小了，大海退潮了，退潮时的海浪是怎么样的？小海军们要仔细看看。（海水退去，慢慢安静下来。）

教师：谁能用身体动作表现一下退潮时的海浪？让退潮时的海浪也随着音乐动起来吧。（幼儿用身体动作表现退潮。）

教师小结：原来大海是多变的，它会随着天气的变化而变化。

3. 引导幼儿完整感知音乐

（1）教师播放音乐，引导幼儿感知音乐的变化。

教师：仔细听一听，音乐分别表示的是什么样的海浪呢？

（2）幼儿边听音乐边用动作表现不同的海浪。

4. 带领幼儿开展游戏——海浪

教师：刚刚小海军们看到了不同样子的海浪，还随着音乐用动作表现了海浪，接下来，老师请你们玩一个关于海浪的游戏。

（1）介绍游戏规则。

教师：我们把彩虹伞当作海浪，一起抓住伞抖动，海浪就会随之动起来。但要注意听清音乐，不同的时候会有不同的海浪。

（跟着音乐玩游戏，提醒幼儿注意抖动的力度。）

（2）开展游戏，鼓励幼儿按口令和规则玩海浪游戏。

小海浪（集体用小力，使伞小幅度抖动）；涨潮的小海浪（集体用大力，然后全体往圆心靠拢，使伞向上拱）；大海浪（集体用大力，使伞大幅度抖动）；漩涡（同涨潮动作，并一起朝同一方向快速绕圈跑）；退潮（集体不用力，使伞自然下降至地面）。

5. 活动结束

教师：小海军们，巡逻完了，该回去了，集合！（教师与幼儿一起收拾、整理场地。）

四、活动延伸

（1）将音乐放在表演区，幼儿结伴进行表演。

（2）在户外体育活动中可开展彩虹伞游戏，并将音乐贯穿其中，将音乐活动与体育活动进行整合。

资料来源：裘指挥，王燕. 幼儿园活动设计与经典案例分析 [M]. 天津：南开大学出版社，2017：140-142.

（三）大班幼儿音乐游戏的特点及指导要点

大班幼儿音乐游戏的特点：可以把握音乐中蕴含的诸多要素，能够适应复杂程度较高的音乐游戏。规则意识较强，能够较好地遵循游戏规则并关注其他幼儿遵守规则的情况。动作水平高，能够自发做出一些组合动作，特别在乎游戏结果，能对游戏结果进行评价。游戏的自主性较强，喜欢改变游戏情节和游戏规则，以增加游戏的挑战性；喜欢合作游戏，在音乐游戏中遇到的困难大部分可以自己解决，不喜欢教师过多介入游戏。

大班幼儿音乐游戏指导要点：选择一些复杂的音乐游戏，乐曲、玩法、游戏规则都可以较为复杂。帮助幼儿尝试根据游戏中出现的问题制定或改变规则，探寻游戏获胜的方法。注意引导幼儿正确面对游戏结果。尝试与幼儿一同创编音乐游戏，共同商量制定规则、玩法，给予幼儿充分的自主性，宜采取建议、商量等指导语言，少采用强硬或过于生硬的指导语言。

案例呈现

大班音乐游戏活动——快乐星猫

一、活动目标

（1）感知和表现乐曲的弱起节奏及 A、B 两段的音乐结构，从容合拍地做律动动作、玩交换"领袖"的游戏和演奏沙锤。

（2）根据歌曲的旋律和结构，迁移已有的动作经验，尝试即兴创编各种"星猫"动作。尝试用两只沙锤演奏匹配游戏动作。

（3）感受音乐游戏活动的乐趣，乐于参与交换"领袖"的游戏。

二、活动准备

歌曲：《快乐星猫》。

乐器：沙锤。

三、活动过程

1. 故事导入，引出活动

教师：小朋友们，现在森林里正在举办一场化装舞会。我们都是参加舞会的小猫，小猫的动作是什么？

引导幼儿做小猫动作造型。

教师：你们知道这个动作是在干什么吗？这个动作叫抖胡须，我现在来教你们。

教师五指张开，手心朝内抖动。

教师：小猫们去参加舞会时，要选出一只跳舞跳的最好的猫，它叫星猫。谁是星猫呢？

教师先把双手放于胸口，然后一只手臂向斜上方伸出，并伸食指指向天空。

教师：小猫们将手指向天表示我要参加舞会，这时星猫变身从天而降。小猫们看见星猫的舞蹈动作很漂亮，纷纷给星猫拍手鼓掌，然后伸出大拇指点赞。

注意：在讲故事的同时，教师要用动作将故事中的关键句子和环节表现出来，引导幼儿进行观察模仿：谁是星猫——手向天指；我是小猫——抖胡须；星猫变身——握拳绕圈；开心——拍手；点赞——伸大拇指。

2. 引导幼儿学习新游戏

（1）教师随乐示范星猫动作，引导幼儿了解新的游戏规则。

教师带领幼儿跟随完整的音乐学习一遍手向天指、抖胡须、握拳绕圈、拍手、伸大拇指的动作。

提问：我做的第一个动作是什么？第二个动作是什么？变身动作是什么？

教师引导幼儿回顾动作全程，巩固学习成果。

提问：我们在做完握拳绕圈的动作后又做了什么动作？点赞了几次呢？怎么才能数清楚呢？

教师首先引导幼儿讨论出可用唱数的方法来确定点赞的次数，然后带领幼儿随乐做动作，并在拍手后、点赞时大声数次数。数出每次音乐共点赞了四次。

注意：教师明确向幼儿提出要观察教师何时何处做了哪些动作并点赞了几次这些任务，既能快速提高幼儿准确模仿的能力，又能为幼儿在后续活动中跟随音乐学习新动作时运用数字的点数方法卡准音乐节奏做好铺垫。

提问：你们点赞时，我会改变造型，那么我变成了什么样了？

教师带领幼儿一起随音乐做动作，在幼儿点赞时，教师变换动作，双手做"双枪交叉"造型，并引导幼儿发现自己动作的变化之处。然后，让幼儿尝试自由创编造型，并在新一轮的集体表演时，将原本点赞的动作换成自己新创编的造型。

（2）邀请幼儿扮演星猫并创编动作。

教师邀请个别幼儿扮演星猫并创编新的动作替换点赞的动作。然后，引导其他幼儿观察该幼儿创编了哪些动作。

注意： 在邀请幼儿进行动作创编前，教师需要为幼儿提供创编思路，引导幼儿根据自己的生活经验进行创编，即迁移已有经验进行动作创编。动作创编的难度可逐渐升级。刚开始时，可以引导幼儿用同一个动作替换四次点赞的动作，每次动作都相同；接下来，可逐步引导幼儿创编出两个不同的动作来替换；最后，可引导幼儿创编出四个不同的动作来替换，每次动作都不同。

3. 加入乐器进行演奏

（1）指导幼儿探索加入乐器玩游戏的方法，并随乐完整演奏。

教师：小乐器也想来参加我们的舞会，我们请它们出来！我做星猫，小朋友们用小乐器给我加油好不好？等会儿告诉我你是怎么给我伴奏、加油的。

教师用沙锤示范随乐表演指两天空、震奏、双手绕圈、对击、造型，指导幼儿首先徒手跟随表演，在进一步熟悉动作之后，再拿一对沙锤跟随教师和音乐进行表演。

注意： 教师在用沙锤进行示范性演奏后，要对演奏方法进行小结，以帮助幼儿更好地运用沙锤：一只手拿着沙锤指向天空时不要抖动沙锤，用震奏表演抖胡须动作时要连续摇动沙锤，用对击方式表示拍手时，手中的沙锤要按照节奏对敲。

（2）教师邀请一名幼儿做星猫"领袖"尝试进行乐器演奏，并在需点赞处做不同造型。

4. 引导幼儿用交换"领袖"的游戏方法循环表演

（1）引导幼儿轮流做星猫"领袖"，随乐循环游戏。

① 与幼儿讨论交换领袖的方法。

教师：小星猫说一个人玩没意思，要让更多的小伙伴来做星猫。你觉得怎样才能让更多的小伙伴来做星猫呢？

有幼儿提出可以与朋友交换位置。

教师：在做到哪个动作的时候，我们可以交换位置呢？

教师通过亲自与一名幼儿进行互动示范的方式，引导幼儿明白要在手臂绕圈的时候邀请小伙伴站起来，然后与之交换位置。

教师：互换位置之后，如果要找其他的小伙伴，怎么办？

教师清唱歌曲，再次演示与一名幼儿交换位置。

注意： 在新增的交换"领袖"环节，教师要通过清唱和一边讲解一边示范的方式，让幼儿明确应在音乐的哪一部分及如何与自己想要邀请的同伴互换位置。

② 引导幼儿随乐尝试玩交换位置的游戏。

教师邀请一名幼儿当星猫，并让他在新一轮的音乐中选择一名同伴做下一轮的星猫。

（2）教师引导幼儿讨论玩交换"领袖"时出现的困难，然后重新游戏。

幼儿通过讨论发现，邀请同伴并互换位置时往往会因动作慢而跟不上节奏，建议从绕圈开始时就去邀请朋友，给互换位置留下足够的时间。教师引导幼儿跟随音乐演示一次，看一看有没有解决刚才遇到的问题。

注意：幼儿在活动中遇到问题是正常的，此时教师应将幼儿遇到的困难具体地描述出来，并引导全体幼儿进行讨论，寻找解决的方法。当幼儿提出方法后，教师可让幼儿通过语言进行阐述，同时通过亲自展示来感受这个方法是否适当。通过这种方式才能更好地培养幼儿探究问题、解决问题的能力。

（3）引导幼儿创编不同的造型，再次完整地开展一次游戏。

在本轮游戏中，教师可观察幼儿能否做出四个不同的造型，并对幼儿前期所做的动作进行梳理和展示，帮助所有幼儿学习各种动作造型。

活动延伸：将《快乐星猫》音乐、沙锤投放到表演区，让幼儿进一步开展音乐游戏活动。

资料来源：许卓娅. 幼儿园艺术（音乐）教育与活动指导 [M]. 南京：南京师范大学出版社，2019：156-159.

项目三　音乐游戏创编

音乐游戏是幼儿园音乐活动的重要内容。在教学活动中，教师需要根据各年龄班幼儿的特点、教育教学的目标、幼儿园的音乐游戏材料、活动实施的条件，有针对性地创编、改编体育游戏，设计教学活动。

一、音乐游戏创编的步骤

（一）明确游戏目标

教师需在游戏开始前制定目标，这是创编音乐游戏的定向阶段。一般先确定游戏目标，然后根据目标选编游戏、制定游戏玩法和游戏规则。确定目标时，既要强调贯彻全面教育的原则，又不能追求面面俱到，要根据班级幼儿的年龄特点和音乐能力的发展水平，使不同的音乐游戏有不同的发展侧重点。音乐游戏目标的制定需要考虑一下两个方面：一是有利于"游戏性"的体验，音乐游戏常作为音乐教育的有效手段，其教育性受到关注，而游戏性则往往受到忽视。游戏组织者在制定目标时，要注重游戏性体验目标的设计，保证其游戏性。二是注重幼儿社会性的发展。在制定音乐游戏目标时，不仅要关注音乐游戏的"本体性"功能，也要注意其对幼儿社会性发展、认知发展、体能和动作技能发展的促进作用。

（二）选择音乐素材

音乐是音乐游戏中的依托。要根据音乐游戏的目标和幼儿的生理、心理特点，选择适宜的音乐素材。可供音乐游戏创编的素材是非常丰富的。一方面，我们可以选取幼儿生活中的音乐素材，通过观察幼儿的玩、做、行等，提炼出具有音乐性的游戏动作，进行游戏创编。例如，幼儿在生活中喜欢的敲桌子动作，就可以成为音乐素材，它可以锻炼幼儿的节奏把握、肢体协调等能力。另一方面，我们可以从丰富的儿歌库里直接选择幼儿喜欢的歌曲或乐曲，作为游戏内容。国内外有非常多优美动听的儿童歌曲或乐曲，等着我们在儿童游戏中去进行创编或改编。

（三）构思游戏玩法

游戏玩法是创编音乐游戏的主要环节。音乐游戏的玩法要从幼儿的兴趣和认知特点出发，使活动方案满足音乐游戏的趣味性和发展幼儿音乐能力并重的要求。在设计游戏玩法时要指向幼儿的年龄特点，围绕他们的兴趣点，还要充分考虑音乐材料与幼儿音乐能力发展的匹配，层次鲜明、逐渐提高难度，逐步引导幼儿完成游戏目标。

（四）制定游戏规则

规则是游戏顺利开展的必要保障，而规则的恰当性又是游戏者遵守规则的重要前提。因此，教师应从不同年龄班幼儿的特点出发，与音乐材料紧密结合，制定切实可行、便于幼儿理解和执行的游戏规则。

二、音乐游戏创编的方法

音乐游戏的创编主要有两种途径可以实现，一种是确定一个幼儿熟悉的主题或感兴趣的故事，运用音乐性的行为方式进行创编；另一种是在成熟的游戏模式中添加音乐元素。

（一）主题故事创编法

该方法指运用一个幼儿熟悉或感兴趣的情境、故事，选择、制定相应的游戏规则，运用歌唱、舞蹈等音乐表现手法创编音乐游戏，是一种简单且有效的音乐游戏创编方法。这种游戏的创编方法可以通过以下几种形式开展。

（1）采用独自游戏，运用律动创编游戏。大部分儿歌曲调简单，朗朗上口，幼儿很容易跟随音乐添加律动。教师可以让幼儿根据音乐的曲调、歌词创编律动，开展游戏，如《小小手》《幸福拍手歌》等。

（2）采用轮流的游戏规则，运用歌唱创编游戏。很多歌曲是问答句的形式或者是上下乐句对仗非常工整的儿歌，这就成为音乐游戏的依据。例如，《谁在叫》就是一问一答形式的儿歌，可以将幼儿分成不同的两组分别通过一问一答进行歌唱。又如，《比尾巴》就是上下乐句对仗非常工整的儿歌，可以将幼儿分成两组进行分段歌唱。

（3）采用轮流的游戏规则，运用舞蹈律动创编游戏。此种形式会将幼儿分组，幼儿跟随音乐进行身体自由律动，当关键歌词出现时，幼儿需做出指定的动作。例如，《春天来了》，先将幼儿分成红、白两组，然后播放音乐，幼儿随音乐律动，当歌词"×花开，×花开，×花开完×花开"出现时，游戏组织者随意说出红、白中的一种颜色，相对应组别的幼儿需要做出指定动作。

（4）采用竞争的游戏规则，运用歌唱创编游戏。例如，《颠倒歌》，先将幼儿进行分组，让幼儿分句演唱，看哪一组唱得又准又好。当幼儿熟练掌握后，让幼儿进行歌词创编，自己创作《颠倒歌》的歌词，然后进行歌唱比赛，看哪一组创编得好，唱得好，输的组接受小惩罚。

（5）采用协作模式，运用舞蹈律动创编游戏。例如，《救回蛋宝宝》共有三段音乐，第一段音乐的四个乐句分别代表四个密码，幼儿根据不同密码创编猪猪的外形动作；在第二段音乐中，幼儿一步一步靠近猪猪,听到猪猪"哼哼"声停止不动；第三段音乐中"首领"拿出糖果把猪猪引到一边，其他幼儿配合首领拿回蛋宝宝。

综上，教师可以在独自、轮流、竞争、协作的游戏规则与歌唱、律动、舞蹈等音乐表现手法中自由组合，创编出独特的音乐游戏。

（二）游戏套用模式

幼儿有很多爱玩且经典的游戏，如丢手绢、捉迷藏、老鹰捉小鸡、木头人等，这些游戏趣味性较强，且规则较为固定。教师在创编音乐游戏时，可以充分利用这些经典游戏，只要给这些游戏稍微添加一些音乐元素，一个新的游戏便创编而成。

项目四　音乐游戏设计与组织能力实训

一、音乐游戏观察记录

实施教育，观察先行。观察与评价是幼儿教育工作者认识和了解幼儿的最佳途径。在音乐游戏中观察与评价幼儿，能够有效认识和了解幼儿的音乐游戏水平，对后续有效指导、改进游戏有重要意义。教师应有目的地在自然状态下观察幼儿的游戏情况,并进行描述性记录。

（一）实训目标

能够设计出音乐游戏观察记录表，提高观察记录、分析评价幼儿音乐游戏行为的能力。

（二）实训完成形式

个人独立完成。

（三）实训指导书

设计音乐游戏观察记录表，如表 8-1 所示。

表 8-1　音乐游戏观察记录表

游戏名称：_____　班级：_____　指导老师：_____　观察者：_____　观察时间：_____

幼儿名称		
观察记录		
分析		
评价		
建议		

观察线索提示：
- 幼儿现有的经验水平；对规则的遵守情况；
- 幼儿的行为表现（如动作）；
- 幼儿对游戏材料（如乐器）的使用情况。

观察表可以快速记录班级中每个幼儿音乐游戏的具体情况，帮助学生深入了解班级或个体音乐游戏的某一方面的发展情况。每次评价要有重点，不要求面面俱到。

（四）实训评价

评价学生音乐游戏观察记录表设计的合理性，评价体系由学生自评、组内评价、教师评价三部分构成，按学生自评 20%、组内评价 30%、教师评价 50% 的比例最终确定成绩。

音乐游戏观察记录实训评价表，如表 8-2 所示。

表 8-2　音乐游戏观察记录实训评价表

姓名：_____　班级：_____　学号：_____　组名：_____

评价主体 评价内容	学生自评	组内评价	教师评价	评分理由	总　　分
观察线索设定					
表格绘制形式					
语言表达方面					
知识运用能力					
记录与评析能力					

二、音乐游戏设计

根据幼儿的特点和教学活动的需要，自行创编音乐游戏也是幼儿教师必备的教学技能之一。这要求我们一方面对创编游戏的步骤和方法有所了解，在实践中反复练习并逐步加以掌握；另一方面要通过各种渠道不断积累游戏素材，在今后的教学实践中努力提高自己创编游戏的能力。

（一）实训目标

（1）培养学生根据幼儿特点和对音乐的感知与表达能力的要求创编音乐游戏的能力。

（2）培养学生编配游戏儿歌的能力。

（二）实训完成形式

个人独立完成。

（三）实训内容与要求

根据小班幼儿特点，创编一个听辨音乐游戏。

🔍 范例参考

大雨和小雨（自编）

游戏目的：感受大雨与小雨的声音，能够辨别声音的强弱，体会游戏的快乐。

游戏玩法：幼儿分成两组，分别扮演大雨和小雨。当听到大雨的音乐时，扮演大雨的幼儿用动作表现大雨；当听到小雨的音乐时，扮演小雨的幼儿用动作表现小雨。

游戏规则：根据音乐的强弱发出适宜的声音。

游戏结果：所有的幼儿在听到自己所代表的音乐时，能够做出正确的动作。

小白兔与大黑熊

游戏目的：通过身体动作感受、理解小白兔与大黑熊的音乐形象；感受小白兔音乐的活泼、欢快与大黑熊的粗犷、缓慢。

游戏准备：小白兔的头饰若干，大黑熊头饰一个；室内宽敞、平坦的场地；音乐《大白兔与小黑熊》。

游戏玩法：播放欢快、活泼的音乐时，小白兔可以在指定活动区域自由活动，播放粗犷、缓慢的音乐时，教师或幼儿扮演的大黑熊出动觅食，寻找发声、晃动的小白兔作为食物，扮演小白兔的幼儿不能发声、晃动，否则会成为大黑熊的食物。被"大黑熊"抓住的"小白兔"出局。

游戏规则："小白兔"和"大黑熊"只能在规定区域活动。

资料来源：莫云娟，任捷.幼儿园游戏活动指导[M].长沙：湖南师范大学出版社，2021：212.

（四）实训评价

评价学生创编的音乐游戏的合理性，评价体系由学生自评、小组互评、教师评价三部分构成，按学生自评 20%、小组互评 30%、教师评价 50% 的比例最终确定成绩。

音乐游戏创编实训评价表，如表 8-3 所示。

表 8-3　音乐游戏创编实训评价表

姓名：_____　班级：_____　学号：_____　组名：_____

评价内容 ＼ 评价主体	学生自评	小组互评	教师评价	评分理由	总　　分
结构完整					
目标适宜					
游戏名称					
游戏玩法					
游戏规则					
游戏准备					
组织能力					
知识运用能力					
语言表达能力					
团队协作能力					
创造创新能力					
参与评析能力					

三、音乐游戏活动设计

（一）实训目标

（1）根据幼儿年龄特点设计音乐游戏活动方案并按一定的格式编写活动设计方案。

（2）能根据设计的活动方案进行模拟教学。

（二）实训完成形式

小组合作完成。

（三）实训指导书

音乐游戏活动设计实训指导书，如表 8-4 所示。

表 8-4　音乐游戏活动设计实训指导书

姓名：_____　班级：_____　学号：_____　组名：_____

活动名称	
活动目标	
活动准备	
活动过程	

🔍 范例参考

中班音乐游戏活动——大花猫和小老鼠

一、活动目标

（1）熟悉歌曲旋律，了解并唱准曲中的附点音符和休止符，以表现歌曲的诙谐有趣。并能在歌曲中等待和正确地表现出前奏、间奏和尾奏。

（2）根据词意大胆地表现出自己的情感和体验，创造性地进行表演唱歌。

（3）使幼儿喜欢参加音乐活动，体验集体活动的快乐。

二、活动准备

经验准备：幼儿已熟悉小老鼠的外形特征，会有节奏地朗诵儿歌《大花猫和小老鼠》。

物质准备：小老鼠、小花猫指偶各一个，小花猫头饰若干，木鱼一个、节奏卡两张、《大花猫和小老鼠》音乐。

三、活动过程

（一）律动导入，激发兴趣

听音乐律动入场，要求动作合拍，表情自然。

（二）理解歌词，学唱新歌

1. 复习儿歌《大花猫和小老鼠》

（1）要求幼儿根据词义创造性地边念边做动作。

（2）请做得好的幼儿单独表演，其余幼儿模仿。

2. 结合故事情境，欣赏新歌

（1）结合故事情境，分段欣赏儿歌

教师出示小老鼠指偶：一只小老鼠悄悄地出了门，准备偷食吃。它东看看、西瞧瞧，见没有小花猫，很是得意，高兴地唱起了歌……

（教师范唱歌曲第一段）

教师出示小花猫指偶：正在小老鼠乐滋滋地偷吃粮食的时候，只听见"喵喵喵"几声，机智的小花猫不知从什么地方跳了出来。小老鼠一见，吓得连滚带爬地回家了……

（教师范唱歌曲第二段）

（2）完整欣赏歌曲。

提问：小朋友们，歌曲叫什么？几拍子？你听了有什么感觉？（幽默、有趣）

幼儿自由回答。

3. 学习附点音符和休止符，学唱新歌

（1）出示节奏卡 × · × × × | × × | × · × × × | × 0|

带领幼儿一起朗诵歌词，要求有感情地朗诵，念准附点音符与休止符。然后教师示范演唱，幼儿尝试练习。

（2）跟随教师完整学习演唱歌曲。

要求：听清前奏与间奏、尾奏。

（三）创编动作，开展游戏

（1）引导幼儿根据歌词编创动作，跟随音乐边唱歌边表演动作。

要求：幼儿大胆地表演创造动作，自由发挥。

（2）开展音乐游戏"猫捉老鼠"。

教师讲解游戏规则：幼儿围成圆圈手拉手成粮仓，在第一段音乐中，几名幼儿戴小老鼠头饰做"小老鼠"神气活现的动作，并钻进钻出偷吃粮食；在音乐第二段，几名幼儿戴小花猫头饰，做猫咪动作并追逐"小老鼠"，当唱完"吓得老鼠赶快往回跑"后，"小老鼠"才可以跑回家；捉到的"小老鼠"暂停游戏一次。

（3）教师讲评小结，表扬认真做游戏的幼儿，结束活动。

四、活动延伸

将音乐投放到表演区让幼儿感受音乐中附点音符和休止符节奏的特点，体会歌曲的幽默诙谐，并继续大胆想象及创编舞蹈动作。

资料来源：王超. 幼儿园活动设计与实践 [M]. 中国人民大学出版社，2015：226-227.（有改动）

（四）实训评价

教师与学生共同商议实训任务"音乐游戏活动设计"完成标准，评价体系由学生自评、小组互评、教师评价三部分构成，按学生自评 20%、小组互评 30%、教师评价 50% 的比例最终确定成绩。

音乐游戏活动设计实训评价表，如表 8-5 所示。

表 8-5　音乐游戏活动设计实训评价表

姓名：＿＿＿＿＿＿＿　班级：＿＿＿＿＿＿＿　学号：＿＿＿＿＿＿＿　组名：＿＿＿＿＿＿＿

评价主体　　　评价内容	学生自评	小组互评	教师评价	评分理由	总　　分
活动名称					
活动目标					
活动准备					
活动过程					
语言表达能力					
仪表仪态					
组织能力					
团队合作					
游戏趣味性					
参与评析能力					

思考与练习

1. 什么是音乐游戏? 音乐游戏有哪些特点?

2. 音乐游戏的作用有哪些?

3. 论述不同年龄班幼儿音乐游戏的特点和指导要点。

4. 论述音乐游戏指导的基本任务。

实践与运用

1. 根据大班幼儿音乐游戏的特点, 设计音乐游戏活动教案, 并进行试讲。

2. 到幼儿园开展设计的音乐游戏活动方案, 进一步修改游戏活动方案。

3. 利用设计好的音乐游戏观察记录表, 开展幼儿音乐游戏活动观察, 分析幼儿游戏水平并有针对性地提出指导建议。

主题九　其他游戏

✦ 学习目标

知识目标

1. 掌握感觉运动游戏的含义、特点、种类及作用；
2. 掌握亲子游戏的定义、特点、种类及作用；
3. 掌握民间游戏的定义、特点、种类及教育价值等。

能力目标

1. 能够掌握感觉运动游戏的指导技能；
2. 能合理、有效地组织亲子活动，初步掌握亲子活动指导技能；
3. 掌握民间游戏改编的方法与技能。

素质目标

1. 对其他游戏（感觉运动游戏、亲子游戏、民间游戏）有初步的认识及继续学习的兴趣；

2. 通过学习其他游戏（感觉运动游戏、亲子游戏、民间游戏）的理论知识，提升学生的爱国情怀、专业性、学识性等。

知识导图

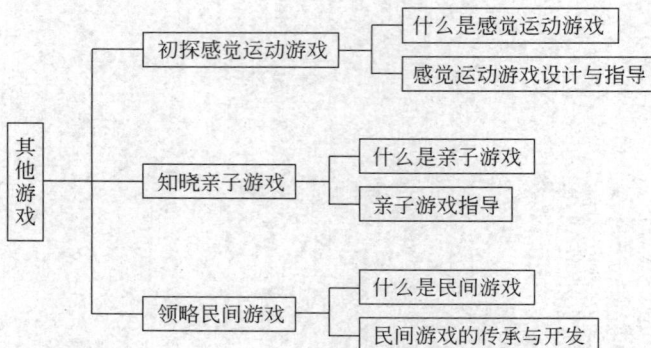

💻 问题导入

活动：企鹅宝宝

通过电子屏给宝宝们讲故事。冬天，企鹅囡囡给宝宝们带来了什么故事呢？原来是《小兔病了》的故事，我们一起来听囡囡给我们讲故事吧。

冬天来了，外面下雪了，天气很冷，囡囡来到小兔家找小兔玩，小兔说："我在看电视呢，你自己去玩吧。"囡囡只好一个人出去玩了。第二天，小熊来找小兔玩，小兔说："我在烤火呢，外面那么冷就不出去玩了。"小熊只好走开了。第三天，小狗去找小兔玩，看到小兔还在被窝里睡觉呢，也只好走了。又过了一天，囡囡来找小兔玩，发现小兔在打喷嚏，原来小兔流鼻涕生病了，她找来小熊把小兔一起送到了医院，医生给小兔打了一针，并对小兔说："天气虽然冷，但是也要出去锻炼身体，这样才不会生病啊。"小兔病好了以后，每天都和囡囡出去锻炼身体，再也不生病了。

企鹅囡囡告诉我们冬天虽然很冷，但是我们也要出去多运动、锻炼身体，这样才不会生病打针。好了，企鹅囡囡的故事讲完了，宝宝们来和囡囡说再见吧。

教师拿出一个企鹅玩具，宝宝轮流上去拥抱囡囡说再见。

问题：

（1）你认为这位教师此次亲子活动组织得怎么样？为什么？

（2）教师应该如何组织和指导早教亲子游戏？

资料来源：李婧.早教机构0~3岁婴幼儿教育活动问题与对策研究[D].重庆：西南大学，2011.

项目一　初探感觉运动游戏

一、什么是感觉运动游戏

（一）感觉运动游戏的定义

它是婴幼儿利用感觉器官和身体动作与外界发生关联和互动。他们的游戏最初是通过自己的身体作为游戏的中心，逐渐地会摆弄与操作具体物体，并不断反复练习已有的动作。从简单、重复的练习中，尝试发现、探索新的动作，从而使自身获得发展，在反复的成功摆弄和练习中获得愉快的经验。游戏的主要表现形式为徒手游戏或重复操作物体的游戏。

（二）感觉运动游戏的特点

（1）0~3岁是婴幼儿进行感觉运动游戏的重要阶段。感觉运动占儿童全部活动的比例随着年龄增长而呈现下降趋势，从14~30个月婴幼儿全部活动的53%，下降到占3~4岁儿童全部活动的36%~44%。

（2）体验是感觉运动游戏的主要形式。婴幼儿只有亲自感觉、体验过事情，才能建立起事物之间的联系，因此帮助婴幼儿充分地自我感知、重复练习才能使婴幼儿获得快感和建立安全感。

（三）感觉运动游戏的类别

感觉运动游戏可以分为以下三类。

（1）身体运动游戏，此类游戏主要训练婴幼儿的动作，如抬头、翻身、坐、爬、走、跑、跳等，主要包括俯卧游戏、仰躺游戏、翻身游戏、爬行游戏、坐游戏、站游戏、跑游戏、走游戏、跑游戏、跳游戏、投掷游戏、攀爬游戏、平衡游戏、综合体能游戏等。

（2）精细动作游戏，此类游戏锻炼婴幼儿手部的小肌肉，提高其手眼协调性，如抓握游戏、抓捏游戏、手指夹游戏、绘画游戏、握笔游戏等。

（3）感官游戏，此类游戏以刺激婴幼儿的感官器官为主，如视觉、听觉、味觉、触觉游戏、感觉统合游戏等。

二、感觉运动游戏设计与指导

（一）游戏环境创设

首先，要为婴幼儿创设一个良好的心理环境。要为其创设一个温馨、平等、尊重和安全的心理环境，让婴幼儿感到安全、自由、爱。

其次，良好的物质环境是婴幼儿游戏的保障，其质量直接影响婴幼儿的学习内容和方式。良好的物质环境应该具有以下特征：温暖的房间色调、柔和光线、有秩序的环境、适宜的感官刺激、支持发展的材料、自由的游戏空间，如图9-1所示。

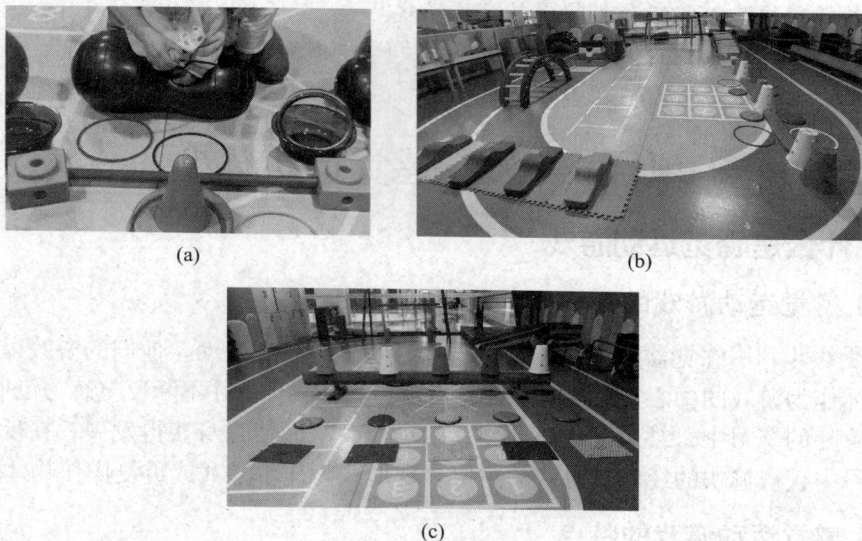

(a)

(b)

(c)

图 9-1　游戏环境

（二）遵守游戏组织原则

1. 遵守游戏性原则

在游戏活动中，婴幼儿既能操作各种材料，与物体互动，又能与同伴交往，与人互动。

2. 遵循整体性原则

在游戏设计和实施过程中要把婴幼儿作为一个独立、完整的人，合理安排婴幼儿的一日生活，有效整合家庭、社区、托幼机构的资源，为婴幼儿的全面发展创造良好的环境。

3. 遵循重复性原则

婴幼儿是在多次重复中获得知识的，因此，在设计感觉游戏时，有选择、有间隔、有变化地反复进行训练，可以帮助婴幼儿积累多种经验，熟练掌握各种技能，促进其各领域的发展。

（三）做好玩具的配置

玩具的配置材料见如表 9-1。

表 9-1　玩具的配置材料

年龄	玩　具	建　　议
0~1 岁	旋转吊饰	颜色对比强烈的黑白格子、彩色图案等
	镜子	婴幼儿在 2 个月开始对镜子感兴趣，照镜子可以让其认识自己
	搂抱玩具	布偶、手偶、毛绒、柔软的动物玩具，颜色鲜艳，易于清洁
	抓握玩具	玩耍方式是摇晃、啃咬和放手坠落，可提供各种摇铃、磨牙胶玩具等
1~3 岁	球	布球、可以滚的球、形状奇特的球
	拼图	熟悉的动物、植物、用品的拼图，初期一般不超过 3 片，后期可以有 5~12 片或更多
	积木	
	运动用玩具	铺着垫子的攀爬架、各种规格的大龙球、触摸球、滑梯、大陀螺、彩虹伞、游泳池、障碍训练场地
	活动用玩具	套杯、套圈、吹泡泡玩具、图画类玩具、玩沙玩水、奇妙口袋

（四）做好游戏的指导

1. 身体运动游戏

（1）游戏内容

①0~1 岁：仰卧游戏、仰躺游戏、翻身游戏、爬行游戏、站的游戏、走的游戏。

②1~3 岁：独自走游戏、倒退走游戏、钻爬游戏、攀爬游戏、原地双脚跳（2 岁左右）、由高向低跳（高度为 10~30 厘米）、双脚连续蹦跳、单脚站游戏、单脚跳游戏、向下丢物、丢球 2 米以上、向前踢球、身体旋转游戏、平衡板游戏、龙珠游戏。

（2）游戏指导

0~1 岁的婴幼儿以亲子游戏为主，教师或看护者需要循序渐进地为其提供适宜的刺激和练习，促进婴幼儿身体动作发展。婴幼儿在从仰卧到坐的过程中，"坐"是非常重要的，下面以"坐"的动作发展，提供一组游戏。

案例呈现

拉坐游戏（适合月龄：4~6 个月）

一、游戏目的

（1）锻炼宝宝上肢力量、背部肌肉的紧实度。

（2）帮助宝宝练习坐的动作。

二、游戏准备

宝宝精神状态好的时候。

三、游戏过程

（1）让宝宝仰卧在床上或者垫子上，拇指给宝宝，让宝宝握住，家长双手握住宝宝的手腕处。

（2）双手帮助宝宝坐躺下和拉起的动作。

（3）家长与宝宝做游戏，教师观察指导。

四、观察要点

（1）宝宝是否在家长的引导下做躺下和拉起的动作。

（2）宝宝是否在听家长说话，是否与家长有眼神交流。

拉 大 锯

一、游戏目的

（1）锻炼宝宝腰部、腹部、骨髓以上的上肢力量。

（2）锻炼宝宝的空间感、平衡感。

二、游戏准备

宝宝精神状态好的时候。

三、游戏过程

（1）让宝宝坐在家长的腿上，配合节奏（坐，坐，坐电梯，上，上），双手举起宝宝到头顶上。

（2）下来的时候慢慢下来，配合节奏（下，下，下来啦），再坐回到家长的腿上。

四、观察要点

宝宝是否在听家长说话，是否与家长有眼神的交流。

五、温馨提示

（1）保证宝宝处于精神好、空腹的状态。

（2）游戏初期，时间不宜太长，3分钟左右即可，视宝宝情况增加活动次数。

2. 精细动作游戏

（1）游戏内容

① 0~1岁：抓握游戏、抓捏游戏、手指夹物游戏、手指游戏等。

② 1~3岁：手指游戏、画画游戏、搭积木、拼图、剪纸、泥工游戏、敲打游戏等。

（2）游戏指导

① 对于3岁前的儿童，重在提供自由和安全的游戏环境和满足其发展的各类玩具，不过每次提供的玩具不宜过多。

② 在儿童游戏时，教师要做好观察，及时回应。

下面将提供一组儿童爱玩的游戏，并对观察要点进行一一明示。由于3岁前，尤其是2岁以前儿童的教育，更强调以家庭教育为主，因此，如何引导家长利用游戏和玩具显得非常重要。

案例呈现

做比萨（适合月龄：18个月）

一、游戏目的

（1）锻炼手的精细动作技能。

（2）体验做比萨的过程，培养快乐的情绪。

二、游戏准备

黄色橡皮泥、蓝色橡皮泥、黄豆、红豆、绿豆、黑豆、四个小碗

三、游戏过程

玩之前将黄色橡皮泥做成一个圆形，再包裹着一层蓝色。引导孩子依次将碗内的豆子

拿出，将豆子放在"比萨"里面，做成一个好看的"比萨"。

四、观察要点

（1）幼儿在游戏中的情绪体验。

（2）幼儿做比萨的技能水平。

3. 感觉游戏

（1）感觉的特点

婴儿在母亲身体里时，感知觉形成就已经开始，第一个形成的感知觉是触觉，在母亲怀孕的第一个月，婴儿形成了平衡觉和听觉，视觉形成最晚。

（2）游戏内容

婴儿一出生感官就启动了，但感官间相互合作是在出生后的第一周及第一个月才慢慢形成的。婴儿的感官系统不是独立工作的，是感官系统协同运作的。0~3 岁婴幼儿感觉游戏内容见表 9-2。

表 9-2　0~3 岁婴幼儿感觉游戏内容

年龄	种　类	游　　戏
0~1 岁	触觉游戏	辨别物体轻重、形状，察觉物体温度的变化、辨别刺激的强度，区分来自身体各部位的感觉，辨别物体的质地，辨认身体各部位的相对位置和方向
	视觉游戏	分辨明暗、分辨黑白、分辨颜色、辨识轮廓
	听觉游戏	倾听悦耳、寻找声源、辨音游戏
	语言游戏	倾听游戏、发音游戏、阅读游戏
	社会性游戏	皮肤接触、目光交流、指认亲人、镜子游戏等
1~3 岁	触觉游戏	包中寻宝、隔袋触摸、赤脚大仙、玩沙玩水、蒙眼分类
	视觉游戏	名画欣赏、照镜游戏、快速识物、配对游戏等
	听觉游戏	寻找声源、辨音游戏、图书画阅读、名曲欣赏、听唱歌谣等
	语言游戏	倾听游戏、发音游戏、阅读游戏等
	社会性游戏	皮肤接触、目光交流、指认亲人、镜子游戏等

（3）游戏指导

根据婴幼儿感官系统运作的特点，感觉游戏不能在单纯的分领域中特立独行，应该回归到儿童的现实生活，从儿童生活熟悉的物品、人和儿童自身身体出发，进行感觉游戏的设计，设计时既可以是对优势感官的强化，也可以是对不常用感官的激发，从而提高感官的灵敏度和协同运作的能力。另外，感觉游戏，要关注儿童的生命存在，营造温馨和谐氛围，促使儿童主动和独立参与，建立对人和环境的安全感，在玩中发展感官的协同作用，使其获得全面和谐发展所必备的能力。以下提供的一组游戏，将婴幼儿置于游戏的主题，强调眼神、语言、身体动作、玩具与儿童的全面互动。

案例呈现

听觉游戏——滚圆筒（适合年龄：1~1.5 岁）

一、游戏目标

（1）学习辨认常见物体。

（2）训练听觉的敏感性和注意力。

二、游戏过程

取一只圆铁筒，分别放进一些纽扣、玻璃球、木棒、小石子、小积木、带壳的核桃、花生等，盖好倒放在平地上。成人一边用水拨动铁筒使其滚动发出声音，一边问宝宝："听听，这是什么声音？""哪来的声音？""筒里面是什么呀？"先让宝宝猜猜，再打开圆筒把东西倒出来看看猜对没有，并告诉他，"嗨！是小球！""喔，是积木！"……让宝宝一一辨认。

先反复一样一样地装进去玩，随着宝宝辨认能力的增强，可以两种、三种物品交换着玩，增加难度。

三、观察要点

（1）宝宝辨认物体的准确性。

（2）宝宝在游戏中注意力的保持。

四、温馨提示

提醒宝宝别把玩的东西放进嘴巴、鼻子和耳朵。

嗅觉游戏——小小嗅觉瓶（适合年龄：0~1 岁）

一、游戏目标

（1）丰富嗅觉的体验，提升嗅觉灵敏度。

（2）认识生活常见的物品。

二、游戏准备

装有不同调味料（如花椒、胡椒粉、食醋等）的不同塑料瓶。

三、游戏过程

在装有不同调味料的塑料瓶上戳个小洞，然后拿着小瓶子让宝宝闻一闻，还可以让宝宝自己拿着把玩，以丰富其触觉体验。

四、观察要点

（1）观察宝宝对不同食物的嗅觉反应。

（2）宝宝对家长或教师的语言反应积极与否。

五、温馨提示

注意瓶子上的小孔不宜过大，避免里面的调味料洒出来。

荡秋千（适合月龄：9~12 个月）

一、游戏目的

（1）让宝宝的前庭器官感受到刺激，发展宝宝平衡能力。

（2）促进宝宝运动能力和身体控制能力的提高。

二、游戏准备

一条大浴巾，宽、厚的地垫，宝宝精神状态好的时候。

三、游戏过程

（1）爸爸妈妈站在地垫上，双手将浴巾四只角拉紧。

（2）教师让宝宝躺在浴巾做成的"秋千"里。

（3）家长两人拉住浴巾轻轻来回"荡秋千"。

四、观察要点

（1）宝宝的情绪反应。

（2）宝宝的适应时间（长短）。

五、温馨提示

（1）保证宝宝处于精神好、空腹的状态。

（2）视宝宝情绪决定游戏时间。

（3）教师要注意保护宝宝的身体，防止宝宝从浴巾中滚落。

（4）家长晃动的幅度要从小到大。

资料来源：翟理红.学前儿童游戏教程[M].上海：复旦大学出版社，2019：70.

微课 9-1-1
感觉运动游戏及其
指导要点

项目二 知晓亲子游戏

一、什么是亲子游戏

（一）亲子游戏的定义

亲子游戏是建立在父母与子女的感情基础上，父母和孩子一起参与的温馨活动。在这里，我们看到亲子游戏是父母与孩子一起参与的游戏，是亲子之间交往的重要形式。

（二）亲子游戏的特点

亲子游戏是父母与孩子交往及情感联系的重要方式，是父母在自然的情景下，与孩子结成平等的玩伴关系，在和孩子游戏过程中"寓教育于游戏"之中，用自己的知识、经验、想法去影响孩子的游戏。亲子游戏具有以下几个方面的特点。

1. 合作互动性

亲子游戏是以亲子互动为主要形式；亲子游戏是让宝宝主动寻求家长的配合，通过双方合作，自然而然地使父母交给宝宝一些知识和技巧。当亲子之间面对面的活动开始之后，母婴之间就能够共同合作，这时候需要进一步深化其社会协作性，互动双方会对对方和社会行为做出反应，当他们之间的社会互动并不成功时，合作形式需要进一步调整，最终达到目标。

2. 愉悦性

亲子游戏以亲子双方，尤其是幼儿身心愉悦为主要目的。很多亲子游戏需要亲子协作共同迎接一些挑战，通过亲子游戏，孩子能够体会到创造和成功的快乐以及父母浓浓的爱，而家长则能够感受到亲子之间的温暖、体会亲子游戏的幸福。

3. 平等性

家长是亲子游戏的参与者，是游戏中孩子的游戏伙伴，家长应与孩子处于平等的地位，而不是高高在上，指手画脚。平等地位更有利于家长与幼儿建立融洽的亲子关系，缩短距离，被孩子接纳为朋友。

（三）亲子游戏的作用

亲子游戏活动对父母和宝贝均是有益的，它不仅仅是娱乐活动而已。

（1）亲子游戏能加强父母与孩子之间的互动，联络感情，密切亲子关系。

（2）亲子游戏有利于促进幼儿的全面发展。其一，亲子游戏可以促进婴幼儿粗大动作和精细动作的发展，积累感觉印象，有助于婴幼儿认知能力的发展；其二，婴幼儿通过亲子游戏，可以体验初步的交往关系，有助于其社会性的发展，同时也联结了亲子间的情感联系，有助于个性的完善和发展。在亲子游戏中，大量语言的感知和利用，有助于婴幼儿语言能力的发展；大量的亲子感觉统合训练，更有利于婴幼儿感官发展。

（3）在与父母进行协作、沟通时，小朋友能对人与人之间的交往有一定的体会，这能够提高小朋友人际交往的能力，并有助于其社会交际方面能力的发展。

二、亲子游戏指导

（一）一对一家庭亲子游戏的指导

婴幼儿对身边的事物还处于探索的阶段，新奇的事物能使他们感兴趣，具体要怎么把游戏开展起来，需做到以下几点。

1. 提供优质的活动环境

要开展游戏，就要有一个好的环境和空间让小朋友充分体验到游戏的乐趣。父母可以帮助小朋友空出一个小空间，用帘子隔开，或者能专门为他布设一个特别的活动环境。

（1）出生 0~6 个月的婴儿处于躺、抱、坐阶段，他的游戏场所是摇篮、摇床、摇车等。父母要为孩子布置好这些场所，可以在摇床上挂上摇铃，可以在摇车上贴上色彩鲜艳的画等。

（2）随着孩子逐渐长大，他们从坐过渡到爬。这时候家长要留给孩子一个相对独立的幼儿活动场所，并布置色彩鲜艳的图画，添置玩具、幼儿读物等。1 岁以后，孩子开始走路，自我意识不断提高，父母可以在孩子的活动场所放置积木、拼图、绘画板，让孩子自由地游戏。

2. 准备适合的游戏材料与玩具

玩具的吸引力对小朋友来说是很大的，若是在游戏中选择了恰当的玩具，便能够使游戏价值得到提升。在选择上，父母应该注意玩具是否具有教育意义，有没有艺术感，是否安全、实惠。一个品质优良的玩具应该是：可变化的、能提高小朋友的动手能力与创造能力；材质可靠、无毒、无危险性；具有美感或者能培养小朋友的爱心、能增进感情，例如洋娃娃、风筝等。另外，家长也可以利用家中物件进行改造，或者让小朋友一起参与改造的过程，消毒后再给他玩。

（1）0~1 岁婴儿正处于感觉器官迅速发展的重要时期，应该为他们选择能够促进感官功能发展的玩具，如提供彩色卡，促进视觉的发展；能发声的玩具如拨浪鼓、手摇铃等，促进婴儿的听觉发展，并能愉悦情绪；许多抓握的玩具，如触感球、手摇铃、曼哈顿球、软体小面包等，促进婴儿的触摸觉的发展和精细动作的发展。

（2）1~3 岁婴儿能独立行走，能够进行各种活动，使用的玩具有：叠叠乐、磁力拼图、彩虹积木等促进幼儿精细动作的发展；体育玩具，如摇摇车、小推车、小足球；形象玩具，如娃娃，迷你厨房等。为孩子选择玩具，不仅要考虑到年龄特征、性别差异，还要符合安全、卫生要求。玩具应无毒、易清洗，孩子在玩要时不会被刺伤、划伤等。

3. 选择适合婴幼儿相应年龄段的亲子游戏

不同年龄婴幼儿的生理、心理发展不同，为其选择游戏的内容与方式也不同。

（1）0~6个月的婴儿，主要是发展视觉、听觉、触摸觉等各种感官，所以这一时期应主要选择合适发展婴儿视听觉、触摸觉等的感觉游戏。可以利用彩色卡引逗婴儿，训练婴儿视觉追踪能力；可以利用小沙锤、小铃铛、小鼓进行游戏，可帮助婴儿发展听力。适合0~6个月阶段婴儿的亲子游戏主要有亲子抚触操、躲猫猫游戏、照镜子游戏等。

（2）6个月~1岁的婴儿，由坐到爬，这一时期的游戏主要有：爬行追逐、比赛站立等，有益于幼儿粗大动作的发展；与成人捉迷藏、看图书、听故事等，引导孩子开口说话，促进婴儿语言的发展。1~3岁开始独立行走，语言、动作、自我意识都迅速发展，这一时期的游戏有：鼓励孩子去运动，引导孩子抛球、踢球和拉车行走等；可以搭建积木、串珠子、定位粘贴等，还可以让孩子学习使用工具，比如用小槌敲打乐器或玩具、用笔涂鸦描画等。

拓展阅读

亲 子 游 戏

亲子游戏是父母与儿童之间，以亲子情感为基础，以儿童与家长互动为核心内容，全面发展儿童的语言、认知、情感、社会交往等多种能力，帮助幼儿从"自然人"过渡到"社会人"而进行的一种活动。下面将介绍一些有趣的可以在家庭和幼儿园开展的亲子游戏，供大家参考。

1. 贴鼻子

玩法：将家长的眼睛蒙上，原地转三圈，请小朋友用语言指挥家长将鼻子贴到动物的准确的位置即获成功。

规则：家长要将眼睛蒙好不能偷看，幼儿只能用语言指挥。

2. 踩气球

准备：气球若干。

玩法：每个家庭由一名家长和一名幼儿参加，老师给每个家庭发一个气球和一根细绳，请家长将气球吹大绑在自己的脚腕上，身背幼儿；听到老师的口令后游戏开始，家长背着宝宝踩其他家庭的气球，气球被踩爆即被淘汰，比一比谁是冠军。

3. 摸一摸

准备：选择安静的氛围环境，宝宝平时爱玩的玩具，如小皮球、海绵球、宝宝爱吃的水果等，摸箱一个。

玩法：教师将宝宝平时爱玩的玩具或者爱吃的水果放在地板上，请宝宝用手摸一摸，感觉一下；将准备好的材料放入摸箱，家长鼓励宝宝按要求摸一摸，并将摸到的东西拿出来，说一说是什么。

4. 小脚踩大脚

准备：安全场地。

玩法：每个家庭由一名家长和一名幼儿参加，幼儿双脚踩在家长的脚上，家长和幼儿手拉手，听到口令后，家长带着幼儿向前奔跑，幼儿双脚不能离开家长的脚，看看谁先到终点。

5. 揪尾巴

准备：尾巴若干。

玩法：幼儿当小动物在裤腰处装上尾巴，家长抓幼儿尾巴，或交换角色，也可以两人都装上尾巴，看谁先揪下对方的尾巴。

6. 可爱的袋鼠宝宝

准备：安全场地。

玩法：每个家庭由一名家长和一名幼儿参加，让幼儿抱紧家长的脖子，双腿夹紧家长的腰，像小袋鼠一样紧紧地挂在家长的胸前，家长双腿并拢向前跳，孩子不能落地，先到终点者获胜。

资料来源：范明丽 . 学前儿童游戏 [M]. 北京：北京大学出版社，2017.

7. 齐心协力吃果果

准备：圣女果若干，小碟子四个，遮眼布四条。

游戏人数：共 12 个家庭，每个家庭由 3 人组成，四个家庭为一组，共分 3 组进行预赛，每组胜出者参加决赛。

玩法：妈妈手持圣女果，站在指定位置，爸爸蒙上眼睛，背着孩子，原地转三圈，在孩子的语言提醒下，去寻找妈妈手中的果实，并用嘴巴吃掉果实，最先吃完圣女果为胜。

8. 画泡泡

准备：水彩笔、吹泡泡工具，每位宝宝一套，画有吹泡泡小孩的画若干张。

玩法：家长同宝宝一起吹泡泡，引导宝宝仔细观察泡泡的形状，请宝宝说一说泡泡的形状。教师发给每位宝宝一张画有吹泡泡小孩的画，请家长在画上给宝宝做画泡泡的示范，一边示范一边给宝宝讲解，让宝宝自己画泡泡，家长给予引导与鼓励。

9. 钻山洞

玩法：爸爸双腿跪地，双手伏地搭一个山洞，孩子手脚着地，爬着钻过山洞。爬时身体不许与山洞接触，违者犯规。山洞也可以用纸箱做成，或用小床或者写字台代替。

10. 跨越山峰

玩法：在房间和客厅内各放两堆积木搭成两座"山"，两座山峰的间距为 30 厘米左右，妈妈当裁判，击掌助兴，爸爸和孩子各自模仿孙悟空和猪八戒的动作，用最快的速度，以 S 形穿越返回原处，速度快且积木倒地少者为胜。游戏中父母要照顾孩子，让孩子有获胜的机会，体验成功感。

资料来源：霍习霞 . 学前儿童游戏与指导 [M]. 上海：华东师范大学出版，2019.

（二）早托机构亲子游戏的指导

1. 早托机构亲子游戏的概念和特点

0~3 岁亲子游戏活动是由专业早教人员有目的、有计划地指导家长开展具有互动性的亲子游戏与学习活动，旨在普及科学的育儿理念和方法，促进 0~3 岁婴幼儿积极、主动发展的一种具有现场示范性、指导性、实践性的活动。

亲子游戏活动能够提升家长的育儿知识和技能，促进婴幼儿在活动中的学习与发展，注重婴幼儿与家长的互动与沟通。通过婴幼儿及其家长与教师共同活动的方式，实现家长与婴幼儿的共同发展，促进教师的专业成长。

早托机构亲子游戏活动具有的特点如下。

（1）活动目的的双重性

首先，早托机构开展的亲子活动是家长、婴幼儿"双重"教育的一种活动形式，部分父母缺乏科学教养孩子的知识和技能，0~3岁早教服务机构的重要内容就是亲职教育，其开展亲子活动的目的之一就是把父母培养成合格的家长。

其次，亲子活动作为开展早期教育的重要形式，为婴幼儿提供了游戏的场所和学习的机会，能有效满足婴幼儿认知世界、快乐游戏的需要，帮助婴幼儿学会人生最初的知识。

（2）活动主体的多元性

参与0~3岁婴幼儿早教机构开展的亲子活动的人员有三方，即教师、家长、儿童，他们相互配合、互相协调，互为主体，各自有着不可或缺的地位。

（3）活动互动的多样性

亲子活动的参与人员一般是儿童、家长、教师，他们之间的互动是多向的，不仅有师幼间、亲子间、教师与家长间的积极交流与互动，同时还有婴幼儿间的同伴互动，活动实施的过程就是教师、家长和儿童这些具有差异的生命体之间的积极主动地交往与对话的过程，更是互相启发、互相学习、共同创造的过程。

（4）活动时空的连续性

亲子活动内容要具备连续性，注意设计的活动内容是否在家也能开展，并在现有活动基础上专门设置"在家教育活动的操作与实施"的内容；此外，内容上亦要考虑每位婴幼儿及其家庭早期教育的具体情况，真正实现家园亲子活动内容的有效连续。

（5）增进人际交往，提高婴幼儿的社会适应能力

早教机构一系列的亲子活动改变了以往亲代与子代（主要教养人与婴幼儿）的单纯交往模式，打破了家庭交往的空间局限，改变了较为单一的生活活动。

在亲子活动中与同伴、家长、教师间的交往，在活动交往中认识自己，认识他人感受自己与他人的不同；逐渐适应小集体的生活，感受团体活动的规则与要求。

与此同时，婴幼儿通过亲子活动，逐渐内化与人相处的社会行为规范，萌发最初的价值观念，加深对物质世界与人类社会生活的认识，促进自身社会性的发展。

2. 早托机构亲子游戏开展的模式

亲子活动开展的模式有以下三种。

（1）集体式活动

集体式亲子活动是教师有目的、有计划、有组织地对所有的家长和婴幼儿开展的活动，在活动过程中，教师主要起引领作用，指导家长学习相关的育儿知识，学习掌握亲子活动开展的方法，同时引导婴幼儿通过参与亲子活动发展其语言、认知、社会情感体验等方面的能力。

根据活动的内容，我们将集体式活动分为以下两种。

①领域式亲子活动

领域式亲子活动是指选择某一个领域作为活动内容来开展活动。亲子教育受到学前教育的影响，也采用五大领域作为亲子教育内容，在设计活动时将各领域相互渗透，目的是促进婴幼儿身体、语言、认知、情绪情感及社会性的发展。

② 主题式亲子活动

教师根据婴幼儿的生活经验选择活动内容，再根据内容确定活动的目标，其目标具有一定的灵活性，它以某一个主题来设计活动的各个环节，每一个环节的开展都围绕这个主题进行。

（2）个体家庭式活动

个体家庭式亲子活动是指教师根据 0~3 岁婴幼儿的发展需要，在家中开展的一系列教养活动，目的是帮助 0~3 岁婴幼儿家长树立正确的育儿观，掌握科学的育儿方法，提高婴幼儿家庭的早教水平。

（3）家庭延伸活动

家庭延伸互动又称为亲子家庭延伸活动，是亲子教育的一个不可缺少的重要部分，是指家长和婴幼儿参加早教课程后，将课程里的小游戏带至家庭中继续开展练习的一种教育活动。家庭延伸活动的开展是将从机构学习到的方法延伸到日常活动中，进一步强化婴幼儿的学习经验认知，是促进婴幼儿全面发展的重要途径。

3. 早托机构亲子游戏的设计

（1）活动目标的设计

在亲子游戏活动中，教师是活动的主要组织者、指导者，婴幼儿是活动的主体，而家长是亲子游戏活动的参与者，三者是一个整体，缺一不可。其中，教师在亲子游戏活动中主要起示范作用，引导家长学习科学的育儿知识和方法、树立科学的育儿观。

在亲子游戏活动中，教师是活动目标的制定者，教师制定的亲子目标是否恰当直接影响着教学活动的整体方向。因此，在确定目标前，教师应该对不同层次的活动目标进行透彻的分析，这样才能从整体上准确把握亲子游戏活动的目标。

2021 年，国家卫生健康委员会制定了《托育机构保育指导大纲（试行）》，大纲明确指出，在遵循婴幼儿发展的年龄特点与个体差异，通过多种途径促进婴幼儿身体发育和心理发展。其中就包括了动作、语言、认知、情感与社会性等领域的发展目标，并就各个月龄阶段给出了具体的保育要点和指导建议。

动作领域的目标如下。

• 掌握基本的大运动技能。

• 达到良好的精细动作发育水平。

语言领域的目标如下。

• 对声音和语言感兴趣，学会正确发音。

• 学会倾听和理解语言，逐步掌握词汇和简单的句子。

• 学会运用语言进行交流，表达自己的需求。

• 愿意听故事，看图书，初步发展早期阅读的兴趣和习惯。

认知领域的目标如下。

• 充分运用各种感官探索周围环境，有好奇心和探究欲。

• 逐步发展注意、观察、记忆、思维等认知能力。

• 学会想办法解决问题，有初步的想象力和创造力。

情感与社会性领域的目标如下。

- 有安全感，能够理解和表达情绪。
- 有初步的自我意识，逐步发展情绪和行为的自我控制。
- 与成人和同伴积极互动，发展初步的社会交往能力。

那么，亲子游戏活动目标应该注意哪些？

亲子游戏活动目标的确定对后续亲子游戏活动开展有着重要影响，教师在设计亲子游戏活动目标时应注意以下三个方面。

① 活动目标坚持以婴幼儿为出发点

亲子游戏活动的设计不仅要考虑婴幼儿各个年龄阶段的各领域发展目标，而且要关注到婴幼儿个体的实际发展水平。在确定亲子游戏活动目标时，应该了解每一个婴幼儿的发展状况，以此来灵活地确定活动开展的目标，在亲子游戏活动中促进每一个婴幼儿各方面的发展。

② 活动目标具有操作性

教师在亲子游戏活动中主要起指引作用，而活动的最终实施者是家长，所以，教师在设计活动目标时，应注意目标把握和家长实施的难易程度。

③ 活动目标要具有整体性

每个领域的活动都不是独立存在的，它们相辅相成，相互渗透，形成了促进婴幼儿能力发展的整体，然而，每个活动目标的制定都需要有侧重点，要确保在一系列活动的实施下能够促进婴幼儿的整体性发展。

（2）早托机构活动设计内容

活动内容是亲子游戏活动的核心，内容的选择是否恰当会影响到整个活动开展的效果。教师在选择活动内容时，可遵循以下几个原则。

① 遵循婴幼儿的身心发展规律

每个年龄段的婴幼儿都有不同的身心发展特点，教师在设计亲子游戏活动内容时，应该在了解该年龄段婴幼儿的身心发展特点的基础上，科学地选择亲子游戏活动内容。月龄较小的宝宝感知觉神经系统和身体机能还未发展完善，教师在选择亲子活动内容时，应尽量选择轻柔的活动，时间不宜过长，以免宝宝过度活动，引起不适。

② 尊重婴幼儿的兴趣

教师在选择亲子活动内容时要尊重婴幼儿的兴趣，这样不仅能满足婴幼儿的需求，而且有利于调动婴幼儿参与亲子游戏活动的积极性，增加婴幼儿在游戏活动时的愉悦体验。

③ 贴近婴幼儿的生活

教师在选择亲子游戏活动内容时一定要"接地气"，换言之，即贴近婴幼儿的生活，0~3岁婴幼儿在语言、认知等方面处于发展阶段，如果亲子游戏活动内容脱离了婴幼儿的实际生活，反而不利于婴幼儿在活动中获取直接经验。教师只有从婴幼儿的生活出发，挖掘其互动内容，才容易被婴幼儿理解和接受。

因此，可将婴幼儿熟悉的生活环境及常见的物品作为亲子活动的内容。游戏内容可分为语言游戏、认知游戏、动作游戏、情感与社会性游戏、艺术游戏等。

（3）早托机构活动设计步骤

① 确定目标

确定亲子游戏活动目标是亲子游戏活动设计的起始环节，也是最重要的环节，它直接决定着活动内容的选择、场地和材料的准备、活动过程的实施、活动结果的评价等。亲子游戏活动是家庭教育示范课，是以"亲子同步成长"为目的，所以，亲子游戏活动目标应包含"婴幼儿发展目标"和"家长学习目标"两个方面。

设计婴幼儿发展目标应注意哪些方面？

首先，结合目标，遵循婴幼儿发展的年龄特点。婴幼儿发展目标应抓住每个年龄段婴幼儿发展的重要内容，并结合具体活动目标。

其次，目标的适宜性和挑战性，体现最近发展区。婴幼儿能力的发展水平是随着年龄增长而逐渐提高的。在设计亲子游戏活动时，一般以半岁为一个年龄段进行分段，18个月以前以3个月进行划分。

具体分为以下九个年龄段：0~3个月、4~6个月、7~9个月、10~12个月、13~15个月、16~18个月、19~24个月、25~30个月、31~36个月。每个年龄段的目标既要结合年龄特点，又要略高于该年龄段婴幼儿的现实发展水平，应是婴幼儿通过努力能够达到的。

最后，既要面向全体，又要兼顾个别差异，体现目标的层次性。参加亲子活动的婴幼儿来自于不同的家庭，由于遗传因素、环境和看护人的不同，婴幼儿发展水平各有差异。因此，教师应在活动之前对婴幼儿的发展水平进行测查、评价，有针对性地设计活动。

除了婴幼儿发展目标，家长指导目标又应该如何撰写？应该注意哪些方面？

在早教中心开展的亲子游戏活动中，家长指导目标描述包含两个方面的内容：一是本次活动需让家长知道（了解）什么？具体可以描述为：本活动的教育价值；关于育儿的某个方面的知识，婴幼儿某个领域的最近发展区等。二是本次活动让家长学会（掌握）什么？具体可以描述为对婴幼儿能力的观察要点和记录方法等；某一活动的内容向家庭迁移的办法；某种简易玩具的制作方法；某种与婴幼儿互动的技巧；一个育儿难题或困惑的解决方法等。

② 选择活动内容

活动内容是实现目标的手段，是将目标转化为婴幼儿发展的中心环节，也是活动设计的核心。

③ 策划活动流程

首先，应考虑活动环境和条件，主要包括开展活动的空间、场地、教具、学具、设备的提供，包括名称、规格、数量、出示的时间、方法等。

其次，应考虑活动方法。常见的教学方法有：动作实物与语言配合法、示范模仿法、游戏法、表演法等，可以根据活动内容的需要进行恰当的选择，通常是几种方法综合使用。

再次，应考虑活动组织形式。活动形式可以是教师对亲子集体的指导活动，也可以是教师对个别家庭的指导活动。

最后，应考虑活动环节。亲子游戏活动环节主要包括互动问好—热身舞蹈—教师讲解—示范—亲子互动—指导—延伸活动等几个部分。

微课 9-2-2
0~3岁亲子抚触、主被动操和亲子游戏视频

案例呈现

《多彩的豆子》活动策划及实施过程见表9-3。

表 9-3 《多彩的豆子》活动方案

活动名称：《多彩的豆子》		适宜场地：亲子教室
适宜的年龄：25~30 个月龄		适宜的人数：16 人（家长 8 人，宝宝 8 人）

	家长学习目标	婴幼儿学习目标
活动目标	1. 知道 25~30 个月宝宝的执行动作指令的代表性行为。 2. 能积极配合教师安抚宝宝情绪，带动宝宝一起参与活动。 3. 掌握亲子互动的技巧，增强亲子感情	1. 锻炼自我认识能力和理解能力，增强社会交往能力。 2. 初步感觉音乐节奏，能听指令做相应动作，愿意参与游戏。 3. 锻炼手眼协调能力及手腕灵活性
活动准备	绘本《妈妈，买绿豆》、厨具模型、碗、彩虹伞、海洋球、豆子图片若干、布袋、儿歌《合拢张开》、绿豆等、音乐《炒豆子》	

	活动内容与环节	家长指导语
活动过程	一、互动问好 1. 手指操《合拢张开》 教师：宝贝们，有一位小伙伴要和我们一起玩游戏啦，让我们变出小手，把他请出来。 2. 指导家长和婴幼儿一起进行问好，轮流作自我介绍：名字、月龄，唱欢迎歌。	通过伸手比出年龄动作，锻炼手指分化能力。互动问好增强自我意识，促进社会性的发展。如果宝宝不愿意也没有关系，可以用握手击掌的方式引导宝贝进一步社交。
	二、认知活动："认识豆子" 1. 教师示范打开神秘袋，拿出袋子中的豆子图片，找到与图片相对应的豆子。 2. 教师指导家长打开神秘袋，引导宝宝说出豆子颜色以及名称。	请家长打开神秘袋，让宝贝们瞧瞧都认识哪些豆子，并引导宝宝找出相应的豆子，说出其颜色，培养宝宝对颜色的认知能力。
	三、精细操作："彩色豆子汤" 1. 教师："阿宝最喜欢喝绿豆汤了，他现在想邀请宝贝们熬一锅彩色豆子汤。" 2. 教师出示熬豆子汤过程，并为大家分发教具。 3. 将豆子倒入锅中，拿汤勺搅拌。引导宝宝使用厨具。	这个环节可以锻炼宝宝手腕控制能力以及手眼协调能力，同时培养宝宝使用厨具，激发宝宝参与家庭事务的兴趣，体验劳动的快乐。
	四、集体游戏："炒豆子" 1. 教师：阿宝妈妈将剩下的豆子做成了绿豆冰，那我们将剩下的豆子炒一炒好不好？ 2. 教师引导家长和宝贝牵起彩虹伞的小尾巴，让宝贝把彩色海洋球倒入彩虹伞中，抖动彩虹伞，模拟炒豆子。	炒豆子集体游戏能培养宝宝听指令做动作的能力，让宝宝感受愉快的气氛，感知音乐的节奏；培养宝宝的空间感和方位感
	五、总结与再见 1. 教师回顾与总结认识的豆子，引导婴幼儿说出豆子的颜色及名称。 2. 唱再见歌，与婴幼儿挥手道别	
家庭延伸活动	家长可以在家中进行亲子绘本阅读，刚开始应挑选宝宝喜欢和熟悉的绘本进行阅读。每次的阅读时间在 15 分钟左右，后期慢慢增加其他绘本故事，在亲子阅读中激发孩子对阅读的兴趣，锻炼宝宝的思维能力，培养宝宝的语言表达能力	

项目三　领略民间游戏

一、什么是民间游戏

（一）民间游戏的定义

传统民间游戏是指流传和流行于广大地区的民间儿童在日常生活中自愿和自由嬉戏、玩耍和娱乐的活动，这些游戏与传统文化相关联，在儿童同伴结识和玩耍过程中为了满足自身的需要而自发形成。民间游戏历史悠久、种类繁多，它给一代代人带来了无尽的乐趣，留下了美好的回忆，那么什么是民间游戏呢？

民间游戏是指流传于广大民众生活中的嬉戏娱乐活动，俗称"玩耍"，主要流行于儿童和成年的日常娱乐活动中。由于没有功利性、生动有趣且极具地方文化特色，而被当地人喜爱和接纳，因此民间游戏常常和浓浓的乡情及愉快的回忆联系在一起。它作为民间传统文化的重要组成部分，由劳动人民改编，在民族传统文化的基础上，具有浓烈地方特色和生活气息，是适合儿童年龄特点、儿童乐于接受的且富有趣味性和娱乐性的游戏活动。

（二）民间游戏的种类

在我国，民间游戏非常丰富，为了能够更加深入了解民间游戏，我们对它进行了一个粗浅的分类。

1. 根据游戏使用器具情况分为器具游戏和智力游戏

民间器具游戏是指借助各种器具来完成的游戏，如跳皮筋、跳竹竿、打弹珠等。民间智力游戏是指锻炼儿童的脑、手、眼，并在游戏中发展智力，以获得逻辑力和敏捷力为目的的一种趣味游戏。民间游戏非常考验参与者的反应能力，如七巧板、套九环、成语接龙等。

2. 依据性质用途的不同分类

王德刚先生根据民间游戏的性质用途，将其分为日常游戏、交际游戏和产业游戏三种。

（1）日常游戏。日常游戏在日常生活中十分常见，用于消磨时间、锻炼体能，种类非常多。如猫拿耗子、三国争兵等健身类游戏。

（2）交际游戏。交际游戏是指将游戏作为交际手段，用于沟通人际关系、增进友谊，甚至可以用于发展地区以及国家之间的友好合作，作为对外交往的一种重要形式。交际游戏主要包括各种依托传统民间游戏的友谊赛、邀请赛和各种表演性游戏等，以及古时主人宴请宾客时玩的助兴游戏，如拔河友谊赛、跳绳友谊赛等。

（3）产业游戏。产业游戏是指具有产业化发展趋势和已经产业化了的传统民间游戏，会带来明显的经济效益和广泛的社会效益，如放风筝、斗牛、赛马等。

3. 依据游戏的来源和教育价值分类

在现实生活中，由于民间游戏产生的不同历史背景和教育价值差异，我们将民间游戏分为民间占卜游戏、民间体育游戏、民间社会游戏、民间语言游戏、民间娱乐游戏。

（1）民间占卜游戏是指具有胜负成败的竞技游戏，可以用来赌输赢，同时具有占卜性质的游戏。例如，因纽特人每年秋季举行拔河比赛，夏季出生的人和冬季出生的人拔，如果夏季一方获胜，来年就会丰收，如果冬季一方获胜，那食物供应的前景就不太妙，在这里，拔河游戏显然成为一种占卜方式。

（2）民间体育游戏是源于中国民间的具有健身性、趣味性的体育项目，是我国民间文化的重要组成部分。跳皮筋、丢沙包、踩高跷、揪尾巴、踩高跷、抢凳子、套圈、投壶、舞龙、舞狮等都属于民间体育游戏。

（3）民间社会游戏是指儿童模拟各种社会活动并能促进儿童社会性发展的游戏，如鸡毛信、过家家、娶媳妇、警察抓小偷等。

（4）民间语言游戏是指主要以语言发展为主要元素的游戏活动，这种游戏常常伴随游戏儿歌，并对儿童语言的发展有一定的要求。常见的语言游戏有顶锅盖、荷花荷花几月开、城门城门几丈高等。

（5）民间娱乐游戏起源于广大民众茶余饭后的嬉戏娱乐活动，因此娱乐性是其本质属性。所以很多民间游戏都是娱乐游戏，如斗鸡、斗蟋蟀、百戏、鱼戏等。

微课 9-3-1
民间体育游戏视频

拓展阅读

常见的民间游戏

拍元宝：有些地方称"砸面包""拍纸包""拍三角"等，就是把一种印着西游记、包青天、变形金刚、圣斗士等各色人物的画片，谁拍得翻过来，就可以得到对方的画片。

翻花绳：分为两类。一类是单人玩的，即通过双手将绳子翻成不同造型，如降落伞、五角星、织布机等；另一类是多人比赛玩的，每人编的花样不重复，相互交替挑编，直到一方不能再挑编下去为止。

抽陀螺：将参加的人分成两组，然后大家一起抽陀螺，看看哪一组的陀螺先倒在地。倒在地上的陀螺，就称为"死陀螺"，只有任由对方宰割了。赢的这一方，用自己的陀螺，高举过头，对准目标，向下猛击。

骑大马：一人双膝和双手撑地或站立作"马"，另一人骑在"马"背上，然后"马"向前爬或走。

拉大锯：两个孩子对坐，两腿伸直、脚掌相抵、手指互勾，然后甲俯乙仰。俯仰尽可能低，仰卧起来时，脚不能离地面。一俯一仰，犹如船工用力划船，一来一往即为两人对拉大锯。

跳人马：又称"跳山羊"，一个孩子作马，弯腰，双手撑于膝盖上。另一个孩子或从背后，或从侧面紧跑几步，双立撑于"马"背上，跨跳过"马"后，站于地上。跳不好，连人带"马"摔在一起。然后，互换角色，再跳。

九连环：我国传统民间智力玩具，以金属丝制成9个圆环，将圆环套装在横板或各式框架上，并贯以环柄。玩时，按照一定的程序反复操作，可使9个圆环分别解开，或合二为一。

抬花轿：玩时先由两个儿童将右手向下握住自己的左手腕，再用左手向下握住对方右手腕，形成一个四方结子形的"座坐"然后蹲下让其他儿童坐在"座坐"上，再站起来走动。

跨大步：分成两组人，先在地上画条线，其中一组全部跨步出去，落地站稳，不许转身，不许移动脚，可以互相换扶。另一组也同样规定跨出去，跨的步数每次比前一组的少一步，然后开始"抓"前一组的人，抓到的人就出局，同组的可以互相帮扶，比如一个人在前，后面几个拉着他让他前倾去触碰对手，注意不能移动脚或是身体着地，而对手就必须想方设法躲着他们。如果全部抓到了，就转换角色。注意还要跨回起点线，如果回不来还判输。

滚铁环：玩家手捏顶头是 U 字形的铁棍或铁丝，推一个直径 66 厘米左右的黑铁环向前跑。有的还在铁环上套两三个小环，滚动时更响亮。

华容道：通过移动各个棋子，帮助曹操从初始位置移到棋盘最下方中部，从出口逃走。玩时不允许跨越棋子，还要设法用最少的步数把曹操移到出口。

抖空竹：先把绳子套在两根木棒上，使它们相连。然后把空竹放在中间，放在地上，手拿木棒，控制空竹先往右边移，再往左边移。

投壶：我们先准备好游戏所需要的道具——壶和箭，将壶放在合适的距离处，距离可根据参与游戏者的年龄来进行适当调整。比赛双方，各拿八只箭，可先进行试投，来对壶的距离做最后调整。由猜拳、扔硬币等方式来进行决定哪一方先开始。先由一方拿着箭对着壶进行投掷，先投掷四次，再由另一方投掷四次为上半场。接下来再由先开始的一方投掷四次，另一方再投掷四次为下半场，进行计数，总数投入到壶中多的一方获胜。

（三）民间游戏的特点

民间游戏在儿童成长过程中扮演着重要的角色，它容易被接受和传播，具有娱乐性和民族性、区域性和趣味性等特点，备受幼儿的喜爱。具体特点如下。

1. 具有生活性和地域性

民间游戏来源于生活，是孩子再现和模仿成人社会生活的表现。如民间游戏"丢沙包"再现了成人的投掷行为。而民间游戏的地域性体现在不同区域有着不同的游戏方式，游戏的内容融合了地方特色和民族文化，使得游戏与游戏之间产生差异，带有明显的地域特色和民俗特色，并赋予了它们鲜明的个性。如壮族民间游戏"投绣球"，投绣球是广西壮族人民的一项传统体育游戏，它的历史悠久，最早出现于 2000 年前绘制的花山壁画上，但当时是用青铜铸制的兵器，用于甩投，称为"飞砣"，多在作战和狩猎中应用。后来人们将飞砣改制成绣花囊，互相抛接娱乐。到了宋代，逐渐演变成为壮族男女青年表达爱情的媒介。"抛绣球"现仍在广西百色、柳州、南宁、河池等区流传。

2. 具有较强的趣味性和娱乐性

民间游戏之所以能够代代相传，就是因为它迎合了儿童的特点，有着广泛的趣味性，内容生动活泼、轻松。如民间游戏跳竹竿，幼儿在游戏中配合音乐节奏跳起来，体验到集体合作与民间游戏的乐趣。又如放风筝、踢毽子、跳皮筋、跳房子等动感十足的游戏，能让孩子奔跑跳跃，满足孩子好动的天性。

3. 具有随意性

由于民间游戏来源于人们的日常生活，是人们在日常生活中形成的智慧结晶，是在现实生活劳动中开发而成的，所以与现在幼儿园游戏的最大区别在于：民间游戏能因陋就简、就地取材、娱乐性强，易学易玩，几乎不受时间、地点、材料、人数等的限制。材料方便易取，即便没有材料也能够进行。如民间游戏"跳房子"，仅仅需要一块空地，游戏中不仅锻炼了幼儿的腿部肌肉，同时幼儿的语言感知能力也随着游戏的歌谣得到提升。

（四）民间游戏的教育价值

1. 民间游戏有助于增进幼儿的身体健康，提高其运动能力和身体素质

民间游戏多为民间体育游戏，能够满足幼儿各器官的发展需要。幼儿在玩游戏时看、听、说、唱等活动以及跑、跳、钻、爬、投掷、攀爬、躲闪、平衡等动作增强了其自身的生理机能训练，而且幼儿的体力、耐力、抵抗力和反应能力等也得到很好的锻炼。传统民间游戏中民间体育游戏占有很大的比重。如训练幼儿跳的民间游戏有"跳房子""跳竹竿""跳皮筋"，训练幼儿跑的游戏有"老狼老狼几点钟""老鹰抓小鸡""贴膏药"，还有"钻山洞""两人三足"等训练幼儿的钻和平衡的游戏，对幼儿是极好的体能训练。

2. 民间游戏有利于开阔幼儿视野，丰富幼儿的认知

游戏对幼儿来说，是一种主要的学习模式，民间游戏因为具有浓厚的地方文化特色和较强的趣味性而更为幼儿所喜爱，可以达到寓教于乐的效果。民间游戏来源于民间，幼儿可通过民间游戏了解民间知识，了解民俗民貌，扩大知识面。如民间游戏"拉大锯、扯大锯"，不仅让幼儿掌握了童谣，而且还让其认识到锯子的特征和作用。又如游戏"荷花荷花几时开？"里面的儿歌是以一问一答的形式进行的，荷花荷花几月开（二月开），二月不开几时开（三月开）至六月（六月荷花朵朵开）通过边问边答，不仅训练了幼儿的反应能力，使幼儿懂得月份的排列顺序和荷花开放的时间，而且还通过游戏延伸和创编游戏，以这种问答式的游戏，使幼儿了解更多不同花卉的开放时间。

3. 民间游戏促进幼儿创造性、想象力的发展

民间游戏能满足幼儿的想象力和好奇心。一般幼儿在玩民间游戏时，会自己准备玩具材料，协商角色，构思游戏情节，设计游戏内容，制定游戏规则，充分表现自己的创造才能。如幼儿在玩"翻花绳"的民间游戏中，幼儿对花绳的多样玩法十分感兴趣，在不断翻绳的过程中，幼儿的好奇心得到极大的满足。

4. 民间游戏在很大程度上可以提高幼儿艺术修养

许多民间游戏具有较强的民风民俗和地方文化特色，且配有朗朗上口的儿歌或童谣，很多民间游戏本身就是民间艺术的化身，如投壶游戏、剪纸游戏、舞龙舞狮游戏等，这些游戏让幼儿在玩耍中体会到民风民俗，得到艺术的启蒙和熏陶。

二、民间游戏的传承与开发

民间儿童游戏是由民间创编，并在民间代代相传的儿童喜闻乐见的活动，它带给人们童年的欢乐。但随着人们生活方式、风土习俗的演变，这些游戏有的存在时代局限性，有的还夹杂着一些不适合幼儿的内容。故在幼儿园民间游戏开发和运用中，我们首先面临的是如何创造性继承的问题。我们将遵循"去其糟粕，取其精华"的原则，科学合理地开发民间游戏。民间游戏的传承与开发可以从以下几个方面进行。

（一）拓展民间游戏的内容

民间游戏的内容比较生动活泼，很容易引起幼儿的兴趣。我们可以根据孩子的兴趣点，对某些传统的民间游戏在原有内容的基础上进行整编和创新。如在传统民间游戏"荷花荷花儿时开"中可以结合幼儿的兴趣点及四季变化,投放多种花来开展游戏,可从单一的"荷花"变为"桃花""桂花""梅花"等。

(二)丰富民间游戏的材料

民间游戏本身具有就地取材、简便易行的特点,我们在开展民间游戏时可以充分利用废旧材料制作玩具,努力做到变废为宝、一物多用、多物同用,充分挖掘游戏材料的活动价值。如球类游戏中,球既可以用废旧报纸做,也可以用旧布条做,既可以用来踢、夹,又可以投掷等,这样球类游戏就变得更加丰富和多样化。

(三)创新民间游戏玩法

不少民间游戏的形式和玩法比较单一,不能满足幼儿发展的多方面需求,我们可对游戏内容和玩法进行改编和创新,使游戏形式不拘一格,在充分鼓励幼儿创新多样玩法的同时,可提供适宜的场地和丰富的材料,以保证游戏顺利进行。如在"滚铁环"游戏中,可以把游戏的形式改编为不同的滚法,如走着滚、跑着滚、直线滚、曲线滚、绕障碍物滚、接力滚等。

案例呈现

改编传统民间游戏 1:踢毽子

改编:增加新玩法。

1.游戏名称:顶毽子接力赛。

2.游戏准备:10个玩具障碍物。

3.游戏玩法:将10个障碍物间隔摆开成一条直线,每5人一组,头顶毽子轮流进行接力,从起始线出发绕开玩具障碍物呈S形到达终点,每组记录好时间,用时最少的组获胜。

4.注意事项:途中毽子掉落则需要从起始线重新开始。

改编传统民间游戏 2:跳绳

改编:增加新的玩法——钻山洞。

1.参与人数:10人以内。

2.游戏目的:发展幼儿爬行、奔跑等素质;提高幼儿协调性、柔韧性、灵活性等;培养幼儿的竞争、合作能力和竞争意识等。

3.游戏玩法:幼儿每2人为一组,将跳绳拉直举起来,其他幼儿依次从绳子下面钻过,跳绳的高度依次从高到底,幼儿采用全蹲、半蹲或爬行的方式通过不同高度的跳绳,依次完成钻山洞的游戏。

4.注意事项:游戏过程中,跳绳要拉直,钻爬时不能触碰跳绳。

改编传统民间游戏 3:弹瓶盖

改编:拓展游戏的内容。

在游戏中投入一些广州著名景点图并标上1~10的数字,游戏者每人手拿一个瓶盖,站在起点处。游戏开始,幼儿听着鼓声,一起用手指去弹瓶盖,把瓶盖从景点图1弹向图10;途中鼓声停止时,幼儿要停下来说出自己认识的广州景点图片,正确的可以继续"前进"；先到终点者为胜。

资料来源：邓娟红.广府民间游戏在幼儿园中的创新应用 [J].教育导刊（下月），2017（12）：27-30.

改编传统民间游戏 4：翻花绳

改编：增加游戏的人数。

1. 游戏目的：提高幼儿手指的灵活性，健脑，启智，培养幼儿的合作能力。

2. 游戏方法：巨型挑花绳游戏，每组幼儿事先商量并尝试，在活动中必须相互配合、相互鼓励，实现挑出新颖图案如五角星、长江大桥、高楼等等。

资料来源：朱心琳.一线在手，乐趣无穷——谈民间游戏"挑花绳"的传承与创新 [J].读与写（教育教学刊），2017,14（2）：267.

思考与练习

1. 什么是感觉运动游戏？感觉运动游戏有哪些特点？
2. 传统民间游戏有哪些特点？
3. 传统民间游戏对幼儿的发展有哪些重要价值？
4. 试论述亲子游戏活动的设计步骤。

实践与运用

1. 实训任务：传统民间游戏改编。

游戏主题：斗鸡游戏、跳绳游戏、踢毽子游戏。

任务要求：

（1）以小组为单位，选择游戏主题内容，进行民间体育游戏改编。

（2）改编格式需规范、完整，需包含游戏名称、游戏目的、游戏方法等。

2. 亲子活动设计：《水果派对》（19~24 个月）。

基本要求：根据给定的素材与年龄段，设计亲子活动的教案。教案格式完整规范，包含活动目标（家长学习目标和婴幼儿发展目标）、活动过程（包含家长指导语）、家庭活动延伸，语言清晰、简洁、明了，目标设计、内容设计、方法运用等满足家长科学育儿的需求，符合婴幼儿的年龄特点。

素材如下。

（1）水果切切乐套装（苹果、香蕉、橙子、西瓜等水果模型，木质刀具及砧板）。

（2）水果沙拉食材（苹果块、香蕉块、酸奶、碗、勺子）。

（3）沙锤、手拍鼓、手摇铃、三角铁等乐器。

（4）儿歌《水果歌》。

水 果 歌
香蕉香蕉，弯弯，
西瓜西瓜，圆圆，
芒果芒果，扁扁，
草莓草莓，尖尖。

主题十 学前儿童游戏治疗

学习目标

知识目标
1. 掌握游戏治疗的含义及主要理论；
2. 掌握游戏治疗实施的要素、流程、原则和方法。

能力目标
1. 能够对游戏治疗室进行合理的规划设计，投放合适的材料；
2. 能做好游戏治疗的信息收集、互信关系建立和游戏观察记录等准备工作。

素养目标
对游戏治疗有正确的认识和积极的学习态度。

知识导图

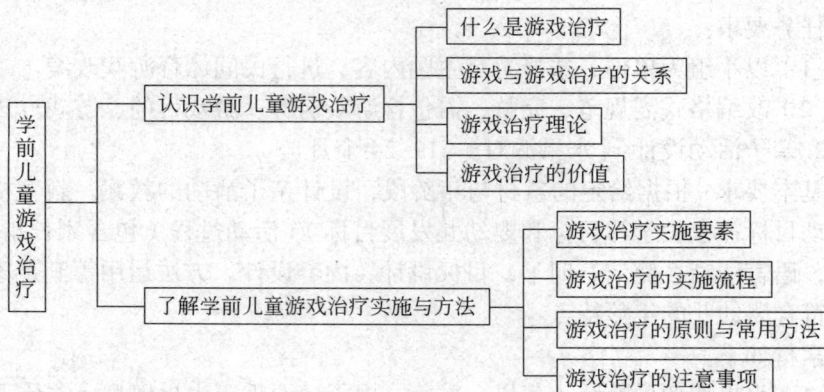

问题导入

小朋友鹏鹏5岁，说话不多，比较倔强和急躁，容易发脾气。在幼儿园里，鹏鹏也常和其他小朋友发生矛盾，其他小朋友都不爱和鹏鹏玩。比如，鹏鹏会故意损坏班上的物品和玩具，藏匿其他小朋友的东西，出其不意攻击其他小朋友。老师批评他，他还不以为然，甚至变本加厉做"坏事"。家里人说，鹏鹏从小一遇到不满意的情况，就大声哭闹或是摔打玩具来发泄心中的不满。家长和幼儿园老师都为此苦恼不已。

　　问题：案例中的幼儿是否存在心理问题？需要心理疏导吗？对于不能很好用语言交流的幼儿，如何有效地运用游戏治疗的方式进行心理干预和治疗？

项目一　认识学前儿童游戏治疗

　　游戏是儿童与他人沟通的一种重要方式。儿童通过游戏可以自由表现自己的感受和想法，发泄情感，发展儿童的主体性，促进社会文化的内化和心理的成长。游戏对儿童心理健康的发展有着重要意义。由于儿童的语言表达能力尚未发展成熟，因此儿童对自己内心问题和需要的表达会受到一定限制，这也限定了一般的一些心理咨询技术的运用。据此心理学家发展出了游戏治疗这种对儿童极其有效的治疗方式。

　　游戏治疗是儿童心理治疗的一种方式，它始于20世纪初，已有百余年的发展历史。早期的游戏治疗只有在专业的儿童医疗机构中才能进行，游戏治疗引入并在教育机构中得以应用是在20世纪中叶。在一些比较发达的西方国家，游戏治疗已经被普遍视为处理各种儿童心理与行为问题的有效方式，且不会对儿童造成不良影响。国外很多研究都证明游戏治疗是一种有效的帮助儿童缓解问题的方法。游戏治疗能改善儿童与同伴之间的关系、缓解与父母之间的关系；对有轻度智力缺陷、阅读障碍的儿童能起到缓解作用；对具有破坏行为的、多动症、缺乏社交技能的儿童及受到创伤的儿童，遭遇过巨大的灾害、父母离异、丧失父亲或母亲、自身残疾等处境危机的儿童也有一定效果。我国的台湾、香港地区也先于内地学习游戏治疗，并在中小学、幼儿园的教育实践中广泛应用。

拓展阅读

儿童存在的心理障碍或心理问题

　　有关调查资料表明，当代儿童患有单纯的器质性身体疾病的比例已经下降为1.3%，而在行为、情绪情感、注意力、性格等方面有障碍以及患有身心疾病的儿童占儿童总数的18%~30%。这些问题在学龄前儿童中也有表现，他们主要存在6个方面的障碍或心理问题：一是小儿多动症，患此症的儿童占2%~3%，男孩多于女孩；二是社会行为问题，包括爱发脾气、好打架、争吵、说谎、嫉妒、恃强欺弱、恶作剧、不能和别的儿童友好相处、有破坏行为、占有他人物品等；三是性格和情绪问题，包括任性、自私、固执、娇气、胆怯、退缩、易哭泣、懒惰、自卑、过分敏感、过度幻想等；四是神经功能障碍，包括排泄机能障碍、言语障碍、睡眠障碍、强迫行为、神经紧张等；五是不良习惯，包括吸吮手指、咬指甲、眨眼、皱额、挖鼻孔、耸肩、咬衣服、玩弄生殖器等；六是学习上的问题，包括注意力不易集中、反应迟钝等。

　　据全国22个城市协作调查表明，我国青少年儿童心理行为问题的检出率为12.9%，并且检出率呈明显上升趋势。目前，到心理门诊求助的绝大多数是学龄前儿童，但心理治疗专家指出，实际上这些儿童一般在幼儿期就已经出现心理异常现象，只是由于表现轻微，没有引起家长或老师的重视而已，等到上学后，长期积淀的心理问题就影响到了他们的学习成绩，以致出现各种环境适应障碍。至此，才引起家长或老师的关注。事实上，心理障碍与精神疾病的发生密切相关，而其生成期往往是从幼儿期开始的。因此，幼儿教师和家长应掌握一些儿童心理健康与干预方面的知识，以便为儿童的健康成长创设良好的精神氛围和生活环境，在关注儿童身体健康的同时，更要维护他们的心理健康。

资料来源：翟理红.学前儿童游戏教程 [M].上海：复旦大学出版社，2019：158.

一、什么是游戏治疗

美国游戏治疗协会对"游戏治疗"（Play Therapy）的界定是："接受过培训的游戏治疗师通过理论模型的系统使用来建立一个人际交往过程，在这个过程中，治疗师帮助当事人预防或解决某些心理困扰，以促进其成长和发展。"从该定义来看，游戏治疗的过程是一个人际交往的过程，而不是治疗与被治疗的过程。游戏治疗法就是以游戏活动为媒介，儿童在游戏过程中，在治疗师的帮助下对心理问题和行为障碍进行矫正和治疗的心理治疗技术。

在游戏治疗室，玩具好比是儿童的词汇，而游戏好比是儿童的语言。在设置的游戏情境中，儿童拥有充分自由，可以把内心的问题和焦虑"玩"出来，表达许多他们尚不能清楚地用言语来沟通的感觉和经验，暴露出他们内心存在的情感，揭示阻碍自身发展的问题和挫折。在受过专业训练的治疗师的陪伴和引导下，儿童的问题得以缓解或消失，挫折和创伤的经验被处理，最终摆脱心理困扰，这样可以提升儿童的适应能力，实现儿童的心理健康成长。在游戏治疗中，游戏本身不是治疗的目的，而仅仅是治疗的一种手段或方式。游戏治疗利用游戏的想象性、体验性，提供给儿童安全的情感氛围和真实表达内心的途径，通过游戏探究儿童的经验和深层心理活动，用虚拟的游戏活动解释儿童内在真实的精神世界。

二、游戏与游戏治疗的关系

游戏和游戏治疗都以游戏作为共同的内容，它们之间既有区别又紧密联系。玩游戏本身就可以起到预防心理疾病的作用。幼儿游戏和游戏治疗，都是让孩子在自由的环境中，通过探索，发挥孩子的想象力，理解文化中的象征符号，获得一些社会技能。幼儿也可以通过玩具和游戏组织自己的经验，表达愿望，传达儿童不会用语言表达的内容或者难以言表的情绪情感，可以让孩子们获得更多的控制感，增强安全感，将健康积极的因素融入到完善人格当中。

游戏和游戏治疗并不是一回事。它们在游戏主体、目的、特征上有所不同。游戏治疗与幼儿游戏相比较具有不同的特征。

（1）主体不同。游戏治疗中的游戏主体是来访者，是具有心理、行为障碍的儿童，也可以是治疗师、父母等成年人。幼儿游戏活动的主体是普通的幼儿，参与者可能是同伴、教师及家长等。

（2）目标不同。游戏治疗具有针对性的目标，是通过游戏矫治幼儿的心理行为问题，疏导儿童情绪，释放冲动，展现儿童的潜意识世界，之后解决心理、行为问题。而幼儿游戏并没有心理治疗的目的，不追求游戏以外的目的，不具有强制的外在目的，只有渗透在活动过程中才能达到促进幼儿身心完善的发展目标。若游戏条件满足，幼儿游戏就会自然地开展起来，是幼儿自发的、感兴趣的、积极的活动，不需要他人强制和教学，而是充分享受和体验游戏过程带来的乐趣。而在游戏治疗中有时是被动的，并且游戏方式是由治疗师决定的。

（3）活动时间不同。幼儿游戏时间是没有限制的；而游戏治疗是有时间规定的。时间是游戏治疗的一个基本准则，通过严格的时间限制，给儿童传达一种秩序。在游戏治疗中，儿童感觉是在玩游戏，但每周只能在游戏室里玩一次，每次的时间是固定不变的。

（4）游戏治疗并不是一种单一的治疗技术，游戏治疗师也会采用其他治疗技术和方法，如艺术疗法。

案例呈现

触觉学习不良儿童的游戏治疗

治疗对象：点点，女孩，4岁。

主诉问题：点点有一个很特殊的表现，她身上的皮肤非常敏感，稍有刺激便觉得很不舒服。例如，当别人摸她的头、小脸蛋、小手等部位的皮肤时，她会显得很难受的样子，并下意识地躲避。据她母亲讲，点点身上穿的所有内衣都要去掉标签，否则点点拒绝上身。

家庭状况及个性特点：三口之家，父亲是公务员，母亲是教师。据母亲讲，点点是一个较为内向的孩子。在家里时显得很安静，总是一个人默默地做游戏、看图书；自己的衣服、玩具等用品，用过后总能搁置得整整齐齐，在幼儿园也是如此；她的胆子非常小，在各种场合总是不经意地咬手指头，而且越紧张就会咬得越厉害，如在妈妈送她去幼儿园即将离开时，她会表现出很不情愿的样子，并且不间断地咬手指头；平时讲话时，总是不敢正视对方；睡觉时，常常喜欢抱着毛绒玩具，而且睡得不够安宁，整个睡觉过程会经常翻身，在睡眠中常常手舞足蹈、磨牙。

据观察，点点来游戏治疗室，大多是由母亲陪伴，父亲偶尔也会一同前来。在与点点父母的接触中，治疗师发现其父亲性格较为内向，且表现出抑郁质气质倾向。

生育与生活史：据母亲讲，在她怀孕期间，因胎位不正，曾有一段时间做过复位治疗，生产时还因为胎位不正而做了剖腹产手术。点点出生后一直与父母一起生活，从未离开过父母。

分析与诊断：这是一例较为典型的"触觉学习不良"。从所掌握的材料来看，导致点点触觉学习不良的原因，基本上可以排除亲子交往中家庭教养方式不当和幼儿园环境不良等致病因素，因为点点具有正常的家庭和幼儿园教育环境。

那么，问题的症结在哪里呢？

第一，抑郁质气质特点以及由此而发展起来的内向性格是导致点点形成"触觉学习不良"问题的人格因素。在与点点及其父母的接触中，治疗师注意到，点点胆小、内向的个性表现与其父亲非常相像。所以，基本可以断定，父亲的抑郁质气质类型遗传给了点点，而这种气质特点又成了他们形成内向性格的主要原因。抑郁质气质类型的儿童具有高度的情绪易感性，所以容易出现挫折体验；他们行为较孤僻，反应较迟缓，特别是在遇到陌生人时、在面临危险情景时常常表现出优柔寡断；他们敏感多疑、多愁善感，消极情绪体验深刻而内隐，并具有微弱而持久的特征。

所以，他们的情感往往是以消极心境的方式表现出来的。然而，他们智力透彻、想象力丰富，善于察觉出他人不易察觉的细节，对外界刺激具有很高的感受性。总之，抑郁质气质类型的特殊性，为点点出现"触觉学习不良"问题奠定了内在的人格基础。

第二，剖腹产出生史是导致点点出现"触觉学习不良"问题的直接诱因。我们知道，正常分娩是幼儿最初的触觉学习过程，这种最初的学习会为其以后的触觉学习奠定基础。点点是个剖腹产幼儿，而剖腹产生产的婴儿则未经过分娩过程中正常的产道挤压，所以在触觉学习方面一开始就有所缺失和不足。

第三，早期触觉训练不足是导致点点"触觉学习不良"问题得以持续发展不良的外部因素。针对点点存在的特殊情况，如果家长在心理治疗师的指导下，能够及时做出训练计划，并适当地采取相应的训练措施，则可能使她的这一问题得到有效解决或使其症状减弱。遗憾的是，点点的家长并没有能够意识到这一点，更没有想方设法地在点点的触觉学习方面做出及时的补救。这就使点点的这种状况持续下去，导致了她"触觉学习不良"问题的出现。

治疗方案与对策：游戏治疗的根本目的是要让点点获得正常的触觉学习经验。为了达到这一目的，在游戏治疗中，治疗师采取的游戏治疗策略，是让点点从关于触觉的被动游戏活动逐渐过渡到主动游戏活动，从而达到治疗的最终目的。

第一阶段：家庭被动游戏。治疗师要求其父母亲利用一切机会与孩子进行皮肤的接触，尤其是母亲。例如，母亲可以利用点点喜欢听故事的特点，抱着她，一边讲故事，一边在她不易察觉的情况下试着轻触她的脸蛋，抚摸她的手心，逐渐过渡到轻触她的脚心、腋窝等敏感部位；又如，家长可以利用给点点洗澡的机会，用粗糙的毛巾擦拭其皮肤。这其实是一个系统脱敏的过程。

第二阶段：游戏治疗室主动游戏。经过一个阶段的家庭被动游戏治疗，在点点基本上不再躲避触摸的基础上，引导她做各种主动游戏，以强化第一阶段的成果，并使她进一步接受充分的触觉刺激，以获得足够的触觉经验。

具体游戏设计如下。

（1）钻被游戏。以家庭为游戏场所。家长与孩子一起在床上玩耍，玩耍过程中反复钻被子。

（2）吹气游戏。以家庭或幼儿园为主要游戏场所。双方相互吹气，从手心、脚心开始，到脖颈、腋窝等。

（3）抓痒游戏。以家庭或幼儿园为主要游戏场所。双方相互抓痒，从手心、脚心开始，到脖颈、腋窝等处。

（4）埋沙游戏。到海滩或沙滩上玩耍，用沙子逐渐掩埋点点全身，反复进行几次。

（5）摸爬游戏。在草地上或地毯上、床上进行摸爬滚打。

（6）玩海洋球。要求整个人都埋在海洋球里面，并做滑动、滚动、跳动等动作。

（7）玩大气球。

① 要求点点趴在上面，或者仰卧在上面。治疗师抓住她的脚前后左右地推动，或原地转圈。

② 要求点点仰卧或俯卧在地上，让大气球压过身体。一般，儿童非常喜欢这种游戏，他会觉得非常舒服和有趣，可以起到稳定点点情绪的作用。

（8）画画、做手工。

① 不一定要求点点画得很好，甚至不一定在白纸上画，可以在废报纸上或其他包装纸上用多种绘画工具作画。

②做手工，提供多种废旧材料或自然物（事先可引导她亲自收集或采集一些材料）进行手工活动，制作内容及材料选择不加限制。

③对画。点点与另一幼儿或父母面对面站立（蹲下），相互往对方身上画画。

（9）滚垫游戏。让点点在带有点状物的塑料垫上往返滚动。

说明：第一，在治疗的过程中，要求家长必须明确领会治疗师的治疗思想，并积极配合治疗师完成一定数量的治疗任务，如家庭游戏。第二，治疗师与家长应为孩子创设一个宽松的、舒适的、材料充分的游戏环境。同时，对点点提出的游戏要求也尽可能予以满足。第三，本治疗为渐进式的训练过程，要求治疗师与家长从治疗一开始，就要认真仔细地观察点点的各种表现，以控制治疗进程中各个环节、时间长短以及内容取舍。

资料来源：翟理红.学前儿童游戏教程 [M].上海：复旦大学出版社，2019：160-161.

三、游戏治疗理论

（一）精神分析学派的儿童游戏治疗

该学派以西格蒙德·弗洛伊德、梅兰妮·克莱恩、安娜·弗洛伊德为代表。该学派的游戏治疗理论来源于弗洛伊德的早期研究中提出的理论，后经他的学生克莱恩将其发展成为专门的游戏治疗技术。其中安娜·弗洛伊德在游戏治疗方面也有一定的贡献。她把游戏视为与儿童之间建立良好沟通关系的重要方式，她是第一个有效且有意识地将游戏治疗引入儿童心理治疗的咨询师。由于心理分析治疗非常重视语言的运用，但对儿童个案来讲，语言并不是最有效、最妥帖的介入方式。安娜·弗洛伊德便采用游戏来帮助儿童做准备，用游戏帮助儿童自由联想。

精神分析学派认为儿童天生具有的种种内在的需求和欲望需要得到满足、表现和发泄，但是儿童所生活的客观环境不能听任其为所欲为，从而使其内心产生抑郁，导致儿童的自私、爱捣乱、发脾气、怪癖等各种不良行为。于是，儿童就要在游戏中发泄情感、减少忧虑、发展自我力量，以补偿现实生活中不能满足的欲望和需求，从而得到身心的愉快和发展。

精神分析游戏治疗就是把游戏作为心理分析治疗过程中的手段或工具来分析潜意识，将这些尚未解决的潜意识内容，提升到意识层次，从而彻底解决问题，在儿童精神分析游戏治疗中，游戏是用作与儿童建立分析性关系、观察的媒介、分析资料的来源和导致顿悟的工具。

案例呈现

一、治疗对象：天天，女孩，4岁。

二、表现描述："郁郁寡欢，喜怒无常，行为退缩，沉默寡言，没有一般儿童所具有的生气和活力。"

三、治疗过程（片段）：

天天最初被带到游戏治疗室时，对治疗师持不信任态度，但是不久就开始在游戏治疗室内摆弄玩具了，第3次来治疗室时，她已经显得比较轻松了，她的游戏也带有较多的自发性。一次，她从一堆玩偶中挑出了5个，将其中的4个排成一行，说这4个玩偶中一个是"爸爸"，一个是"妈妈"，还有2个是她的"弟弟"，又指着那个没有排在行列中的第5个玩偶说这是她自己。

治疗师问："为什么你不同家里的其他人在一起呢？"女孩开始哭了，然后捡起被指作为爸爸、妈妈的玩偶，将它们使劲地往墙上摔，嘴里还说："因为他们只喜欢男孩，他们不喜欢我，他们不想要我！"

四、案例分析：根据精神分析理论，这类游戏使儿童的问题得到了暴露，儿童可以不用害怕受到惩罚而淋漓尽致地发泄自己的情绪，这是通过与儿童或家长的谈话所不可能做到的。儿童通过自由联想，让被压抑在无意识中的本能冲动，特别是在儿童早期所遭受的挫折或创伤浮现在意识中，通过适当的途径发泄与这些挫折或创伤有关的积郁，如能辅以适当的解释和说服，或许可以取得治疗的效果。

资料来源：京师博仁教育.

由于精神分析学派的游戏治疗需要治疗师具有一定的心理学背景，在实际运用中缺乏具体的操作方法，并且对心理咨询专业技术要求比较高，所以在实际运用上对非心理专业人员而言存在较大的困难。

（二）人本主义学派的儿童游戏治疗

以儿童为中心的游戏治疗又称非指导的游戏治疗。其治疗方法来源于卡尔·罗杰斯的理论。阿克瑟莱恩（Axline，1947）将罗杰斯创立的成人患者中心的方法运用于儿童游戏治疗技术，形成了非指导式游戏治疗，卡瑞（Cary，1991）将此理论延伸为"儿童中心游戏治疗"。

人本主义心理学认为儿童之所以有问题，是因为其自然的生长遭到了破坏。该理论认为每一位儿童都有努力去获得的基本需要，如果其在满足需要的过程中遇到困难，往往会采取不恰当的方式，患者中心游戏治疗的目的是解决儿童与其环境之间的不平衡，以帮助他很容易地适应自然、自我得以发展。人本主义学派强调治疗师和儿童建立一个温暖的、可接受的关系，治疗师反馈儿童的情感，使儿童获得洞察自己的能力，去解决自己的问题和改变现状。该学派相信每个儿童都有自我发展的力量，坚信尊重能唤起儿童自我发展的力量，治疗师对儿童情感的反馈，能使儿童获得洞察自己、解决自己问题和改变现状的能力。至此，儿童游戏的治疗价值真正开始受到重视。

儿童中心游戏治疗的主要观点如下。

（1）最为重要的是在一个温暖、接纳、安全的环境中，对儿童的游戏给予无条件的积极关注；给儿童自由选择的机会，将自主权还给儿童，让他们能尽其所能去发展、去探索。

（2）当儿童在其真实情感被了解的情形下，其自我正向的能力能被引导出来，从而提升儿童的自信心与自我指导的能力，并且意识到自己可以靠自我的力量，来面对生活中的挑战。

（3）儿童自己就是这个世界的中心，因此要了解儿童及其行为，必须以儿童为中心，去看他们是如何看待这个世界的，所以他们看重的是参与治疗儿童的个体本身，而非个人外显的行为问题。在治疗过程中，游戏治疗师需要关注的是儿童自身的力量，整个治疗的过程由参与治疗的儿童来主导，治疗师所要做的是对儿童的感觉给予关注和及时回应，并且表达尊重与同理心，协助儿童发展出面对目前以及应对未来问题的能力。

（4）该理论治疗师在游戏治疗的过程中并不是一个观察者或指导者，而应当是一个情绪与语言的参与者。兰德雷斯在后来的研究中更具体地要求治疗师在儿童游戏治疗过程中应当表达四个信息：①"我在这里（I am here）"——将身体、心理与情感完全地与儿童同在。②"我在听你说（I hear you）"——用耳朵、眼睛完全地倾听儿童的任何话。③"我理解你（I understand you）"——让儿童指导治疗师理解他的感觉、经验和游戏，并将这种理解传递给他。④"我关心你（I care about you）"——真诚地关心，并让他指导治疗师的关心。

（5）父母应参与心理治疗。他们认为父母对儿童的生活及儿童受困扰的影响是不可否认的，因此，协助儿童的父母提交养育技能很有必要，这样能加快儿童心理治疗的进度。

案例呈现

阿克斯莱恩"游戏治疗"中的个案

一、治疗对象：多多，男孩，6岁。

二、表现描述：攻击的、好战的、消极的、不安全的、挑衅的、独立的。

三、治疗过程（片段）：

（治疗师与多多走进游戏室，治疗师想去关上门。）

多多：（惊叫）别关门！别关门！（眼泪从脸上滑落下来。）

治疗师：你不希望我关门，你担心如果关上门就只有你和我在这里了。

（多多看起来很迷惑，然后点了点头。）治疗师接着说：很好，我们会让门开着，当你想去关的时候再去关上好了。

多多：（和治疗师的关系已经解冻）我要把这里的东西都打坏！

治疗师：你现在很粗暴。

多多：（凝视着治疗师）我还要打你！

治疗师：你现在还是很粗暴。

多多：我要——（突然笑了起来）——我要——（他在游戏室晃了一圈，然后捡起一个玩具电话）这是什么？

四、案例分析：面对多多的威胁，阿克斯莱恩的回应是"你现在很粗暴"。大多数成年人在面对儿童威胁时的反应可能是反过来进行威胁，也可能对其讲道理，基本上不可能做出像阿克斯莱恩那样的回应方式。在人本主义原则的指引下，阿克斯莱恩的回应是完美的。这种回应不仅反映了他对多多的感觉，而且向多多传递了某些积极的信号。一般情况下，很少有6岁的男孩子喜欢别人用"粗暴"来称呼自己，但多多是一个例外，他喜欢被人这样称呼他。他对阿克斯莱恩的回答很满意，也为自己感到很高兴。

资料来源：牛桂红.幼儿园游戏[M].长沙：湖南大学出版社，2016：245.

（三）认知行为的游戏治疗理论

认知行为游戏治疗是整合了行为治疗、认知治疗和认知行为治疗的理论概念而形成的。行为主义认为行为是后天学习来的，探讨不适应行为被增强和维持的原因，通过改变不当的因素和合理的积极强化来改变儿童不当的行为。认知治疗强调，认知观念影响儿童的情绪和行为，而通过改变儿童的不良认知、纠正儿童的认知差别或不恰当的思考方式，可以使儿童的行为问题和情绪问题得到改善。认知行为游戏治疗强调儿童必须主动参与治疗，并接触到有关控制掌握以及改变自己行为的方法。

认知行为主义疗法中，游戏提供了一个理想的情境，用来打破刺激与不适当反应之间的联结，教给儿童一些知识和技能，借助于游戏活动来进行语言和非语言的沟通。游戏本身对促进健康并不具有特别的效力，它只是让儿童在游戏环境中达到学习期望的行为。治疗师有技巧地处理儿童接触正向和负向的结果，让儿童的行为发生改变。儿童思考与信念的改变也能导致行为的改变。

认知行为游戏治疗综合使用了多种不同的技术与方法，经常在行为治疗方法、认知技术中结合布偶、绘画、橡皮泥以及沙土等媒介。认知行为游戏治疗常用的技术有：示范，即使用布偶、填充动物或娃娃，对儿童演示需要学习的行为；角色扮演，即在治疗单元中运用儿童和治疗师之间的互动，练习特定的行为；行为强化，即当儿童学会新技巧时提供奖励。在这种疗法中，治疗师向儿童提供结构性的、指向目标的活动，还允许儿童将即兴发挥用的材料带进治疗中来。这种即兴发挥与结构性活动的平衡是认知行为游戏治疗的一种实践艺术。在治疗中，儿童通过角色扮演和"假装"实践练习学会对特定情景的应对技能，目前多用于治疗儿童恐惧症、选择性缄默、儿童排泄障碍以及儿童经历了创伤性生活事件之后的心理反应等多种儿童心理或行为障碍。

微课　10-1-3
学前儿童游戏治疗概述

案例呈现

一例离异家庭儿童的木偶治疗

一个父母离异的孩子，原来和母亲一起居住，但母亲生病了，他搬到父亲的家里去住。治疗师的目标之一是让孩子将搬去父亲家住后的情感表达出来。由治疗师扮演木偶，以下是治疗时的对话。

木偶（治疗师）：过去我和妈妈一起住，后来她生病了，现在我和爸爸一起住。

儿童：我不得不跟我的爸爸走，我的妈妈生病了。

木偶（治疗师）：开始我有点担心我的爸爸不想要我了。他现在有了别的孩子（这是孩子对他监护人讲过的他所担心的事情）。

儿童：我也是。

木偶（治疗师）：我担心我会不喜欢我的后母。

儿童：我的后母很漂亮，但她总也不是我妈妈。

木偶（治疗师）：开始的时候生活有点困难，其他孩子都比我小，我是一个大哥哥。我管我的后母叫玛丽，玛丽说以后等我准备好了，我可以叫他妈妈。

分析：

案例中治疗师采取木偶治疗法，通过鼓励、解释、分析来帮助儿童提升对问题的了解，并协助儿童学习解决问题的技巧和方法。治疗师的主动引导和支持，可以让儿童获得必备的"控制感"和"责任心"。

资料来源：卡迈克尔.游戏治疗入门[M].王谨，译.北京：高等教育出版社，2007：170.

四、游戏治疗的价值

在游戏治疗中，由于心理治疗师相信儿童先天具有朝着良好的方向发展的意识，因此会为儿童来访者准备不受干扰的环境，使儿童有可能在游戏中自然恢复或者治愈。具体来说，游戏治疗的价值主要体现在以下几方面。

（一）让儿童得到无条件的接纳

在游戏治疗中，心理治疗师不对儿童的游戏进行指导，也不会对儿童在游戏室之外的活动进行任何的询问，不对其表现出的不受其父母或周围人喜欢的行为进行评论，表现出与孩子生活中的成人不一样的态度。心理治疗师关注的焦点是儿童本身以及他们内部的成长和发展。

在这样的理念下，心理治疗师与儿童之间的关系是融洽的。兰德雷斯（2002）指出，在以儿童为中心的治疗中，心理治疗师的任务是以某种形式存在于心理治疗过程中，而不是去实施治疗。治疗师通过为儿童营造出温暖的氛围，让孩子感受到自己被接纳，体会到尊严和自身的价值。治疗师通过自己的行为与语言让儿童感受到治疗师关心和重视自己，即使当他做出什么不恰当的行为，他所获得的尊重和重视也是不会改变的。

（二）使儿童更好地交流与表达自己的感受

游戏是儿童传达他们意识与潜意识中想法和感受的自然途径，幼儿还不善于使用复杂的语言来表达他们的冲突与创伤，但在游戏中常常会将它们展现出来。在安全可靠、自由表达的氛围中，儿童就会放下防御，从而自然地将潜在的感受或者是被认为消极的一面表现出来，将其心中的秘密释放出来，这其中也包含一些他们隐藏的愿望、伤心、孤独等。这些他们可能只是模糊地意识到，治疗师可以在陪伴的过程中觉察其潜意识的想法与感受，并运用游戏的方式将观察到的孩子的情感感受展现出来，由游戏中的孩子自己来纠正治疗师理解的不当之处。治疗师的这种做法，实际上是为了让幼儿了解自己的情感状态，并提高幼儿将自己的情感与他人分享的能力。因为那些难以适应环境的儿童通常对自己的感受在认识和理解上存在不足，或者过于夸大其感受的影响力。

（三）帮助治疗师更好地评估儿童的状况

在幼儿游戏时，心理治疗师能够通过观察儿童如何动手处理游戏材料，选择或不选择什么样的玩具等，了解幼儿的世界观。还可以通过观察幼儿从事一项游戏活动的时间及玩法、如何从一个活动转移到另一个活动，游戏主题是否有条理性等来获得关于该幼儿自身特点的相关信息。还可以通过幼儿的游戏内容，来了解幼儿内在的心理体验，例如，在沙盘游戏中，幼儿呈现出来的物品是歪斜和凌乱的，据此则可初步判断该幼儿正被情绪所困扰。

（四）使幼儿在游戏治疗过程中获得成长

在游戏治疗过程中，幼儿总是被视为有能力选择怎样做才是对自己最有利的个体，他知道如何实现自己的目标。而之前他之所以出现一些行为问题，很大可能是因为在家庭或幼儿园里，被批评、排斥、拒绝而导致自身才智受到损害，心智悄悄地关闭了起来。因此，在接纳与欣赏的关系中，幼儿的才智可以得到恢复。刚开始，在他被允许表达愤怒情绪时，可能会表现出破坏性的行为，但在他释放了负面情绪后，在他能较好地控制自己的情感之后，他便能意识到人和事物都有好与不好的方面，并开始发现自己的优点，慢慢体会自我力量的增长。最后，儿童将突破负面情绪与对他人的敌意，以解决这些问题的困扰，变得自信、勇敢，能够接纳真实的自己。

案例呈现

一个六岁的孩子因为恐惧成人而来接受治疗。在前三次到游戏室时，他破坏了三个充气娃娃，在第四次进入游戏室之后，他把所有的精力都放在制作一个不倒翁上面。一个用强力布袋做成的、里面装满了小球的不倒翁被这个孩子缝好，并在上面画了一个可爱的卡通人物。之后的几次，他极少再出现攻击性的行为。他在玩偶屋里反映出的问题，表明他害怕经常打他的父亲劳改回到家后会继续打他。

资料来源：雷湘竹.学前儿童游戏[M].上海：华东师范大学出版社，2012：246.

项目二　了解学前儿童游戏治疗实施与方法

一、游戏治疗实施要素

（一）游戏治疗的对象

国内幼儿游戏治疗案例主要是针对行为及心理发展存在障碍的幼儿，而国外幼儿游戏治疗所针对的幼儿类型更为广泛。由于社会变化的影响，游戏治疗对象的范围在不断地扩大，现已扩展到诸多类型的儿童心理问题，如情绪困难、焦虑、学习困难、创伤、社会退缩、攻击、身体虐待等。一般而言，幼儿园的幼儿如果经过父母、教师认真观察和专业人士或者专业机构的诊断，具有下列情况之一的就可以进行游戏治疗。

（1）儿童有焦虑、恐惧、抑郁、强迫等障碍。

（2）自闭造成的社会交往障碍。

（3）多动症造成的注意缺陷、学习困难、冲动任性。

（4）有暴力倾向或自我伤害行为等。

（5）家庭变故如父母离异、死亡、分离等造成的适应问题。

（6）外来伤害如虐待、暴力、性侵害或重大自然灾害等给儿童造成的心理创伤。

需要注意的是，对幼儿行为和心理障碍的判断不是凭自己的经验或主观臆断，而是要经过专业人士和相关机构的诊断，或使用相关的科学规范的评定量表、工具进行检测，如问题儿童行为检核表、幼儿社会能力评估表、幼儿习惯评估表等。

（二）游戏治疗室的布置

游戏治疗室是进行游戏治疗的重要场所，是游戏治疗的物理环境。为了减少家长和幼儿的心理压力可以设置专门的游戏治疗室。对游戏治疗室的设置有一定的要求，游戏治疗师应在已有条件下最合理地布置自己的游戏室。一个布置妥当的游戏室可以为游戏治疗的开展带来便利，使得治疗更顺利地进行。同时，游戏室的布置应保证可以让游戏治疗师接待不同类型的儿童，并适应不同的治疗需要。

游戏治疗室应安全舒适，适合儿童当前心理及生理状态。为了确保治疗的顺利进行，治疗师需要关注更多的细节布置。游戏治疗室因其具有特殊的功能，所以在设置上会有一些特殊的要求。首先，游戏室应设在相对比较安静的地方；其次，游戏室的大小可依据幼儿园具体条件而定，一般而言游戏室约30平方米，室内有积木、拼图、套筒、球、沙子、塑胶动植物及人偶、布娃娃、厨房用具等玩具；最后，游戏治疗室的环境创设与氛围的营造也特别关键，即环境的创设应让儿童感觉到温馨、自由及安全，以便儿童能够很轻松自然地释放内心情感，呈现真实的行为。依据治疗需要，游戏室可设沙盘区（图10-1）、娃娃屋、角色扮演区、布偶剧场、手工操作区、图画区以及愤怒、恐惧发泄区（图10-2）等。

图 10-1　沙盘游戏区

图 10-2　恐惧发泄区

（三）常见的婴幼儿评估工具

婴幼儿心理健康方面的量表大致分为筛查量表、诊断评估量表和用于测量改进和结果的量表。

常见的量表有婴儿—学步儿童社会和情绪评估量表（ITSEA）、情绪健康的发展指标（AIMS）、社会情绪量表（ASQSE）、儿童行为评估系统（BASC）等。社会情绪量表是由父母填写的问卷，评估儿童的社会情绪行为控制系统。儿童行为评估系统是一个多重方法、多重维度的工具，用于评估儿童的行为和自我知觉，核心成分是三个量表：教师评估量表、父母评估量表、个性自我报告。该量表可用于一系列情绪和行为障碍的诊断和教育分类，也可帮助制订治疗计划，适用于2~18岁的儿童和青少年。国内对幼儿心理健康评估量表的编制主要是依据国外一些应用范围较广的量表进行修订，如艾森伯格儿童行为量表、幼儿发展筛选量表（ESD）。这些量表多是针对心理健康的某一方面进行筛查、评估。国内研究人员自行编制的量表有广州市教育科学研究所编制的广州市幼儿心理健康调查问卷、王芳芳等人编制的幼儿心理健康状况问卷、王星编制的学前儿童心理健康测评量表等。评估过程一般包括对家长的访谈评估和对家长、儿童的观察评估。

（四）玩具类型与选择

在准备帮助儿童开展治疗时，还需要准备一些能帮助儿童交流、表达的玩具和材料。

这些玩具和材料应尽可能结构简单，做工结实耐用，方便儿童自己操作，让儿童可以通过自己的想象自由发挥玩具的各种玩法。在游戏治疗室中既有结构性的玩具，也有非结构性的玩具，两者发挥各自不同的作用，缺一不可。从游戏治疗的需求上，游戏的玩具和材料可以分为三大类。

1. 真实生活场景类玩具

这类玩具包括人形手偶（如爸爸、妈妈、男孩、女孩、婴儿、爷爷、奶奶等，如图 10-3 所示）、动物手偶（含温和类及凶猛类动物，如兔子、松鼠、狮子、鳄鱼等，如图 10-4 所示）、昆虫玩偶（如瓢虫、蜘蛛、蜜蜂等）；娃娃屋以及相称尺寸的家具（如沙发、床、电视、桌子、厨具、餐桌等）；与正常婴儿一般大小的娃娃、奶瓶；战争玩具；医药箱等。使用此类玩偶玩过家家游戏时，玩偶其实就是代表生活的家庭成员，方便儿童将其生活现状演绎出来。在玩这些玩偶时儿童会把自己的感情投射到玩偶身上，有时儿童讲的关于玩偶的感觉或想法其实就是在说他自己，通过玩偶表达出自己的愤怒、恐惧、担忧、焦虑等情感。

图 10-3　人形手偶

图 10-4　动物木偶

2. 行动化及释放攻击类玩具

这类玩具包括充气不倒翁、玩具士兵、玩具枪、塑料刀、塑胶恐龙、塑料鳄鱼等，这些都可以被儿童用来释放愤怒、敌对、挫折、攻击等受到压抑的激烈情绪。此外，黏土在儿童造型活动以及在改善儿童攻击性情绪方面显得非常重要，是游戏治疗室必备的素材。因为黏土可随意搓揉、挤压、拍打并能做成任何想要的造型，从而可以释放压抑在儿童内心深处的激烈的情绪，是一种非常合适的创造性及攻击性器材。

3. 创造性表达和情绪发泄类玩具

水和沙子是儿童最常见的非结构化的游戏材料，沙子和水本身并无固定的玩法，儿童可以根据自己的想法随意塑造，没有约束和限制，对于过于胆怯、害羞及退缩的儿童来讲，每次都能根据自己的设想进行创作并获得成功是非常重要的体验。对于建构游戏材料积木来说也是同样的道理，可准备数量充足的积木，包括木制或塑料组件，并搭配适合尺寸的人物或其他工具，如爸爸、妈妈、教师、警察、消防员、摩托车、汽车等。游戏中儿童既可以用这些东西来协助设置相关故事的情境，也可以自由搭建、投掷、扔踢。儿童在不断地建设与破坏的过程中表达自己的想法、体验不同的情感、发泄自己的情绪。

在游戏治疗中，应当为儿童尽可能提供种类丰富的游戏玩具和材料，以便儿童可以拥有多种选择的可能，更好地在游戏中借助玩具或材料表达自己内心的感受和反应，这对游戏治疗的进程和效果有极大的影响。同时，在游戏治疗过程中，有些玩具也可以根据需要自己制作，或者由治疗师和儿童一起制作，并在不同的游戏中交替使用。

二、游戏治疗的实施流程

一般来说，游戏治疗从发现个案到治疗结束，需要经过一段漫长的过程。整个过程大致包括准备阶段、治疗阶段、结束阶段、追踪阶段四个阶段。

（一）准备阶段

（1）与父母面谈，收集信息。对个案情况进行间接了解，与儿童父母进行沟通，说明游戏的限制及保密措施，建立必要的双向互信关系。从家长方面着重收集以下信息。

① 了解问题的特征，如儿童问题频率、时间长度及个人看法。

② 发生史、医疗史。

③ 家庭关系：婚姻、父母、兄妹等。

④ 主要的情绪状态。

⑤ 同伴关系及对求助的态度。

⑥ 诊断及处理策略。

（2）与孩子独处，建立互信关系。单独与孩子交流、沟通，保守孩子的秘密，获得孩子的信任。只有当治疗师取得儿童的信任时，才能在游戏治疗当中让幼儿尽情地跟随治疗师的引导，享受游戏治疗中的乐趣，并"玩"出自身的冲突，提供给治疗师解决其心理矛盾的契机。

（3）全面观察，做好记录。治疗师要观察亲子分离的状态，记录儿童的不安程度。在游戏过程中，治疗师要关注儿童有没有主动接触玩具。此外，游戏过程中，治疗师还要观察儿童的游戏类型及次数、儿童的语言表达是否清晰、儿童的情绪表现以及不同情绪状态下的语言表达。

（4）评估与诊断，确定治疗方案。在间接与直接了解儿童基本情况的基础上，会同专业治疗师或专业医疗（心理咨询）机构运用某一评定量表或设备进行测查，并出具诊断书，确定儿童具体的问题。在评估诊断中，常用的评估诊断量表有问题儿童行为检核表、幼儿社会能力评估表、幼儿习惯评估表。根据对个案进行评估与诊断的结果，确定个案存在的问题程度及类型，治疗师自主选择相应的游戏治疗理论与技术，设计具体游戏治疗方案。

（二）治疗阶段

（1）治疗初期。准备工作一切就绪之后，就可以按照设定的方案把儿童带入到游戏治疗室中开始进行治疗。初期阶段游戏的选择是开放性的，个案在游戏室有探索的自由，但必须遵守游戏治疗室的必要规则，以确保活动中的安全，如不能打人、不能把玩具带走等。初期阶段的几次治疗，治疗师可以创设自由、宽松的氛围，注重建立、巩固与个案彼此间互信互助的良好关系。

（2）治疗中期。在建立了初期的信任关系之后，儿童会在接下来的游戏中呈现最真实的状态，内隐的东西会自然地外显、流露出来。比如，不听从（挑战治疗师权威）、不应答（装作没听到）、出现负面的态度（沉默、故意、抵制）甚至各种负面行为（不停地打击、投掷某个物品，用力涂鸦、乱画、撕扯等）；或是伴随一些异常的情绪反应。另一方面，儿童也开始对治疗师表现出移情反应，例如：会常面带笑容，与治疗师近距离的身体、目光接触；告诉治疗师一些比较私密的信息，如自己的生日、分享自己的好东西；对治疗师的相关情况感到好奇，向治疗师提出一些要求等。

在这个阶段，治疗师面对儿童出现的问题及提出的要求，可以采取行为改变技术，将个案最喜欢的游戏视为增强物，增强物是一种可以增进儿童行为反应的事物，当儿童行为有所表现时，就给予或收回这种事物，借此可以改变儿童行为表现方式。如对常常吸吮手指的孩子，他如果能在规定的时间内不把手指放入口中，就能够玩他最喜欢的玩具或游戏；反之，则被剥夺他喜欢的玩具或游戏。此时治疗师也可以主动选取适当的游戏，如对过于放松的孩子可以选取一些结构性较强的游戏，而对过于紧张的孩子则可以选取放松身心的游戏，如玩黏土、绘画等。

（3）治疗后期。经过中期阶段的多次治疗，儿童的自主、正向、合作的行为和态度逐渐出现，各方面的进步也更加明显，身边的老师、家长、同伴对儿童的评价也比较稳定且正面，并且儿童对游戏治疗室不再感兴趣甚至不愿意再到治疗室。

（三）结束阶段

游戏治疗结束前，治疗师要对儿童的治疗情况及自身改变程度进行评估，治疗师可根据评估检测结果决定是否需要延长治疗时间和次数，如无必要则可以终止治疗。对于治疗效果的评估检测，可以通过观察儿童在日常生活或游戏治疗当中的行为表现，如有下列情形之一时可对儿童进行结案处理：儿童学到新技巧、技能时；儿童能自立自主时；老师或父母发现儿童该行为已经得到有效改变时。另外，也可以把儿童带到专业的医疗机构做检测，根据检测的结果决定是否延长或结束治疗。

（四）追踪阶段

在游戏治疗结束后，应该对儿童进行一段时间的随访追踪观察，以确定游戏治疗的效果是否真实、稳定、长久，是否真正解决了困扰儿童的问题。但是，这个观察过程需要持续比较长的一段时间，治疗师要深入儿童的真实生活环境，观察记录儿童的真实行为表现，并定期对儿童身边的教师、家长、同伴进行调查，全方位了解真实状况。如果儿童的表现没有反复，而是稳定、持久的，那游戏治疗的工作就可以彻底结束。

在游戏治疗中，影响治疗次数与治疗阶段的相关因素主要包括三个方面：治疗师的专业性；个案的特殊情况（问题严重程度、复杂性、持久性及个案本身的人格特质）；治疗过程的突发因素，如家庭变故，幼儿园的突发、偶发事件等都会影响到治疗情况。

三、游戏治疗的原则与常用方法

（一）游戏治疗的原则

游戏治疗时间每次约 50 分钟，但一般按 1 小时计算，剩余 10 分钟用于整理治疗室。每次治疗中进行什么游戏、每种游戏进行多长时间，治疗师都要预先安排和设计妥当。游戏治疗要遵循一定的治疗原则，具体如下。

（1）融洽的治疗关系原则。由于游戏治疗要使儿童真正的放松，能毫无拘束地、自由地表达自己的情感，因此治疗师需要与儿童保持高度融洽的关系。在这种关系中，儿童有被认可的感觉，从而才能宣泄与释放不适的情感。

（2）接受的原则。儿童非常敏感，治疗师微小的表示，他都能体会到是接受还是拒绝。因此，治疗师完全接受儿童，是治疗成功的关键。而治疗师是否完全接受儿童，主要表现在他的态度上。他要有耐心，不厌其烦地和儿童保持平静、稳定、友好的关系，他在语言上不应有任何批评和责备的语气，也不要对其某些言行进行表扬。

（3）反馈的原则。治疗师要迅速地承认并反馈儿童表达的感情，使他们能洞察自己的言行，他们也会获得鼓励，继续前进，这样治疗师就能看到儿童逐渐获得了自知力。

（4）以儿童为中心的原则。治疗师要始终相信儿童自己有解决问题的能力，应该让儿童负有自己选择和改变情况的责任。治疗师把改变或不改变的责任交给儿童时，他们就把治疗集中在了儿童身上。要儿童学会自己承担责任需要从小的事情开始，并贯穿整个治疗过程。要让儿童有机会获得自己的平衡，让他们渐渐树立自尊心。

（5）循序渐进的原则。治疗师应该承认治疗是一个长期、渐进的过程，不能过多干涉治疗的进程。

（二）游戏治疗的方法

游戏治疗常用的方法有如下四种。

1. 艺术治疗

艺术治疗方法主要是指儿童利用美术、音乐、戏剧、舞蹈等不同媒介进行艺术创作，通过艺术活动来诱发儿童的情感体验，并对自身潜力与其他固有资源进行发觉，从而达到解决心理问题、缓和情感矛盾、减轻内心痛苦、塑造健全人格的作用。例如，音乐治疗能够通过音乐对感官的刺激，使受治疗师达到宣泄情绪、抚慰心灵以及保持或改善个体心理及生理健康的效果，而戏剧治疗则能够通过肢体动作来帮助受治疗师表达内心情绪、探索自身内在。

绘画为儿童提供了一个内心情感的出口，借助绘画将潜意识内压抑的情感与冲突显现出来。如原本想要跟人打架或抢玩具的儿童，通过绘画可以表达他的生气、敌意、沮丧和拒绝，他们可以发泄掉这些负面情绪而不用真正攻击别人。儿童通过绘画将日常受到的挫折和困扰表现出来，将内心的焦虑、紧张、愤恨等不良体验和情绪发泄出来，从而达到诊断与治疗的效果。

运用绘画治疗通常包括以下4个阶段。这4个阶段既可能在一次咨询中全部经历，也可能需要多次咨询，需因人而异。

（1）评估诊断。治疗师要充分了解该儿童的背景资料：该儿童的家庭背景、成长经历、问题行为的表现、专业的心理测量结果。治疗师要对儿童表现出完全的理解和无条件的支持，与儿童建立信任、安全的治疗关系。治疗师应对儿童问题行为的类型和程度、心理发展水平和该儿童当前的内心冲突等综合信息进行判断，制定详细的绘画治疗方案，并将之告知家长。

（2）探索分析。这一阶段的目标是引导儿童开始探索情感、想法和行为等方面的自我表达。一方面，治疗师要认真观察绘画作品以及儿童绘画过程中的行为，如对待绘画材料的态度、与他人的互动、绘画的独白性语言等。另一方面，治疗师要以无条件的支持态度与儿童讨论绘画作品。认真倾听儿童对其图画的描述，提出开放性的问题鼓励儿童表露自己的内心。例如，儿童对其自画像的描述"我不开心，因为他们打我"，这实际是儿童在述说对周围环境的敌意与不安。又如，通常有攻击性的儿童在绘画作品中会出现大量敌意信息，如过重的用笔力度、粗重僵直的线条、歪曲的形象、沉重的色彩、防御性事物（刀、枪、炮等）、怪兽等恐怖形象。分析儿童，倾听儿童的解释可以帮助成人了解儿童发生问题行为的深层原因。

（3）引导改变。这个阶段的目的是要帮助儿童在继续自我表达的基础上，树立改变的目标并建立可以达到目标的行为模式。治疗师针对儿童的个性特征，教会儿童通过绘画宣泄不满，调整情绪、学会控制。例如，可以在儿童画完之后问他们："给我讲讲你的画吧！"或者"这幅画上发生了什么事情？你会怎么应对？"治疗师要帮助儿童通过绘画探索解决问题可选择的途径以及应对冲突的方法，鼓励儿童通过绘画创作的形式尝试使用多种方法解决问题，通过绘画解决问题，儿童可以试验不同的方法而不用担心真实行为所带来的后果。重视移情训练。治疗师在儿童创作过程中引导其尝试想象和体验被欺负、受伤害时的痛苦、恐惧、不安等心理感受，并通过绘画描绘出相应的场景，从而在情感上使他们产生内疚感，唤起他们的同情心。例如，针对攻击性儿童的治疗，在绘画作品完成后，治疗师应与儿童一起讨论绘画作品，强化被攻击的痛苦体验。当攻击行为再次发生时，这种痛苦体验就会重现，直接抑制儿童的攻击行为。

（4）结束阶段。绘画治疗接近结束时，治疗师与家长应根据该儿童后期的行为表现、绘画诊断和心理测量，检验绘画治疗的效果。绘画治疗常常需要准备大大小小的画图纸、铅笔、蜡笔、彩色水彩笔以及彩色铅笔等各种美工材料。

2. 讲故事治疗

叙事性心理治疗聚焦于语言形成的故事，以来访者为中心，咨询师通过外化问题充分挖掘个体构建新故事的契机，通过语言的改变开展心理治疗，帮助来访者重新认识现实情况中的自己，激发来访者的主观能动性，从而改变其现实生活中的行为和态度。

对于儿童来说，故事在日常生活中随时随处可见，说故事与听故事是儿童成长过程中不可或缺的部分。藉由故事的叙述，儿童的内心世界得以表达；而编制故事则可以帮助儿童将周围的世界与自身的认知和情感联接到一起。故事在儿童心理治疗中的价值有如下五点：①故事是透过语言而呈现的幻想，让儿童能够表达他们的内在"驱动"与冲突；②重复出现的主题往往能指出儿童主要的关心与冲突，而这些主题可以被其他的临床证据（如梦境）所证实；③故事主要表达的是焦虑感、罪恶感、梦想实现以及侵略的态度；④如果儿童能够决定自己要说什么故事、怎么说，那么故事的使用最有价值；⑤故事可以当作治疗及评估的工具。

儿童治疗师常常配合其他的治疗媒介与活动来诱发儿童的想象，包括傀偏戏（木偶剧）、手指画、素描与水彩画、角色扮演游戏、黏土捏塑等，玩偶游戏更可为故事与幻想提供丰富的源泉。儿童应该依照自己的意愿选择以何种形式表达自己的幻想，治疗师需凭借智能来启发并协助儿童，帮助他们找到最合适的方式来表达自己的幻想。

当前，"互动式讲故事"技巧更为常见：由治疗师与儿童共同参与创造故事的过程，对儿童心理问题的缓解及儿童教育均有着很好的效果。治疗过程：先让儿童说他（她）的故事，儿童讲述故事，交流跟他自己和家庭有关的重要信息，学会表达和控制情感；然后治疗师回应故事，通过分析儿童故事，寻找故事中反复被重复的主题，并对其进行清晰描述和解释，从而提供跟儿童情感和挣扎有关的重要线索；最后介绍一个能更合理地解决儿童故事中冲突的方法。

该方法适用于 3~15 岁的儿童，对于情绪失衡与多数童年问题均有疗效，如沮丧、恐惧、焦虑、妄想性强迫、情感疏忽及肢体或性虐待所造成的心理后遗症等，对于抗拒治疗的儿童也有很好的功效。以下是一个交互式故事叙述的实例。

案例呈现

杰德的故事——亚斯华的"鸭"

杰德的自发性故事：

"从前，从前，有一只来自亚斯华星球的'鸭'。他看起来很糟，而且每个人都取笑他，因为他擦地球人的护唇膏。这个护唇膏是樱桃口味，而且他也是别人虚构的线条画。所以，他离开地球去寻找发明他的那个人。没有人知道他现在在哪里。故事结束。"

杰德的叙述表达了他对自己瘦小体格的不安，更重要的是，他对自己是谁、自己像谁、如何来到世上等问题感到困惑。

治疗师的响应试图处理这些问题，他作出了如下回应：

"从前、从前，有一只来自亚斯华星球'鸭'。这只'鸭'心里非常难过，因为他的家人常常忽略他，没有多余的时间管他。他很想跟其他孩子一样，但是总因为觉得自己与他们不同而很难过。有时候他觉得自己好像根本不存在，就算从此消失，也没有人会注意到。他非常想要知道自己是谁、从哪里来，所以他去拜访了一位专门帮助别人了解自己历史的历史学家。这个历史学家开始与他合作，想让彼此都能够对他有更多了解，但是这一工作得看'鸭'有多愿意透露自己的心事。因为这样，历史学家的工作需要很多时间。"

治疗师在相应的故事中增添了历史学家这个角色，他可以帮助个人对自己的个人历史有新的认识，这个角色实质上代表着治疗师。通过对故事的再叙述与改编，儿童与治疗师的故事版本相互交织，叙述渐渐稳定，故事与治疗过程联接到一起并得以推进。

资料来源：杰洛德·布兰尔.儿童故事治疗 [M].林瑞堂，译.成都：四川大学出版社，2005.

3. 玩偶与木偶游戏治疗

玩偶与木偶游戏在学龄前儿童中是十分常见的游戏形式。借助玩偶或木偶进行的扮家家活动几乎在所有的儿童实际生活中均有体现。对儿童来说，玩偶提供了一种间接的、不含威胁性的方式来探索自身暂时无法接受或不被允许的情感、想法与行为，帮助他们重构正向的认识。在游戏中，儿童往往从开始的"别人"的故事逐渐过渡到"自己"的故事，在安全、接纳与支持性的治疗环境中，玩偶与木偶可以帮助儿童演出自己的亲身经历，将被压的冲突与情感转移到外部世界并表露出来，从而得到引导与疗愈。

用于游戏治疗的玩偶包括但不限于玩偶娃娃、布偶、动物玩偶、人物玩偶、玩偶房子等，木偶可以包括戏剧木偶与各式动画想象物。木偶游戏除个体治疗外，也可作为一种群体治疗的团体活动形式，特别适用于幼儿到学龄期的儿童。

玩偶游戏中常用的游戏材料有：人体仿真玩偶；家具完备的玩偶房；可弯曲折叠的家庭玩偶套件：人物玩偶，如父母、男孩、女孩、奶奶、爷爷、少年、女人、男人；玩具动物，如玩具熊、猴、乌龟、蛇、狮子、老虎，或其他儿童可以用来表达情感的动物。

4. 沙盘游戏治疗

沙盘游戏作为处理儿童情绪行为问题最适合的咨询方法之一，具有象征性、非言语、易吸引儿童等独特优势。儿童可以在沙盘游戏过程中去探索、学习、了解自己和世界，使用沙具来表达自己的经验、感受、期待、需求及愿望。在游戏过程中，借助各式沙具与沙盘本身，儿童能够将意识与无意识整合、身体与心理整合、内在与外在整合，引发心灵自愈的能力及提升个体的自我控制感。

在沙盘游戏治疗中，治疗师应为来访儿童提供安全、信赖与接纳的心理空间。在制作沙盘的过程中，应记录下玩具在沙盘中摆放的顺序、位置及来访儿童的解释或讲述。对作品的逐次记录与分析，为诠释儿童的发展、变化与转变的可能提供了丰富的信息。

沙盘游戏中常用材料：使用沙盘及一些模型、玩具来配合完成故事情境的心理辅导技术。其设备为两个大小一样（70厘米×50厘米×70厘米）的防水沙盘（浅底，其底部及侧边刷有蓝色，象征水或天空，在沙盘内铺上约占沙盘高度一半的沙子（黄沙、白沙均可），其中一个装干沙，一个装湿沙，再搭配数百个迷你模型、玩具或物品供儿童选择，以配合故事的需要。沙盘游戏中玩具的具体类型可以包括以下种类：①人类：一个家庭成员的角色、军队、幻想的人或是神话中的人物等；②建筑物：房子、学校、商城等；③动物类：家禽、野生动物、动物园里的动物、史前动物、海里的动物；④交通工具：有关陆地、天空、水路、太空方面的交通工具模型；⑤植物类：树木、灌木、植物、蔬菜等；⑥与结构有关的模型：如桥、篱笆、门、山洞或者通道；⑦与自然有关的模具：贝壳、木头、石头、骨头、蛋等；⑧象征性物品：宝藏的盒子、许愿的铃铛、具有魔法效应的笔或珠宝。

案例呈现

一例智力落后儿童性行为问题的沙盘游戏分析研究

初始沙盘：问题的呈现。

在沙盘心理治疗开始时，初始沙盘（往往是第一次到第三次）所摆放的情况，可以提供非常丰富的信息。

在初始沙盘的摆放过程中，来访儿童小心翼翼地使每个沙具站稳、排列整齐。从第一个摆放的沙具老虎开始，将沙具从左至右、从沙盘的近心端到远心端一排一排地摆放，直至沙盘摆满，最后摆放了一个有羊妈妈和羊宝宝的羊圈。

从初始沙盘来看，并未有一个明显的沙盘主题，但却表达了当下各种无意识层面的对立与冲突的创伤主题，具体分析如下。

（1）混乱与秩序：整个初始沙盘满满当当，沙具种类繁多，沙具一排一排整齐摆放，而沙具之间并没有联系。在混乱中寻找秩序感的无意识呈现，以及无主题的沙盘提示其心理发展水平的落后，同时他也希望能把自己规则、有序、认真的一面呈现给沙盘师，能与沙盘师建立好的关系。

（2）受阻与流动：在沙盘最下端即无意识的本能部分，摆放了坦克、飞机、消防车、警船等特殊的交通工具，以及拿锹的工人、持枪的战士、蜘蛛侠、篮球少年等人物，这些动感十足和能量强大的沙具均背对着受询儿童朝向前方，但拥堵无比、无路可行，象征着当下能量的聚集、受阻、受限，欲向未来寻找出口却又没有出口。

（3）冲突与转化：在沙盘的远心端即意识层面，面对着来访儿童摆放的是羊圈、房子、金字塔、观音、芭蕾女孩、水晶球等具有温暖、滋养、美好及自性原型的沙具，并且这股柔美、温暖、滋养的母性力量与来自本能的内在需求在沙盘中间汇合，形成一个过渡的中间区域，此区域摆放着鸟、羊、娃娃、熊猫、虾米、青蛙、贝壳等弱小的、低级的、原始的动物，寓意着原始的、本能的、受阻的内在需求在母性的抱持空间、时间的积淀、家庭的守护、爱的滋养下获得转化与发展。

在这一初始沙盘中，既呈现了问题所在，同时也呈现了治愈的线索。

资料来源：李洁，等.一例智力落后儿童性行为问题的沙盘游戏分析研究[J].中国临床心理学，2018，26（1）.

四、游戏治疗的注意事项

在游戏治疗中应注意以下几个方面的问题。

（1）在游戏室，治疗师必须营造一个安全、和谐的环境氛围，并与孩子建立信任关系。

（2）经常与孩子的父母保持正向的沟通与交流，了解孩子各方面的状态，如家庭生活、亲子关系、家庭表现等，以便与孩子在游戏室的表现情形进行对照。

（3）在保密原则下，客观贴切地向父母反映孩子在游戏室中所呈现出来的能力和需求，并与父母讨论亲子教养的技巧，以便父母在实际生活当中加以运用。

（4）在与父母的互动过程中，治疗师应以鼓励为主，并要更多地看到父母及孩子所做的努力与进步，以增强孩子与父母的能力和自信心。

（5）与教师建立合作关系，了解孩子在幼儿园的具体表现（包括学习情形、同伴关系等），并与其讨论、设计有效的游戏方式，使教师也能同步地帮助孩子。

（6）治疗师需要不断地自我反省，并透过定期的专业辅导，在专业人员的引领和指导下反思自己的辅导历程和方法，以便及时更新与调整治疗游戏的治疗策略与方案。

微课 10-2-1
游戏治疗实施与
方法

📖 思考与练习

1. 什么是游戏治疗？游戏治疗与游戏的主要区别是什么？
2. 不同游戏治疗理论应用于幼儿时应该注意哪些问题？

📝 实践与运用

结合某一游戏治疗案例谈谈你对游戏治疗的认识或看法。

参 考 文 献

[1] 杨枫 . 学前儿童游戏 [M]. 北京：高等教育出版社，2018.

[2] 刘焱 . 幼儿园游戏与指导 [M]. 北京：高等教育出版社，2018.

[3] 翟理红 . 学前儿童游戏教程 [M]. 上海：复旦大学出版社，2006.

[4] 邹玲，王玉红 . 幼儿园游戏与指导 [M]. 天津：南开大学出版社，2015.

[5] 何树旺，贺小璐 . 幼儿园环境创设 [M]. 北京：华文出版社，2022.

[6] 成燕，杜鹃，孟玥 . 幼儿园环境创设 [M]. 长沙：湖南师范大学出版社，2019.

[7] 莫云娟，任捷 . 幼儿园游戏活动指导 [M]. 长沙：湖南师范大学出版社，2021.

[8] 高方梅，李欣桐，张婧鸣 . 学前儿童音乐教育与活动指导 [M]. 长沙：湖南师范大学出版社，2021.

[9] 李珊泽，刘璐，黄雪 . 幼儿园游戏设计与指导 [M]. 重庆：西南师范大学出版社，2019.

[10] 丁海东 . 幼儿园游戏组织与指导 [M]. 长沙：湖南大学出版社，2019.

[11] 霍习霞 . 学前儿童游戏与指导 [M]. 上海：华东师范大学出版社，2012.

[12] 刘志成 . 幼儿园游戏与指导 [M]. 天津：南开大学出版社，2017.

[13] 邱学青 . 学前儿童游戏 [M]. 南京：江苏凤凰教育出版社，2020.

[14] 吴晓丹 . 学前儿童游戏指导 [M]. 北京：北京师范大学出版社，2018.

[15] 吴志勤，敖翔 . 学前儿童游戏 [M]. 长春：东北师范大学出版社，2022.

[16] 董旭华 . 幼儿园游戏 [M]. 北京：科学出版社，2009.

[17] 范明丽 . 学前儿童游戏 [M]. 北京：北京大学出版社，2017.

[18] 雷湘竹 . 学前儿童游戏 [M]. 上海：华东师范大学出版社，2012.

[19] 牛桂红 . 幼儿园游戏 [M]. 长沙：湖南师范大学出版社，2020.

[20] 何艳萍 . 幼儿园区域活动的实践与探索 [M]. 北京：北京师范大学出版社，2010.

[21] 谢应琴 . 学前儿童游戏活动设计与指导项目化教材 [M]. 北京：化学工业出版社，2015.

[22] 赵晓卫，李丽英，袁爱玲 . 幼儿园民间体育游戏课程 [M]. 福州：福建教育出版社，2015.

[23] 叶小红 . 幼儿园游戏与指导 [M]. 南京：江苏凤凰教育出版社，2017.

[24] 谷长伟 . 新视野下幼儿体育游戏创编的原则与方法 [J]. 运动，2018（11）：103-104.

[25] 陈阿娟 . 小班表演游戏材料的投放及指导策略——以表演故事《小兔乖乖》为例 [J]. 家教世界，2017（30）：33-34.

[26] 刘焱，朱丽梅，李霞 . 幼儿园表演游戏的特点、指导原则与教学潜能 [J]. 学前教育研究，2003（6）：17-20.

[27] 王丹 . 大班表演游戏中融入中华优秀传统文化的活动组织与指导方法 [J]. 幸福家庭，2021（16）：95-96.

[28] 季宁 . 谈儿童表演游戏的特点及指导策略 [J]. 作家天地，2020（6）：176-177.

[29] 杨丽娟 . 浅析儿童本位的幼儿园表演游戏指导策略——以中班表演游戏“喜羊羊和灰太狼”为例 [J]. 山东教育，2018（Z2）：66-68.

[30] 陈伟华 . 大班表演游戏《三借芭蕉扇》中教师的指导策略 [J]. 家长，2021（10）：165-166.

[31] 卢琪，高美娇 . 走迷宫（大班）[J]. 幼儿教育，2011（31）：26-27.